Copyright, 1884, by DANIEL LÉVY.
ALL RIGHTS RESERVED.

SAN FRANCISCO
Imprimerie A. Chaigneau, 4, Rue Sutter
1884

AUX FRANÇAIS DE CALIFORNIE

C'est à vous, mes chers compatriotes, que je dédie cette histoire qui est la vôtre.

Puisse-t-elle, sur cette terre de votre adoption, contribuer à resserrer les liens de solidarité fraternelle qui vous unissent, et à fortifier les sentiments d'amour filial qui vous lient à la mère-patrie, notre France bien-aimée !

DANIEL LÉVY.

San Francisco, novembre 1884.

LES
FRANÇAIS EN CALIFORNIE

PAR

DANIEL LÉVY

Cet ouvrage se vend au profit de la Bibliothèque de la Ligue Nationale
Française de San Francisco.

SAN FRANCISCO
GRÉGOIRE, TAUZY ET Cie, LIBRAIRES-ÉDITEURS
6, RUE POST

1885

LES
FRANÇAIS EN CALIFORNIE

PAR

DANIEL LÉVY

Cet ouvrage se vend au profit de la Bibliothèque de la Ligne Nationale française de San Francisco

SAN FRANCISCO
GRÉGOIRE, TAUZY ET Cie, LIBRAIRES ÉDITEURS

6, RUE POST

1884

AVANT-PROPOS

—

Mon intention première était simplement d'écrire l'histoire des deux grandes souscriptions françaises ouvertes dans ce pays pendant et après la guerre franco-allemande, et de la faire précéder d'un court aperçu de quelques événements antérieurs à cette époque.

Mais les recherches auxquelles j'ai dû me livrer m'ont entraîné au-delà du but que je m'étais proposé tout d'abord. Vivement intéressé par la diversité des incidents qui ont marqué l'existence de notre colonie, j'ai conçu le dessein d'en retracer le tableau complet sans y apporter d'autre prétention que celle d'une scrupuleuse exactitude. Des amis trop indulgents ont cru devoir m'encourager à entreprendre cette tâche laborieuse.

Laborieuse, en effet, car pour réunir les matériaux qui m'étaient nécessaires, pour retrouver, à leur date précise, une multitude de faits dont les détails commencent déjà à s'effacer dans la brume des ans, je n'avais guère que deux ressources : m'adresser aux souvenirs de nos rares pionniers et parcourir les volumineuses collections de nos journaux français.

Si j'étais sûr d'avance de l'obligeant concours de nos

anciens Californiens, ils étaient, eux, généralement moins sûrs de la fidélité de leur mémoire. Quant aux journaux, l'idée seule de compulser, sans points de repère, cette masse énorme de feuilles imprimées, avait de quoi effrayer le plus intrépide fureteur de documents.

Heureusement, M. A. Vauvert de Méan, consul de France à San Francisco, a bien voulu me permettre d'utiliser les précieux renseignements historiques et statistiques que contiennent les archives consulaires. M. le comte de Jouffroy d'Abbans, aujourd'hui consul *par interim*, s'est empressé avec une bonne grâce dont je ne saurais trop le remercier, de me fournir ces détails qui ont beaucoup servi à me guider dans les recherches ultérieures qu'il me restait à faire pour compléter mes récits et en préciser les points essentiels.

Je dois aussi à M. de Jouffroy des suggestions excellentes au sujet du plan que j'ai définitivement adopté pour ce livre, et qui offrait des difficultés sérieuses, en raison de la multiplicité et de la grande variété de matières qu'il devait embrasser. Il est évident que s'il s'agissait de faire une édition spéciale pour le public en France, bien des parties de mon travail devraient être profondément modifiées et bien des détails en seraient bannis entièrement. Cependant tel qu'il est, nous osons espérer qu'il ne sera pas lu sans intérêt dans notre mère-patrie.

J'adresse tous mes remercîments à ceux de nos compatriotes qui, avec un empressement si cordial, ont répondu à mes demandes de renseignements. Ils sont trop nombreux pour que je puisse les nommer tous ; mais je ne saurais passer outre sans exprimer ma vive reconnaissance à M. E. Derbec, le vétéran de notre presse franco-californienne, de qui je tiens, en grande partie, les détails qu'on trouvera dans ce livre sur les modes d'exploitation des mines et sur les mouvements migratoires de nos anciens mineurs de la Côte du Pacifique.

Comme la plus grande sincérité du monde ne met personne à l'abri d'une erreur de mémoire — *errare humanum est* — j'ai toujours eu soin de contrôler les informations qu'on voulait bien me donner par des témoignages divers. Malgré cette précaution, il n'est pas impossible que de légères inexactitudes de détails — toujours inévitables — et même que des omissions de faits me soient reprochées. Quant à ce dernier grief, on voudra bien comprendre que j'ai dû m'imposer comme règle de n'accorder l'hospitalité qu'à ce qui pouvait intéresser la *généralité* des lecteurs et non pas quelques lecteurs individuellement.

Ce livre se compose de sept parties.

La première comprend un abrégé de l'histoire de la Californie, et notamment de San Francisco. Elle sert, en quelque sorte, d'introduction et de cadre au tableau que j'ai essayé de tracer. Pour cette partie de l'ouvrage, j'ai consulté l'excellente *Histoire de San Francisco* par John S. Hittell, les *Annales de San Francisco*, publiées en 1855, et l'*Histoire de la Californie* par F. Tuthill.

La seconde partie embrasse l'histoire générale de notre colonie californienne depuis son origine jusqu'en 1870.

La troisième contient une série d'épisodes et d'incidents qui se sont succédé pendant la même période, telles que les expéditions françaises en Sonore, l'arrestation du consul Dillon, etc.

La quatrième est consacrée aux Associations françaises établies dans ce pays depuis 1851.

La cinquième et la sixième forment, à vrai dire, le travail que j'avais primitivement l'intention de publier ; c'est-à-dire, l'histoire des deux grandes souscriptions nationales et des diverses manifestations patriotiques auxquelles elles ont donné lieu.

La septième partie est consacrée à la Ligue Nationale Française et à la Bibliothèque qu'elle a fondée.

Enfin dans la Conclusion qui suit, je jette un coup d'œil rapide sur la situation actuelle de notre colonie.

Quelques-uns des chapitres se terminent par de petits faits détachés qui ne pouvaient y être incorporés sans rompre le fil du récit principal.

Dans le cours de mon travail, j'ai souvent éprouvé une véritable tristesse en remarquant que les fondateurs de notre colonie et de nos premières institutions, tous arrivés ici, jeunes, ardents, l'imagination remplie de beaux rêves d'avenir, ont presque tous disparu de la scène californienne. Pour ne parler que d'une époque récente : sur les vingt-et-une personnes qui formaient le comité central de la souscription nationale, il n'en reste aujourd'hui que cinq à San Francisco.

Mais si les anciens chefs de colonnes s'en vont les uns après les autres, de nouveaux les remplacent au poste du devoir et de l'honneur. Notre population ne manquera jamais d'hommes de cœur pour la guider et porter haut le drapeau français dans ce pays. Il y aura toujours parmi nous des esprits généreux et fiers tout disposés à se consacrer à son bien-être matériel et moral. Mais il faut qu'ils se sentent entourés d'éléments sympathiques. Il faut que les membres de notre famille française se connaissent entre eux, pour s'aimer, s'apprécier et pour suivre avec ensemble l'impulsion qui leur est donnée. Il faut aussi qu'ils puissent s'inspirer de l'exemple de leurs devanciers qui, dans des circonstances souvent difficiles, ont jeté les bases de tant d'institutions devenues notre sauvegarde et notre orgueil. C'est afin qu'ils aient constamment sous les yeux cet exemple salutaire, que j'ai essayé de reconstituer le passé de notre colonie et de l'exposer, de mon mieux, dans cette série d'esquisses, imparfaites sans doute, mais tracées avec une scrupuleuse bonne foi.

On sait que j'ai un autre objet en vue, celui de contribuer, par la publication de ce livre, à assurer l'existence d'une œuvre qui doit être chère à tous nos compatriotes éclairés. Notre Bibliothèque a précisément pour but de conserver et de perpétuer parmi nous, avec notre individualité propre, l'usage de notre langue maternelle et même d'en répandre le goût parmi les autres éléments de la population. C'est là, un genre de propagande patriotique qui ne peut froisser aucune susceptibilité étrangère et qui vaudra à notre génie national le respect de tous; car de toutes nos gloires, la littérature est la plus pure, la plus durable et la plus éclatante.

PREMIÈRE PARTIE

I

Aperçu historique de la Californie.

Découverte de la Californie — Régime espagnol et mexicain — Missions — Fondation de Yerba Buena ou San Francisco — Frémont — Echauffourée du *Bear Flag* — Annexion aux États-Unis — Émigrants par les plaines — Population en 1847 et en 1848.

La péninsule californienne fut découverte par Cortez, en 1536, et la Haute-Californie par l'Espagnol Cabrillo, en 1542, c'est-à-dire cinquante années après le débarquement de Christophe Colomb sur le sol vierge du Nouveau Monde. Mais ce fut sir Francis Drake qui en explora la côte en 1579. Les Espagnols, les premiers, prirent possession du pays en 1763; ils l'annexèrent au Mexique et donnèrent, dit-on, le prénom du navigateur anglais, traduit en langue castillane, à la baie de San Francisco, découverte le 7 novembre 1769 par le moine Juan Crespi.

Suivant une autre version plus vraisemblable, les Franciscains ont simplement appelé la baie du nom du fondateur de leur ordre.

Quant au nom de *Californie*, il a aussi exercé l'esprit investigateur des philologues. Ils sont toutefois à peu près d'accord pour le faire dériver du latin *Calida fornax*, ou de l'espagnol *Caliente fornallo*, mots dont il serait la contraction.[1]

La Californie, dépendance du Mexique, était placée comme lui sous la domination des rois d'Espagne, et administrée par des gouverneurs relevant du gouvernement central de Mexico. Après 1769, le gouvernement reconnut deux Californies, la Vieille ou Basse, et la Nouvelle ou Haute.

C'est cette dernière qui, conquise par les Américains en 1846, est le pays que nous habitons et qui porte aujourd'hui le nom de Californie tout court.

Les premiers colonisateurs furent les Jésuites. Après leur expulsion de l'Espagne et de ses possessions coloniales, en 1767, ils furent remplacés en Californie par des moines de l'ordre de Saint François. Ceux-ci fondèrent, le long du littoral, un certain nombre de Missions qui avaient pour but de convertir les Indiens au christianisme et de leur inculquer les premières notions de l'agriculture et de différents métiers. Les Indiens étaient logés autour du principal corps de bâtiment, dans de petites huttes alignées sur des rangs parallèles. Junipero Serra, espagnol de naissance, et homme d'une très grande valeur, fut, pendant de longues années à la tête de ces Missions. Il mourut le 28 août 1784.

Dans le voisinage se formaient les *puéblos*, petits vil-

---

[1] — Le jésuite mexicain Michael Venegas incline à attribuer l'origine du nom à des mots prononcés par des Indiens et mal compris ou mal entendus par les premiers Espagnols.

lages habités par d'anciens soldats avec leurs familles. Il y en avait quatre : Sonoma, San José, Branciforte, près de Santa Cruz, et Los Angeles.

Une *ranchéria* était une agglomération de *ranchos* ou fermes, formant un hameau.

Enfin, les *présidios* était des postes militaires, placés sous les ordres des *padres* ou missionnaires, et destinés à protéger les différents établissements espagnols contre les attaques des Indiens hostiles.

Les ports les plus anciennement connus sont : Santa Barbara, San Pedro et San Diego.

On voit par ce qui précède que les Missions, avec leurs dépendances, formèrent le noyau primitif de la colonisation du pays.

Les descendants des premiers colons, d'origine mexicaine, sont désignés aujourd'hui sous les noms d' *Anciens Californiens*.

En 1776, au mois de juin, fut fondée, à quatre milles de *Yerba Buena* [1] la *Mission Dolorès* de San Francisco par les pères Palou et Cambon. Ils venaient de Monterey, [2] où la *Mission Del Carmelo* avait été établie en 1770, et étaient accompagnés de sept familles et de dix-sept dragons mariés, destinés au présidio de San Francisco.

Tant que le Mexique resta sous la domination espa-

---

[1] — Littéralement : *Bonne herbe* ; nom donné à une plante aromatique très répandue à cette époque sur les collines de l'emplacement actuel de la ville. Yerba Buena est encore le nom d'un îlot situé dans la baie de San Francisco à deux milles de la ville.

[2] — Ce port a été visité par le célèbre navigateur français, La Peyrouse, en 1786.

gnole, les Missions furent soutenues et protégées par le gouvernement ; mais à la suite du mouvement insurrectionnel qui, en 1810, éclata dans ce pays contre la métropole, les subsides accordés jusqu'alors aux *padres* furent supprimés. Le Mexique s'étant constitué en république indépendante, le nouveau gouvernement sécularisa les Missions ; en d'autres termes, il enleva aux religieux la tutelle de ces établissements pour la confier à des administrations laïques chargées d'en répartir la propriété entre les Indiens.

On accorda à ceux-ci le droit de résider où bon leur semblait, et de posséder autant de terres qu'ils en pouvaient cultiver.

C'est en 1833 que le Congrès mexicain adopta cette loi qui fit disparaître les Missions pour n'en laisser subsister que le nom.

Quant aux Indiens, ils ne profitèrent guère des bienfaits de cette politique émancipatrice. Leur nature sauvage, leurs habitudes nomades, leur caractère d'enfants imprévoyants et avides de liberté, ne pouvaient se plier aux exigences d'une vie sédentaire, laborieuse et réglée. Ils allèrent rejoindre leurs congénères dans leurs vallées natales et disparurent complètement des lieux où les *padres* avaient tenté de les conquérir à la civilisation.

A cette époque, les Missions étaient au nombre de 21, toutes échelonnées le long du littoral, à partir de San Diego jusqu'à Sonoma, sur une étendue d'environ deux cents lieues.

Toute la population blanche du pays ne s'élevait qu'à

cinq mille âmes, d'origine espagnole, à l'exception de 40 Américains.

En sécularisant les propriétés affectées aux Missions, le Congrès du Mexique avait principalement en vue d'attirer en Californie une forte émigration de race blanche, et comme il reconnaissait l'importance que pouvait acquérir le port de San Francisco dans l'avenir, il chercha particulièrement à former sur ce point un centre de population.[1] Mais le gouvernement local, dont le siége était à Monterey, apporta dans l'accomplissement de ce projet, la plus grande mollesse. Heureusement, ce que ni l'administration, ni les Californiens-mexicains ne firent, l'initiative de quelques résidents étrangers le réalisa.

Pendant l'été de 1835, Wm. Richardson, Anglais de naissance, qui demeurait à Saucelito depuis 1822, vint dresser sa tente à Yerba Buena, à l'endroit de la rue Dupont occupé aujourd'hui par la maison No. 811, et se livra au commerce d'exportation des peaux et du suif. Ce fut le premier habitant du futur village. Peu de temps après, un jeune Américain, Jacob B. Leese, s'y établit également pour faire le même genre d'affaires.[2]

Leese construisit à Yerba Buena la première maison de bois avec des planches qu'il avait apportées, sur une barque, de Monterey ; il l'éleva à temps pour y célébrer,

---

[1] — San Francisco était devenu un port de relâche pour les navires baleiniers qui venaient s'y ravitailler. Le commerce qu'on y faisait consistait simplement en échange de peaux avec les Indiens.

[2] — Au Présidio il y avait un seul soldat trop âgé pour déserter. A un mille et demi à l'est du Présidio, demeuraient la veuve Briones et sa famille, et à la Mission, une douzaine de familles avec un prêtre.

en 1836, la fête du 4 juillet avec un certain nombre de *ranchéros* des environs. A cette occasion, le drapeau américain flotta pour la première fois sur ce qui est devenu la ville de San Francisco. La maison de Leese était située à la hauteur de la rue Clay d'aujourd'hui, près de la rue Dupont, non loin de la maison en adobes [1] de Richardson.

Au mois d'avril 1838, Leese devint père d'une fille qui fut le premier enfant né à San Francisco.

Peu à peu, quelques nouvelles constructions en adobes s'élevèrent. L'alcade, nommé en 1835 par le peu d'habitants éparpillés dans les environs, attribuait à chaque personne qui en faisait la demande, un terrain de cinquante ou de cent *varas*. Depuis le premier juillet 1835 jusqu'au 7 juillet 1846 — ce qui constitue la période du régime civil mexicain à San Francisco — on accorda quatre-vingt-trois concessions dont trente-quatre à des Espagnols et le reste à des Américains ou à des Anglais.

Le premier plan de la localité tracé en 1839, comprenait l'espace borné aujourd'hui par les rues Montgomery, California, Powell et Broadway, avec la *Plaza* ou *Portsmouth Square* comme point central.

Les deux principales artères étaient la rue Kearny, allant de la rue Sacramento à la rue Pacific, et la rue Dupont, allant de la rue Pacific à la rue Clay. Cette dernière avait deux blocs sur chacun de ses côtés et s'étendait de la rue Dupont à la rue Montgomery. Les rues

---

[1] — Sorte de briques en terre sèche.

Sacramento, Washington et Jackson étaient moins longues ; mais dans toutes, les habitations étaient fort clairsemées.[1]

En 1838, la première route charretière fut ouverte de Yerba Buena à la Mission, à travers les broussailles qui hérissaient cette région devenue un des quartiers élégants de la ville.

L'année 1841 vit s'élever une scierie pour la construction des maisons et la fabrication des meubles.

En 1844, Yerba Buena comptait vingt maisons et cinquante habitants. Jusqu'en 1846, le village resta à peu près stationnaire ; mais tout le monde dans le pays s'attendait à un changement prochain.

Depuis longtemps, en effet, les Américains convoitaient la Californie qui végétait sous la domination du Mexique. De tous les étrangers qui y résidaient, leurs nationaux étaient les plus nombreux, et plusieurs d'entre eux s'étaient alliés aux meilleures familles californiennes.

A diverses reprises, les habitants, sans distinction d'origine, avaient manifesté leur mécontentement contre le régime établi. En 1844, le capitaine Frémont, plus tard candidat malheureux à la présidence des Etats-Unis, vint, à la tête d'un corps d'exploration, étudier la topographie du pays. Il eut de graves démêlés avec les autorités locales. Cette affaire fut suivie d'une révolte des résidents américains, qui s'emparèrent de Sonoma et y arborèrent un étendard sur lequel ils avaient dessiné un ours,

---

[1] — Pour l'intelligence de ces détails nous désignons les rues par leurs noms actuels.

d'où le nom donné à cette échauffourée : *Bear Flag* (drapeau de l'ours). On pressentait si bien l'impossibilité du *statu quo* que M. Duflot de Mofras, chargé d'une mission d'exploration du gouvernement français sur la côte du Pacifique et auteur d'un ouvrage sur l'Orégon et la Californie, suggéra à son gouvernement l'idée de prendre les devants sur les Etats-Unis et de s'emparer du pays. Un Anglais, M. Forbes, également auteur d'une histoire de la Californie, fit la même suggestion au gouvernement britannique.

A Los Angeles, les femmes mexicaines chantaient une chanson espagnole contenant ces mots : "Lorsque les Américains viendront, la Californie sera perdue ; mais lorsque les Français viendront, les femmes se rendront (surrender)."

Il était dans la destinée de Etats-Unis de l'emporter.

L'admission dans l'Union américaine du Texas, qui s'était détaché du Mexique en 1845, provoqua une guerre entre les deux pays. Le résultat en fut la conquête du Nouveau Mexique et l'achat, moyennant vingt millions de dollars, de la Californie qui comprenait alors tout le territoire situé entre l'Océan Pacifique et les Montagnes Rocheuses. Le traité de paix de Guadelupe Hidalgo, signé le 2 février 1848, consacra la prise de possession de cette vaste région par les Etats-Unis. Coïncidence remarquable : Le 19 janvier précédent, avait lieu sur la propriété du capitaine Sutter, la découverte de l'or, cette révélation qui devait produire un si grand retentissement et qui allait transformer la Californie naguère inconnue, en un des pays les plus riches du globe.

Dès 1846, les Américains s'étaient emparés de quelques points de la côte, et à Yerba Buena, ils avaient arboré la bannière étoilée, à l'endroit de la ville appelé aujourd'hui Portsmouth Square.[1]

Dans la même année, un navire amena un grand nombre de Mormons avec leurs familles.

En 1847, au mois de janvier, un décret de l'alcade changea le nom de Yerba Buena en celui de *San Francisco*.

Des émigrants américains, partis de la vallée du Missisipi, arrivèrent en Californie par les plaines. Quelques-uns, notamment la compagnie dirigée par un riche fermier, nommé Donner, qui a laissé son nom à un beau lac, trouvèrent la mort au milieu des neiges (fin février 1847).

Le 6 mars, débarqua le premier détachement du régiment Stevenson, composé de volontaires qui s'étaient engagés, la guerre avec le Mexique terminée, à se fixer définitivement en Californie.

Ces arrivages divers donnèrent naturellement une certaine extension à la bourgade de San Francisco. Un nouveau plan en fut dressé par O'Farrell, Irlandais. Cette carte élargie embrassait le district borné par les rues Post, Leavenworth, Francisco et le *water front*.[2] Au sud de la rue Market, elle comprenait quinze blocs, dont quatre rue Quatrième et onze rue Deuxième.

D'après un recensement fait au mois de juin 1847,

---

[1] — Du nom du premier navire de guerre des Etats-Unis, arrivé dans notre port (1846).
[2] — Bord de la baie

San Francisco, non compris le village de Dolorès et la garnison du Présidio, comptait 459 individus et 812 en mars 1848, dont 575 hommes, 177 femmes et 60 enfants en âge de suivre les cours de l'école.[1]

Le journal le *Californian*, — car dès cette époque il y avait un journal et même deux, l'autre s'appelait le *Star* — le *Californian*, disons-nous, dans son numéro du mois de juin 1847, donne le nombre des habitants, avec l'indication de leur origine et de leur sexe.

Nous reproduisons ces détails qui nous semblent intéressants comme les souvenirs d'enfance de cette grande cité devenue la reine du Pacifique.

En 1848, San Francisco comptait 247 blancs du sexe masculin et 128 du sexe féminin, dont 83 enfants au-dessous de 16 ans; 26 Indiens et 8 Indiennes de tout âge; 40 Canaques, dont une femme, venus des îles Sandwich; neuf nègres et une négresse.

Sur les blancs, 228 étaient nés aux Etats-Unis, 88 en Californie de race mexicaine, plus 2 Mexicains nés dans d'autres départements du Mexique; 5 nés au Canada, 2 au Chili, 22 en Angleterre, 8 EN FRANCE, 27 en Allemagne, 14 en Irlande, 14 en Ecosse, 6 en Suisse, 4 nés sur mer. Le Danemark, Malte, la Nouvelle Hollande, la Nouvelle Zélande, le Pérou, la Pologne, la Russie, les îles Sandwich, la Suède et les Indes Orientales avaient fourni un individu, par pays, à cette population cosmopolite.

---

(1) — Il en existait une, toute petite, en bois, située au coin de la Plaza et de la rue Brenham.

Il y avait aussi cent cinquante-sept maisons dont le quart en adobes, les autres en bois.

La population blanche, en 1848, dans toute la Californie, était estimée à treize mille âmes.

II

Sutter — Découverte de l'or — Tout le monde court aux placers — Détails officiels sur les mines et les mineurs — Premier Camp français — Premiers immigrants — Cherté en toutes choses — Richesses et privations — Le juge Lynch.

John A. Sutter, d'une famille suisse établie dans le grand duché de Bade, avait servi en France comme capitaine des gardes suisses de Charles X. En 1834, il s'embarqua pour New-York.

Poussé par son esprit aventureux, il s'engagea dans une compagnie de trappeurs qui se rendait, par les plaines, en Californie. Après avoir exploré une partie de cette contrée, il alla visiter l'Orégon d'où il poussa une pointe jusqu'aux îles Sandwich. Sans trop s'y arrêter, il revint en Californie et débarqua à Monterey en juillet 1839. A Monterey, il obtint du gouverneur l'autorisation de se choisir un vaste domaine situé sur la rivière Américaine, dans la vallée de Sacramento. Il fortifia sa propriété de son mieux pour la mettre à l'abri des Indiens des environs, et lui donna le nom de *Nouvelle Helvétie.*

Pendant l'hiver 1847-48, il fit un contrat avec James W. Marshall, un des Mormons récemment arrivés en Californie, pour l'érection d'une scierie mécanique. C'est en desséchant, non loin de l'endroit occupé aujourd'hui par le village de Coloma, le lit d'un ruisseau dont il avait détourné le cours, que Marshall trouva la première pépite d'or.[1]

La nouvelle de cette découverte, qu'on voulait tout d'abord tenir secrète, arriva à San Francisco en même temps que le précieux spécimen, sans y produire grande sensation. C'est seulement vers la fin du mois d'avril, que, convaincus enfin de la richesse des trouvailles faites, les trois quarts des habitants, pris comme d'un violent vertige, se précipitèrent vers les gisements aurifères.

Les magasins, les ateliers, les établissements de tout genre se fermèrent, les journaux suspendirent leur publication, car, propriétaires, rédacteurs et compositeurs se ruèrent tous, avec le même entrain, vers le nouveau jardin des Hespérides. Il en était de même de toutes les autres localités, et souvent les employés du gouvernement donnaient l'exemple à leurs administrés. Le maire ou alcade de Monterey planta là sa commune pour s'en aller piocher la terre sur les bords du Sacramento, en compagnie de l'ancien avocat-général du roi des îles Sandwich. La gar-

---

[1] — Selon la règle ordinaire, cet événement mémorable n'a profité ni à Marshall ni à Sutter. Le premier est resté pauvre et simple *prospecteur*, toujours à la piste de nouveaux gisements d'or. Au mois de mai 1883, il habitait une cabane grossière à Kelsey, non loin de Placerville. Peut-être y demeure-t-il encore aujourd'hui.
Sutter, dès la découverte de l'or, se vit abandonné de tous les hommes à son service. On lui vola et ses bestiaux et ses terres. Complètement ruiné, il se porta, en 1851, candidat aux fonctions de gouverneur, mais sans succès. Pour le dédommager de son échec, le gouverneur du lui accorda le titre de général de la milice, fonctions purement honorifiques. Plus tard, l'État de Californie lui alloua une pension de 250 dollars par mois. Cette pension ayant été supprimée en 1865, Sutter se rendit à Washington, et pendant deux ans, sollicita vainement du Congrès une indemnité pour les pertes qu'il avait eu à subir en Californie. Il mourut en 1880, pauvre et désespéré.
(Voir *Popular History of California by Lucia Norman*.)

nison elle-même déserta comme un seul homme, et une grande partie des volontaires du régiment Stevenson suivit le torrent, les soldats faisant de leurs baïonnettes des outils de travail.

La grande nouvelle s'étant répandue au dehors, on vit affluer, pendant la dernière partie de l'année 1848, un grand nombre d'émigrants étrangers, notamment des Mexicains de la Sonore. Il en arriva aussi un grand nombre du Chili, du Pérou et des diverses îles de l'Océan Pacifique. Tout ce monde se précipita vers les mines comme emporté par un tourbillon.

Par suite de la désertion des fermes, les objets de consommation furent bien vite épuisés et tout devint d'une cherté inouïe. Pour combler la mesure, l'argent étant devenu fort rare, on dut remplacer la monnaie par la poudre d'or. Mais cette précieuse substance, qui valait à New-York dix-huit dollars l'once, ne passait en Californie que pour quatre. Plus tard, il est vrai, le prix en fut fixé par les autorités à seize dollars.

Dans les États américains de l'Atlantique, on n'apprit ce qui venait d'arriver dans la vallée du Sacramento qu'au mois de Septembre. D'abord on accueillit la nouvelle avec incrédulité; mais quand le doute ne fut plus possible, il se produisit un immense mouvement d'émigration vers la Californie. La plupart des gens y vinrent par le cap Horn, voyage de six à sept mois. Ceux qui étaient établis dans la vallée du Mississipi, firent le voyage par les plaines, organisés en compagnies ou caravanes. Un fait curieux, c'est l'espèce de furie avec laquelle les marins, à peine entrés dans le port de San Francisco, désertaient leurs navires pour courir aux mines.

Pendant les premières années, des fortunes se faisaient parfois en un seul jour. On trouvait en abondance des pépites grosses comme des noisettes ; on tombait aussi parfois sur des morceaux d'or pesant de deux à trois livres.

Voici ce qu'écrit à ce sujet M. Larkin, qui avait été consul des Etats-Unis en Californie sous le régime mexicain :

"On rencontre au *placer* nombre d'hommes qui, au mois de juin, n'avaient pas cent dollars, et qui en possèdent aujourd'hui de cinq à vingt mille, gagnés en ramassant de l'or et en trafiquant avec les Indiens. Il y en a qui ont amassé davantage.

"Cent dollars par jour, pendant plusieurs journées consécutives, sont regardés comme la récompense moyenne d'un mineur, bien que peu d'entre eux puissent travailler plus d'un mois de suite à cause des fatigues."

Dans ces agglomérations de travailleurs, si différents par leur origine, leur nationalité, leurs professions, leur degré d'éducation, etc., régnait l'égalité la plus absolue. Chacun comprenait qu'il devait rompre avec le passé et se livrer sans relâche, avec l'instrument qu'il pouvait se procurer, à la rude besogne de chercheur d'or. Une pelle, une pioche, un couteau même pour remuer la terre, et un récipient quelconque, plat, écuelle, pour la recueillir et la délayer : voilà ce qui suffisait alors.

Le revers de la médaille, c'était le prix élevé, souvent exorbitant, de certains articles de première nécessité. Les prix, sujets à de brusques et fréquentes fluctuations, variaient selon l'abondance ou la rareté des arrivages.

A ce propos, on lira avec intérêt l'extrait suivant d'un rapport officiel écrit au mois de juillet 1848 : (1)

Viande fraîche......	$ 0 12½ cents (2)	la livre
Farine...............	1 00	"
Riz.................	1 00	"
Sucre...............	1 00	"
Biscuit..............	50 00	le quintal
Vin et eau-de-vie.....	8 00	la bouteille

Le boisseau de fèves, de pois se vendait 10 dollars et plus. Le tout payable en or du placer, à raison de 16 dollars l'once.

Maints chercheurs d'or, en présence d'une riche trouvaille, ont dû penser à ces vers du fabuliste :

"....Le moindre grain de mil
Ferait bien mieux mon affaire."

Dans les villes, même cherté en toutes choses. Ainsi, un charretier à Monterey demandait de 50 à 100 dollars pour conduire un chargement à la distance de 25 milles. Des mineurs payaient jusqu'à 150 dollars par jour pour une grossière machine appelée *cradle* (berceau). Un chapeau en feutre gris a été payé 70 dollars. Une vieille couverture de laine, 80. Des bouteilles vides, qui avaient été abandonnées sur des navires, 5 dollars pièce. On s'en servait pour y enfermer la poudre d'or. Tous ces détails, relatés par le gouverneur Mason, sont d'une rigoureuse authenticité. La rude existence à laquelle les mineurs étaient assujettis : mauvaise nourriture, nuits passées sur

---

(1) — Rapport de M. Moerenhout, vice-consul de France à Monterey.
(2) — Le cent vaut cinq centimes et le dollar cinq francs.

la dure et en plein air, atteintes d'un climat nouveau, fatigues d'un travail excessif et, pour beaucoup, tout-à-fait insolite, défaut de soins et de propreté, — tout cela produisit des maladies graves, telles que les fièvres, la dissenterie, etc. Les médecins ne manquaient pas sur les lieux, mais les médicaments.

Les maladies n'étaient pas le seul fléau dont les travailleurs eussent à souffrir. Des malfaiteurs de la pire espèce s'étaient glissés dans leurs rangs ; des vols, des assassinats se commettaient tous les jours. Le gouvernement fédéral envoyait bien des troupes pour réprimer ces excès, mais elles désertaient. Le commodore Jones, ayant reçu de Washington l'ordre de se rendre à Monterey ou à San Francisco, avec son escadre, pour rétablir la tranquillité dans le pays, confessa son impuissance au ministre de la Marine dans cette note vraiment curieuse :

"Je n'ose toucher la terre, je ne saurais y envoyer que des boulets. Tout détachement que j'y débarquerais déserterait incontinent."

Qu'arriva-t-il ? Abandonné de tous, M. Mason, gouverneur de la Californie, résolut, comme Caussidière et à peu près à la même époque, de faire de l'ordre avec le désordre même. Il se rendit au *Gold District*, c'est-à-dire dans la région de l'or, et là, faisant appel à l'énergie des honnêtes gens, il forma avec leur concours une administration provisoire, ayant son siége au puéblo de San José. Des mesures sommaires ne tardèrent pas à débarrasser les véritables travailleurs de leurs dangereux compagnons. Ce fut l'avènement du juge Lynch aux placers.

III

Importance naissante de San Francisco — Principaux événements de 1849 — Premier incendie — Lieux de débarquement — *Long Wharf* — Premier bâteau à vapeur — Vote de la Constitution — Les *Hounds* — Etat des rues de San Francisco — Aspect de la ville.

Nous avons vu comment, à la nouvelle de la découverte faite par Marshall, on s'était précipité vers les mines d'or. Mais les plus avisés comprirent bientôt que le meilleur moyen de s'enrichir n'était pas d'aller déterrer péniblement le précieux métal sous le soleil ou la pluie, mais de pourvoir aux besoins de ceux qui se livraient à ce terrible travail ; en d'autres termes, que le commerce allait prendre un développement énorme, et que San Francisco en serait forcément le centre principal. C'est à San Francisco, en effet, que devaient débarquer et s'approvisionner tous ceux qui, de tous les coins du monde, venaient tenter la fortune dans le nouvel Eldorado. Aussi, un grand nombre de personnes quittèrent-elles les mines pour s'établir dans la ville naissante, comme marchands, industriels et ouvriers. Les ouvriers y trouvaient du travail en abondance et grandement rétribué. Employés à la construction des maisons, ils gagnaient de 20 à 30 dollars par jour.[1]

Avec la grande immigration, qui commença en 1849, San Francisco prit un rapide essor. Sa population, au mois de janvier, avait été d'environ 2,000 âmes ; au mois de décembre, elle s'élevait à 15,000.

---

(1) — Voir *A Popular History of California* et *History of California* par Tuthill.

Les premières maisons avaient été bâties en adobes ou en bois, presque toutes de chétive apparence, à l'exception d'un très petit nombre de constructions plus importantes qui, le 24 décembre 1849, devinrent la proie des flammes. La plus considérable était *Parker House* qui servait à la fois d'hôtel et de maison de jeu.

A cette époque, les navires venaient mouiller à un demi mille du rivage ; l'eau de la baie, décrivant un arc de cercle, arrivait jusqu'à la rue Montgomery et formait, à la marée basse, un immense marais stagnant. Des canots allaient chercher les passagers pour les déposer à terre et l'on débarquait les marchandises au moyen d'allèges.

Les principaux lieux de débarquement étaient Clark's Point, à l'angle nord-ouest des rues Broadway et Battery, — le coin des rues Sansome et Pacific, le coin des rues Washington et Montgomery, ainsi que celui des rues Montgomery et Clay.

Cette organisation défectueuse était à la fois très pénible pour les voyageurs et très coûteuse pour les importateurs de marchandises. Afin d'y remédier, on construisit, au bout de la rue Commercial, une jetée, appelée communément *Long Wharf* où les steamers vinrent ensuite mouiller l'ancre.

En 1849, on organisa un service quotidien de *steamboats* de San Francisco à Sacramento et à Stockton pour le transport aux mines du frêt et des voyageurs.

Une grande Compagnie établit aussi, dès le commencement de l'année, une ligne de bâteaux à vapeur entre la Californie et New-York. Il y avait un arrivage tous les mois par voie de Panama. Le premier steamer, le *Californian*, entra dans la rade de San Francisco le 28 février. Ce grand événement fut célébré par des réjouissances publiques.⁽¹⁾

Le 1ᵉʳ septembre 1849, une convention se réunit à Monterey pour doter la Californie d'une constitution.

La question brûlante à résoudre par cette assemblée, était de savoir si le pays devait ou non avoir des esclaves. La cause de la liberté humaine l'emporta. Soumise aux suffrages du peuple, le 13 novembre, la Constitution fut adoptée presque à l'unanimité.

San José, étant devenue la capitale du nouvel Etat, la première législature y fut convoquée pour compléter l'œuvre de la convention constituante. Celle-ci s'était bien prononcée contre l'introduction de l'esclavage des noirs ; mais la nouvelle assemblée, à laquelle de mauvais plaisants avaient donné le surnom de "législature aux mille *drinks*",⁽²⁾ voulut, par une sorte de compromis, donner satisfaction aux préjugés de race des sudistes, très nombreux dans le pays. Elle vota, en conséquence, une loi interdisant aux nègres, aux mulâtres et aux Indiens, de témoigner en justice *pour* ou *contre* un blanc. Si les Chi-

---

(1) — Depuis le mois d'avril jusqu'à la fin de l'année, il était entré dans le port 549 navires à voile, dont 233 américains et 316 étrangers.
    Le nombre des passagers avait été de 35,000, dont 23,000 Américains. Il faut ajouter à ce chiffre 3,000 *marins déserteurs*.
    Au mois d'août, deux cents bâtiments se trouvaient dans le port, abandonnés de leurs équipages. Les carcasses en furent plus tard employées à la construction des maisons et au planchéiage des rues.
    Le nombre des immigrants par terre, pendant l'année 1849, a été estimé à 42,000, dont 32,000 Américains. A la fin de l'année, la population totale de la Californie s'élevait à environ 100,000 âmes.

(2) — Rasades.

nois ne sont pas visés dans cette loi, c'est qu'ils étaient encore en très petit nombre en Californie. Les mêmes législateurs imposèrent aux mineurs non naturalisés une taxe spéciale. Cette mesure inique, qui rapporta fort peu au fisc, devint par la suite une cause de troubles graves et de vexations nombreuses, notamment pour nos compatriotes.

L'administration municipale, ou *ayuntamiento*, fonctionnait très mal à San Francisco. Les malfaiteurs en profitèrent pour se livrer à tous les excès. Au printemps de l'année 1849, ils s'organisèrent militairement, paradant dans les rues, et ayant leur quartier-général dans une vaste tente, pompeusement décorée du nom de *Tammany Hall*.

Ces mécréants se posaient en patriotes, en défenseurs des intérêts américains menacés, disaient-ils, par les étrangers. Ils s'étaient eux-mêmes affublés du nom de *hounds*, littéralement *limiers*, faisant la chasse aux habitants de race espagnole, qu'on appelait dédaigneusement *greasers*.[1] Un certain dimanche les *hounds* se mirent à démolir tout le quartier chilien.

Il était temps de mettre un terme au désordre qui commençait à menacer toute la ville. Un tribunal populaire, improvisé à la suite d'un *meeting*, fit arrêter une vingtaine de bandits, et condamna, les uns à la prison, les autres au bannissement. Cette répression suffit pour rétablir momentanément la tranquillité.

---

(1) — Du mot *grease*, graisse ou crasse. *Greaser* signifierait donc, en termes vulgaires, crasseux ou quelque chose d'approchant.

C'est ainsi que le juge Lynch fit son apparition à San Francisco, jetant le premier jalon de l'organisation célèbre qui plus tard joua un si grand rôle sous le nom de *comité de vigilance*.

Nous avons parlé d'emprisonnement. En effet, il existait une prison à San Francisco. L'édilité avait affecté à cet usage, la coque d'un brick mouillé dans la rade, lequel — ironie perpétuelle des choses d'ici-bas, — portait le nom doux et charmant d'Euphémia !

Entre temps, la ville élargit ses limites ; le prix des terrains haussa considérablement. Un lot de 100 varas (carré de 275 pieds de côté) se vendait 500 dollars, et un lot de 50 varas (carré de $137\frac{1}{2}$ pieds de côté) 200. Quelques-uns de ces terrains ont aujourd'hui une valeur cent fois, d'autres, mille fois plus grande. En 1847, les terrains dans les limites de la ville s'étaient vendus à raison de 16 et de 29 dollars les 50 varas, frais d'enregistrement compris. Les terrains limitropes, tels que Hayes Valley et Western Addition, étaient offerts en vente moyennant $1.25, comme terres du gouvernement. L'état des rues était épouvantable. En été, les vents violents du nord-ouest y soulevaient des tourbillons d'un poussière fine et aveuglante. On eût dit le simoun soufflant avec furie. Pendant les pluies de l'hiver, les rues ressemblaient à des fleuves de boue. Les piétons, chaussés de fortes bottes, enfonçaient parfois jusqu'à la ceinture. Deux chevaux s'engouffrèrent un jour si profondément dans la fange, rue Montgomery, qu'on dut renoncer à les dégager et les abandonner à leur sort.

Un autre jour, trois individus, probablement en état d'ivresse, furent pris dans un de ces bourbiers et y périrent asphyxiés.

Après de fortes averses,[1] on jetait çà et là en travers des rues, une planche, une caisse ou un baril ; aussi fallait-il avoir bon pied et bon œil, le moindre faux pas pouvant coûter cher !

En 1849, la ville occupait l'espace compris entre les rues California, Powell, Vallejo et la baie, qui touchait à la rue Montgomery.

Au coin nord-est des rues Clay et Montgomery, on voyait la coque d'un petit navire métamorphosée en magasin de vêtements et d'outils à l'usage des mineurs. Au coin sud-ouest des mêmes rues, un terrain de cent pieds carrés, entouré d'une clôture en bois, était jonché d'ossements, de têtes et de peaux de bœufs — débris d'un abattoir.

A l'intersection des rues Montgomery et Sutter, sur l'emplacement du Lick House, s'élevait une colline de sable. Au coin sud-est des rues Clay et Kearny, une maison en adobes avait été tranformée en magasin ; au coin sud-ouest il s'en trouvait une autre, également en adobes. Dans la rue Kearny, entre les rues Clay et Sacramento, on en voyait une très longue dont le rez-de-chaussée, subdivisé en plusieurs compartiments, servait d'établissement de jeu. Arrivé là, on était à la limite extrême de la ville.

---

[1] — Les pluies tombées pendant l'hiver 49-50 ont fait un bien immense aux mines et, partant, au commerce. En 1848, la moyenne de l'or recueilli par mois a été environ de $600,000 ; en 1849, de $1,500,000 ; et en 1858, de trois millions.

Dans la rue Kearny, en face de la Plaza, était situé *Parker House*[1] la plus grande et la plus belle construction du San Francisco de cette époque. En face, de l'autre côté de la Plaza, s'élevait la douane, toujours en adobes.

Beaucoup de gens vivaient sous des tentes plantées, sans souci de l'alignement, le long des sentiers tracés sur les flancs des collines. Le plateau qui s'étend de la rue Valléjo à la rue California, au-dessus de la rue Stockton, était couvert de broussailles. Les rues, bien entendu, n'étaient ni nivelées, ni pavées, ni planchéiées, ni bordées de trottoirs. La première voie planchéiée fut la rue Montgomery (1850).

IV

De 1850 à 1855.

Incendies du 4 mai et du 14 juin 1850, à San Francisco — Premier *Directory* — La Californie est admise au nombre des Etats — Travaux de Titans — Choléra — Incendies du 4 mai et du 22 juin 1851 — Richesses des mines — Les théâtres — Les premiers Chinois — Les nègres — La rue Jackson — Les *steamer days* — Walker — Population en 1853 — Hôtel des monnaies — La main-d'œuvre à San Francisco en 1853 — Progrès de la ville — Le chemin de fer de l'isthme de Panama.

Les principaux faits à noter en 1850, sont les suivants:

1º La construction d'une route planchéiée de San Francisco à la Mission Dolorès.

---

(1) — Parker House, ayant brûlé en Décembre 1849, fut rebâti et converti en un théâtre sous le nom de *Jenny Lind*. Brûlé de nouveau en mai 1850 et en juin 1851, cet édifice fit place à une construction en briques avec façade de pierre, laquelle forme aujourd'hui une partie de l'ancien City Hall.

2° L'Hôtel de Ville installé dans un édifice à quatre étages en bois, situé au coin nord-ouest des rues Kearny et Pacific.

3° Le grand incendie du 4 mai 1850. — Trois blocs furent détruits, dont deux entre les rues Clay, Jackson, Kearny et Montgomery, et le troisième borné par les rues Washington, Kearny, Jackson et Dupont. La perte s'éleva à environ trois millions de dollars. Six semaines plus tard, le 14 juin, nouvel incendie. Il ravagea le quartier compris entre les rues Clay, California, Kearny et le *Water Lot* près de la rue Sansome. La perte fut à peu près égale à celle du 4 mai.

On éleva aussitôt dans les quartiers détruits, des constructions plus vastes et plus commodes. Des maisons de bois, toutes démontées, étaient importées des Etats de l'Atlantique et de quelques pays de l'Europe; on les ajustait, pièce par pièce, sur le lieu de leur destination. Il en arrivait aussi en fer qui ne résistaient guère mieux au feu que les constructions en charpente.

En 1850, parut à San Francisco le premier *Directory* (dictionnaire des adresses). Il contenait 2,500 noms.

Dans la même année, la ville reçut sa charte d'incorporation. L'administration municipale se composait de deux chambres: les *Aldermen* et les *Assistant-Aldermen*, — et d'un maire investi du pouvoir exécutif.

Le 9 septembre 1850, la Californie fut admise au nombre des Etats de l'Union.

San Francisco resserré, d'un côté, par des collines de sable, de l'autre, par la baie, ne suffisait plus à contenir sa population toujours croissante. On exécuta alors un travail vraiment merveilleux. On démolit les collines et on en jeta les masses sablonneuses dans la baie: — œuvre de Titans, qui eut pour résultat de doter la ville de tout ce vaste quartier qui s'étend de la rue Montgomery jusqu'aux quais, et qui est devenu le siége de la plus grande partie du gros commerce californien.

Le premier *Water Lot*,[1] ainsi comblé et rattaché à la terre ferme, était situé rue California, à l'ouest de l'emplacement où s'élève aujourd'hui la Banque de ce nom. Les wharfs reçurent un immense prolongement, tandis que des rues traversales, les coupant à angle droit, se construisirent sur un système de pilotis. Ça et là, ces nouvelles rues englobaient des navires démâtés servant de magasins, notamment le *Niantic*, au coin des rues Sansome et Clay.

Pendant l'automne de cette année, et dans le courant de l'année suivante, il y eut quelques cas de choléra en Californie.

1851 — Le travail d'agrandissement et d'embellissement se poursuit à San Francisco avec la plus grande activité. Les tentes disparaissent peu à peu, des constructions en briques s'élèvant à leur place. Malheureusement, le 4 mai, jour anniversaire du premier incendie de l'année précédente, éclate une conflagration épouvantable qui étend ses ravages sur une longueur de trois quarts de millé et un quart de mille de largeur. Seize blocs, y compris le quartier commerçant, ne présentent plus qu'un vaste champ couvert de décombres fumants.

---

(1) — Lot sur la baie.

Plusieurs personnes périssent dans les flammes; d'autres meurent asphyxiées dans des maisons de fer et de briques qu'on croyait à l'épreuve du feu.

On estime les pertes matérielles à dix millions de dollars.

Ce désastre avait été l'œuvre d'incendiaires ayant en vue le pillage; mais leur crime ne resta pas impuni.

Le comité qui avait délivré la ville des Hounds, se réunit de nouveau. Il ordonna quelques exécutions sommaires et organisa des patrouilles pour maintenir la tranquillité et protéger les marchandises qu'on avait essayé de sauver en les entassant pêle-mêle sur la voie publique.

Les traces du sinistre du 4 mai n'avaient pas complètement disparu qu'une nouvelle conflagration éclatait le 22 juin; le feu prit dans la rue Pacific, près de la rue Powell, non loin du consulat de France. Une douzaine de blocs furent détruits, causant une perte de deux millions de dollars.

Après chaque incendie, les habitants se remettaient vigoureusement à l'œuvre, et la jeune cité reparaissait plus grande et plus belle. On songea enfin à construire avec plus de solidité. A cet effet, on importa des briques de Sydney et de Londres, et du granit de la Chine et de Quincy, Etat de Massachusetts.

Pendant que les villes passaient ainsi par le creuset brûlant, les mines continuaient à produire de grandes richesses et à alimenter le commerce.

En 1851, les exportations du précieux métal s'élevèrent à 34 millions de dollars, et en 1852, à 46 millions.[1]

Pendant cette dernière année, les travaux commencés pour l'agrandissement et l'embellissement de San Francisco continuèrent.

Le conseil municipal acheta le théâtre Jenny Lind et le convertit en Hôtel de Ville et Palais de Justice (*Court House*). Il fit installer, au nombre de 90, des réverbères à l'huile pour l'éclairage des rues dont plusieurs furent bordées de trottoirs en planches. La rue Montgomery, particulièrement favorisée par les édiles, reçut un pavage en pierres.

Enfin, le *Metropolitan Theatre*, s'éleva à la place où quelques années auparavant les Indiens, dit-on, venaient chasser, avec le lasso, les bœufs et les chevaux sauvages.

Les Chinois s'étaient déjà installés rues Sacramento et Dupont, devenues depuis le centre de *Chinatown*.

L'aspect extérieur de leurs boutiques, leur costume national, l'odeur *sui generis* de l'atmosphère où ils vivaient, tout cela offrait l'image animée et pittoresque d'un coin de ville mongole.

Le temps n'a fait que développer et accentuer considérablement le caractère original de ce quartier.

Les premiers immigrants du Céleste Empire étaient arrivés en février 1848, au nombre de trois, deux hommes et une femme. Au 1er janvier 1850, ils étaient 789 hom-

---

[1] — Dans ces sommes, bien entendu, ne sont pas comprises celles restées dans le pays. — En 1852, il est arrivé par mer 67,090 individus. A la fin du mois de décembre, la Californie avait une population de 225,122, dont 36,154 à San Francisco.

mes et 2 femmes. Un an plus tard, 4,018 hommes et 7 femmes. Enfin au mois de mai 1852, — 11,799 hommes et huit femmes.[1]

Les nègres, à cette époque, étaient complètement mis au ban de la société. Repoussés de tous comme des parias, ils vivaient entre eux et habitaient un des côtés de la rue Kearny.

La rue Jackson avait une physionomie particulière. On n'y voyait guère que des restaurants-buffets ou *bars* qui, le soir, se transformaient en bals publics. Les mineurs, de retour des placers, s'y donnaient rendez-vous. Des Mexicaines, des Péruviennes, des Chiliennes et des Négresses en toilettes tapageuses, constituaient avec les spiritueux, la grande attraction de ces établissements.

C'est là, qu'à propos de tout et de rien, éclataient ces querelles au couteau et au revolver qui valurent à San Francisco une réputation à part dans le monde entier.

Le service des malles par bâteaux à vapeur, de San Francisco à New-York, se faisait alors tous les quinze jours. Les jours de départ, ou *steamer-days*, fixés au 1er et au 15 de chaque mois, jouaient un grand rôle dans le commerce et la vie californienne.

Dans le courant de l'année 1853, le colonel Walker organisa une expédition de flibustiers en vue de s'emparer de la Basse-Californie et de la Sonore. L'entreprise échoua misérablement.

A la fin de la même année, la Californie avait 326,000

---

[1] — Ces chiffres sont officiels.

habitants, dont 204,000 Américains, 30,000 Allemands, 28,000 Français, 20,000 Hispano-Américains, 5,000 autres étrangers de race blanche, 17,000 Chinois, 20,000 Indiens et 2,000 nègres. Sur ce nombre, 100,000 individus travaillaient aux mines. On estimait le nombre des femmes à 65,000, et celui des enfants à 30,000.[1]

En 1854, San Francisco se vit doter d'un hôtel des monnaies.

Jusqu'alors, l'argent monnayé était fort rare. L'once d'or en poudre formait, en quelque sorte, la base du système monétaire. On ne comptait pas, on pesait. Chaque commerçant avait de petites balances pour cette opération. Dans l'intérêt du commerce, certains banquiers de San Francisco avaient été autorisés à battre monnaie avec de l'or raffiné, allié à 12 pour cent d'argent. Une des pièces ainsi frappées avait une valeur de 50 dollars; on l'appelait *slug* ou octogone, à cause de sa forme particulière. La plus petite pièce d'appoint était le *quarter* ou 25 cents.

La ville de San Francisco, après six années d'existence, possédait déjà tous les éléments de la vie matérielle et morale d'une grande cité. Elle avait ses sociétés de bienfaisance, ses sociétés de secours mutuels, ses églises,

---

(1) — Nous trouvons dans un journal de l'époque les indications suivantes sur le prix de la main d'œuvre à San Francisco en 1853 : Maçons, tailleurs de pierres, charpentiers de navires et calfats $10.00 par jour; plâtriers $9.00 ; menuisiers, forgerons, horlogers et bijoutiers $8.00; ferblantiers et chapeliers $7.00; peintres et décorateurs $6.00; hommes de peine et canotiers $5.00; tailleurs $5.00; cordonniers $100.00 par mois sans nourriture; charcutiers, de $100.00 à $120.00 par mois sans nourriture; chauffeurs sur les steamers $100.00; soutiers $75.00; journaliers dans les fermes $50.00, avec logement et nourriture. De tous ces métiers, celui de maçon était particulièrement demandé, en raison des nombreuses constructions qui s'élevaient de tous côtés. On offrait de les payer jusqu'à $12.00 par jour.

ses temples, ses synagogues, ses écoles, ses théâtres, ses bibliothèques et ses promenades publiques.(1)

Dans le courant de l'année 1854, les rues furent, pour la première fois, éclairées au gaz (11 février). Un télégraphe électrique mit la ville en communication instantanée avec les principaux centres de l'intérieur.

Une ligne de tramways fut établie entre les deux points extrêmes de la jeune cité, North Beach et South Park. Enfin, on transforma en square véritable la Plaza, ce terrain vague, espèce de dépotoir où voisins et passants jetaient leurs vieilles défroques et qui, à l'occasion, servait de marché aux chevaux, ou de théâtre forain, etc.

Le 23 janvier 1855, le premier train de chemin de fer traversa l'isthme de Panama, reliant l'Océan Atlantique à l'Océan Pacifique. Les communications de la Californie avec le dehors devenaient ainsi plus rapides et plus commodes. Non seulement elles donnaient une impulsion puissante au mouvement commercial du pays, mais elles facilitaient l'arrivée des femmes et des enfants. Et en effet, on vit bientôt débarquer une foule de familles dont la présence produisait une heureuse transformation dans les mœurs et la vie sociale.

---

(1) — Le *Russ Garden*, au coin des rues 6me et Harrison, était alors le rendez-vous favori de la population le dimanche et les jours de fête.

V

ÉTAT SOCIAL À SAN FRANCISCO.

Logements — Restaurants — Buvettes et salles de danses — Hôtels — Premier cirque et premier concert — Théâtres — Combats d'ours et de taureaux — Le dimanche à San Francisco — Les rats — Spéculation d'un barbier nègre — Les maisons de jeux.

Avant de poursuivre notre récit, jetons un coup d'œil rétrospectif sur l'état des mœurs à San Francisco pendant les cinq premières années de son existence.[1]

La vie de famille étant presque entièrement absente, les femmes, à part quelques honorables exceptions, appartenaient au demi-monde et au quart de monde. Les hommes, tous jeunes, robustes, accourus des deux continents, n'avaient qu'un but, celui de faire fortune le plus rapidement possible.

Beaucoup d'entre eux vivaient, isolément ou par petites compagnies, sous de misérables tentes. D'autres, confondus dans une complète promiscuité, s'entassaient dans une chambre, par groupes de vingt, de trente et même de soixante, ainsi que le font aujourd'hui les Chinois, dormant à terre, sur des bancs, des caisses, des tables, etc.

Quelques-uns, plus heureux, avaient des *bunks* ou cadres disposés par étages, comme dans les navires. Un lit

---

(1) — Le tableau que nous allons essayer d'esquisser peut s'appliquer, toutes proportions gardées, aux autres centres de population de la Californie.

de sangle était considéré comme un objet de luxe digne d'un sybarite.

On passait les soirées dans les établissements publics; cafés, *saloons*, maisons de jeu, etc. Les plus sages se réunissaient dans une arrière boutique, causant ou faisant une partie de bézigue ou de *poker*.

Tout le monde mangeait dans les restaurants. Les *ranchéros*[1] du sud fournissaient le bétail, et les chasseurs, le gibier. Les légumes étaient rares. De l'étranger on recevait des fruits en bouteilles ou en boîtes, des huîtres, de la volaille, etc.

Dans les établissements de premier ordre, tels que Delmonico, Sutter, Irving, Jackson, Franklin et Lafayette, un dîner coûtait de 5 à 12 dollars. Dans les restaurants plus modestes, de 1 à 3. Le plus souvent on mangeait à la carte. Un canard rôti valait 5 dollars, un petit morceau de porc ou de mouton, 75 cents. Le bœuf se payait 50 cents, un œuf frais, 1 dollar. Le prix du pain, du beurre, du café, des légumes, etc., était à l'avenant; des pommes de terre, grosses comme des noix, coûtaient 25 cents la pièce; on en voyait souvent exposées dans les vitrines des restaurants à la mode, avec cette inscription alléchante : *Potatoes to-day!* ou *Potatoes at every meal!*[2]

Il y avait aussi des établissements particuliers, dans le genre de certains restaurants des boulevards parisiens. Moyennant des prix exorbitants on pouvait s'y procurer un repas fin et délicat, servi par de jeunes Hébés com-

---
(1) — *Fermiers.*
(2) — *Des pommes de terre aujourd'hui!* ou, *Des pommes de terre à tous les repas!*

plaisantes. Il est vrai que les clients s'en allaient souvent aussi plumés que rassasiés.

Les buvettes ou *saloons* pullulaient. Des peintures, représentant des nudités et des sujets obscènes, en décoraient les murs. Le soir, ces établissements se changaient en salles de danse où, pour le moindre mot, les habitués s'égorgeaient sans souci de la police.

La plupart des courtisanes étaient d'abord d'origine mexicaine ou chilienne. Très amoureuses du luxe et du clinquant, elles formaient la meilleure clientèle des magasins de nouveautés et de bijouterie.

Cette colonie de pécheresses ne tarda pas à se renforcer de nouvelles recrues venant un peu de partout. Beaucoup d'entre elles trouvaient à se placer dans les maisons de jeu. D'autres, habiles à exploiter le besoin d'illusions inné dans l'homme, donnaient des bals auxquels elles invitaient les principaux personnages de la ville. En apparence, le décorum était parfait dans ces réunions. Les nymphes du lieu, en tenue de soirée et proprement stylées, se piquaient d'un maintien correct et décent, de sorte qu'un étranger, non prévenu, pouvait se croire dans la meilleure et la plus respectable compagnie du monde. Le souper était gratuit ; mais la maîtresse de la maison se rattrapait sur le vin de Champagne qu'elle vendait dix dollars la bouteille.

Le premier hôtel avait été construit en 1846, au coin sud-ouest des rues Kearny et Clay, et s'appelait City Hotel. C'était une bâtisse sans étage, en adobes, avec une vérandah régnant le long de la rue Kearny.

En 1849, plusieurs autres s'ouvrirent ; le plus notable était le Saint Francis, au coin des rues Dupont et Clay. Un établissement plus important fut l'Union, construction à quatre étages et en briques, rue Kearny, entre les rues Clay et Washington. Puis vinrent Portsmouth House, Franklin House, Mansion House, le Niantic, etc.

Le prix qu'on faisait payer dans les hôtels, depuis 1849 jusqu'en 1854, variait de 2 à 20 dollars par jour.

Dès le commencement de l'année 1849, on vit un cirque s'installer rue Kearny, près de la rue Clay. Les prix d'admission étaient fixés à 3 et à 5 dollars. Celui qui voulait se donner le luxe d'une stalle particulière payait 55 dollars.

Au mois de juin de la même année, la ville eut son premier concert de musique vocale. L'unique piano, alors existant à San Francisco et probablement dans le pays, fut mis en réquisition pour cette grande occasion. Les meilleures places avaient été réservées aux dames qui se trouvèrent présentes, au nombre de quatre.

En janvier 1850, les habitants eurent, pour la première fois, la satisfaction d'assister à une représentation dramatique. Elle eut lieu dans une salle située au premier étage du bâtiment du journal l'*Alta California*, rue Washington, en face de la Plaza.

Au mois d'avril suivant, fut construite, rue Washington, près de la rue Montgomery, une jolie petite salle où se donnaient des représentations en français et en anglais.

D'autres théâtres, le Jenny Lind, l'Adelphi, l'American, s'élevèrent successivement en 1850 et 1851. En 1853, le Metropolitan, considéré alors comme un des plus beaux édifices élevés à l'art dramatique aux Etats-Unis, témoignait de l'importance que la ville avait acquise en si peu d'années.

Un genre de spectacle emprunté aux Mexicains, attirait aussi un grand nombre d'amateurs, c'étaient les combats d'ours et de taureaux sauvages, qu'on allait voir à la Mission. La police finit par interdire ces exhibitions barbares.

Le dimanche, la ville présentait un aspect particulier.

Dès le mois d'octobre 1848, un pasteur protestant avait organisé, dans la petite maison d'école de la Plaza, un service religieux qui fut très suivi. Les flâneurs allaient aussi se grouper autour de quelque pauvre diable qui, tête nue, vêtu d'une vieille redingote en houppelande, se tenait sur le seuil du modeste temple et, d'un air inspiré, tonnait contre la vanité des richesses terrestres et glorifiait les biens célestes.

Pendant les dix premières années, les rats foisonnaient à San Francisco. On les rencontrait partout : dans les maisons, dans les magasins, dans les rues où l'on était exposé à les écraser en marchant.

Un barbier nègre de Los Angeles, Peter Biggs, original s'il en fût, eut un jour une idée lumineuse. Sachant que les chats faisaient défaut à San Francisco, tandis qu'ils abondaient à Los Angeles, il se mit avec ardeur à la chasse des précieux grippeminauds. Il en expédia un grand nombre dans la ville si cruellement éprouvée, et les y vendit, dit-on, de 50 à 100 dollars pièce.

Si cet entreprenant et ingénieux figaro à peau d'ébène avait été sage, sa fortune était faite; malheureusement, il adorait le *faro* et aussi les belles.

Jusqu'en 1855, le jeu était un des traits distinctifs des mœurs californiennes. Chaque ville, petite ou grande, chaque camp minier possédait un ou plusieurs établissements où l'on se livrait, sans frein, à la passion dominante de l'époque.

Le jeu n'était pas seulement toléré, il était réglementé par des ordonnances et constituait une abondante source de revenus pour les administrations locales. Le même état de choses existait naguère dans les villes de bain, en Allemagne, et existe encore aujourd'hui dans la principauté de Monaco.

A San Francisco, ces établissements attiraient tous ceux qui vivaient d'expédients et tous ceux qui, après une tournée fructueuse dans les placers, venaient y risquer en une seule soirée, le fruit de leur pénible labeur. Les gens d'affaires eux-mêmes ne dédaignaient pas d'y tenter la fortune.

Le salon de jeu, généralement de plain-pied avec le trottoir, était brillamment éclairé et décoré avec un luxe criard. Des tables y étaient disposées avec plus ou moins d'ordre pour les joueurs assis sur des chaises. Derrière eux, les parieurs se tenaient debout, le corps penché en avant. Le croupier, vêtu avec une irréprochable élégance, affectait l'air grave et austère d'un homme qui exerce un sacerdoce. Devant lui, s'élevaient des piles de pièces d'or et d'argent où dominaient les doublons et les onces mexicaines. Plus tard, les *slugs* massifs ajoutèrent leurs séductions à ce tentant étalage. Les mineurs, comme enjeux, jetaient sur la table de grosses pépites ou des sacoches gonflées de poudre d'or. Enfin, installées aux tables et servant d'amorces aux joueurs, on voyait de belles femmes, en robe à falbalas, très décolletées et resplendissantes de bijoux et de pierreries.

Quant au public des curieux, il circulait comme il pouvait, assourdi par le brouhaha des conversations faites dans vingt idiomes différents et par les éclats d'un orchestre, engagé à grand frais, pour attirer l'attention des flâneurs qui se pressaient dans les rues.

Les trois principales nationalités représentées dans le pays, les Américains, les Mexicains et les Français, avaient chacune leurs maisons spéciales de jeu. Les premiers faisaient leurs délices du *faro* ou *pharaon*, les seconds s'adonnaient de préférence au *monté*, et les troisièmes cultivaient la *roulette*, le *lansquenet* et le *trente-et-quarante*. Dans les lieux de bas-étages et sur les quais, on exploitait les gogos et les naïfs avec le jeu, dit des *trois cartes*.

Les joueurs les plus curieux étaient les Mexicains. On les voyait venir à cheval, dans leur costume pittoresque, la tête coiffée d'un large *sombréro*, le *sérapé* négligeamment jeté sur l'épaule et la ceinture garnie de pistolets et de poignards. Que la chance leur fût propice ou non, ils gardaient un imperturbable sang-froid et s'en allaient sans dire mot, roulant leur cigarette avec une adresse merveilleuse.

Entre autres établissements, citons l'*Eldorado*, la *Vé-*

randah, la *Bella-Union*, le *California Exchange*, le *Phœnix*, l'*Empire*, l'*Arcade*, le *Casino* et enfin la *Polka*, établissement français très en vogue, situé d'abord à l'encoignure des rues Dupont et Pacific, et transféré, plus tard, rue Commercial, entre les rues Kearny et Montgomery.

Les maisons de jeu furent supprimées par un acte de la législature de l'Etat, sanctionné par le gouverneur, en avril 1855. La loi entra en vigueur le 1er juin suivant.

VI

Le Comité de Vigilance.

1856.

A cette époque, deux partis politiques se trouvaient en présence: les *Démocrates* et les *Know-nothings*;[1] mais les uns et les autres étaient dominés par une tourbe de malfaiteurs, de bandits et de joueurs de profession qui, par fraude et par violence, faisaient nommer leurs créatures aux différents emplois publics. Les gens paisibles étaient terrorisés, osant à peine remplir leurs devoirs de citoyens. Le mal existait partout en Californie. A San Francisco, il était arrivé à son comble. Des crimes se commettaient en plein jour et restaient impunis.[2] Rich-

---

(1) — Les *Know-nothings* avaient succédé aux *Whigs*, et étaient hostiles aux étrangers. Ils demandaient que la naturalisation ne leur fût accordée qu'après vingt années de résidence. Tenant des conciliabules secrets, ils répondaient à toute question indiscrète sur leurs affaires : *I know nothing*, — je ne sais rien. D'où leur nom.;

(2) — D'après M. Hittell, pour mille meurtres environ qui s'étaient commis depuis 1846, en Californie, il n'y eut que dix exécutions.

ardson, marshal des Etats-Unis, avait été assassiné par un nommé Cora, souteneur de filles et politicien influent. L'assassin, à peu près certain de son acquittement, voulut bien se laisser arrêter.

La population honnête frémissait d'impatience et d'indignation. La presse lançait journellement ses foudres contre l'ignoble tyrannie qui pesait sur la ville. L'*Evening Bulletin*, alors dirigé par James King of William, était à la tête de cette patriotique croisade. Le 14 mai 1856, il publia un article des plus violents dans lequel il prenait à partie James P. Casey, un des chefs de la bande.

Casey se vengea le jour même. Ayant rencontré le malheureux journaliste au coin des rues Washington et Montgomery, il lui tira, en pleine poitrine, un coup de son revolver; King tomba mortellement frappé; mais il n'expira que quelques jours plus tard.

Les amis de Casey s'empressèrent, pour le soustraire à l'indignation des assistants, de le faire mettre en sûreté dans la prison de la rue Broadway.

Le comité de vigilance qui s'était formé en 1851 pour châtier les incendiaires de la ville, se réunit le soir même de l'attentat, sous la présidence de M. Wm. T. Coleman.

Il délibéra à huis clos et recueillit, séance tenante, l'adhésion de 2,500 personnes engagées d'honneur à lui prêter leur concours dévoué. Des milliers d'autres résidents s'enrôlèrent les jours suivants, et bientôt le comité se trouva à la tête d'une force armée imposante, militairement organisée.

Le mystère dont il eut soin de s'entourer avait quelque chose de terrifiant pour les criminels. Actif, énergique, admirablement servi par ses agents, il ne négligea rien pour faire comprendre à tous que sa mission serait sérieusement et rigoureusement remplie. Ses publications officielles portaient au bas cette signature fatidique : "33, Secrétaire." L'en-tête figurait un œil, large ouvert, symbole de vigilance.

Le dimanche, 19 mai, pendant que les églises étaient remplies de fidèles, un fort détachement des volontaires du comité se rendit, en bon ordre et sans bruit, à la prison, se fit remettre Casey et Cora, et les conduisit au quartier-général rue Sacramento, près de la rue Davis.

Le 20, King succomba. Le deuil fut général en Californie. A San Francisco, on sonna les cloches ; les marchands fermèrent leurs magasins, et les ouvriers suspendirent leurs travaux. La rue Montgomery fut drapée de crêpe et les passants eux-mêmes portaient aux chapeaux et aux bras des emblêmes funèbres.

Les funérailles eurent lieu le 22 avec une pompe extraordinaire ; mais on ne se borna pas à ces témoignages de regret et de respectueuse sympathie. On ouvrit une souscription pour élever, au défenseur du peuple, un tombeau monumental et pour assurer l'avenir de sa veuve et de ses orphelins.

Le jour même des funérailles, Casey et Cora furent condamnés à mort et pendus en présence des citoyens armés.

Le comité ne s'occupait que des malfaiteurs qui avaient joué un rôle politique important, laissant aux autorités constituées le soin de juger les criminels ordinaires. Indépendamment des deux tristes personnages dont nous venons de raconter la fin tragique, il en avait fait arrêter une vingtaine d'autres, qui furent bannis du pays, à l'exception de James Sullivan, fameux pugiliste irlandais, qui se suicida en prison, et de deux assassins, nommés Brace et Hetherington, qui furent exécutés le 29 juillet.

Le comité resta en fonctions pendant deux mois et demi. L'œuvre qu'il accomplit eut des résultats excellents et durables. Elle épura l'atmosphère politique et sociale de la ville ; elle amena, dans les élections municipales, un rapprochement entre tous les bons citoyens, sans distinction d'opinion ; elle donna naissance enfin au *people's party* qui, ne demandant aux candidats que des garanties de moralité et de capacité, assura à la ville, pendant une durée de plusieurs années, les bienfaits d'une administration modèle.

Qu'on nous permette ici une simple réflexion.

Si les Américains se souvenaient davantage de cet avertissement suprême donné par Washington, le Père de la Patrie : *Eternal vigilance is the price of liberty* ;[1] s'ils s'occupaient plus sérieusement de l'élection de leurs magistrats, et surtout des élections primaires, ils n'auraient point besoin de recourir aux moyens héroïques et révolutionnaires qu'on appelle comités de vigilance.

Mieux vaut prévenir le mal que d'avoir à le réparer.

---

[1] — L'éternelle vigilance est le prix de la liberté.

VII

Depuis 1857.

La rivière Frazer — Progrès de l'agriculture — Washoe — *Pony Express* — Jardins publics — Service de diligences par le Lac Salé — Le télégraphe interocéanique — Situation politique en 1861 — Inondations — Le chemin de fer de San José — Assassinat de Lincoln — Tremblements de terre — La rue Kearny — Le chemin de fer transcontinental — Le Comstock — Un conte des mille et une nuits — Débâcle — Emeutes à San Francisco — Denis Kearney et le parti ouvrier — Comité de sécurité publique — Le *Sand Lot* — Elargissement de la rue Dupont — Le nouvel Hôtel de Ville — Coup d'œil général sur les dernières années.

L'année 1857 vit éclore une nouvelle expédition de flibustiers américains, dirigée contre la Sonore; elle fut sans résultat, comme, du reste, toutes celles entreprises dans le même but.

Le principal événement de l'année suivante fut la prétendue découverte de riches mines aurifères sur la rivière Frazer, dans la Colombie Britannique. Le mouvement d'émigration vers cette région, prit de telles proportions qu'on craignit, pendant un moment, le dépeuplement de la Californie. Les chercheurs d'or, désabusés, ne tardèrent pas à revenir, maudissant leur crédulité et jurant qu'on ne les y reprendrait plus.

Depuis longtemps les placers, ou mines de surface, étaient en grande partie épuisés; mais une nouvelle source de prospérité, plus sûre et plus durable que les gisements aurifères, s'était ouverte pour la Californie.

Dès 1858, on avait constaté une grande diminution dans l'importation des céréales. En 1859, les progrès de la production agricole du pays étaient déjà considérables. Dans toutes les vallées, la culture du blé avait pris un immense développement, et sur quelques points, celle de la vigne promettait des résultats excellents. Les fruits de toutes espèces commençaient à abonder. Les plantations d'orangers et de citronniers acquéraient, dans le comté de Los Angeles, une véritable importance, en même temps que l'élève des races bovine et ovine y occupait une population de plus en plus nombreuse.

Enfin, si l'exploitation des mines d'or était à son déclin, celle des mines d'argent de Washoe (Virginia City), s'annonçait avec un éclat extraordinaire. La découverte des riches dépôts argentifères du Comstock fit particulièrement époque dans l'histoire de ce pays.

1860 — Entre autres événements à signaler pendant l'année 1860, notons l'établissement du *Pony Express*, destiné à faire le service de la malle, entre Sacramento, d'une part, et St Joseph (Missouri), de l'autre, sur une distance de 1,900 milles environ. Le trajet se faisait, entre ces deux points, en dix jours et demi. La malle avait deux départs par semaine, et n'emportait souvent qu'un petit nombre de lettres, le prix du port étant fort cher, 5 dollars par demi-once. Grâce à cette nouvelle organisation, les lettres ne mettaient plus que treize jours pour aller d'un Océan à l'autre, et les nouvelles de l'est, au moyen des lignes télégraphiques qui tendaient à se joindre des deux côtés opposés du continent, arrivaient à San Francisco en neuf jours.

En 1853, la ville avait déjà une promenade très fréquentée: le *Russ Garden*. En 1860, elle eut les *Willows*. L'année suivante, *Hayes Park*, vaste jardin orné d'un pavillon, et situé rue Laguna, près de la rue Hayes, fut inauguré par une foule joyeuse. Enfin, pour clore notre liste, mentionnons les jardins de *Woodward*, qui, depuis 1866, attirent la foule des promeneurs.

Par suite de la guerre de sécession, la ligne *overland* qui se dirigeait vers le sud, fut abandonnée; un service quotidien de diligences, par la voie du Lac Salé, la remplaça. En même temps, on poussa vivement la construction du télégraphe interocéanique qui fut terminé le 23 octobre.

1861 — Un mot sur la situation politique créée en Californie par la guerre civile qui venait de mettre aux prises le Nord et le Sud, de l'autre côté des Montagnes Rocheuses.

Jusqu'alors la Californie avait toujours donné de fortes majorités au parti démocratique contre les partis opposants: *whig* et *know-nothing*. Lorsqu'il fallut prendre position dans l'épouvantable conflit qui menaçait l'intégrité de l'Union, les représentants de la Californie au congrès, se déclarèrent plus ou moins ouvertement en faveur d'une République séparée, dont auraient fait partie tous les pays du Pacifique. Mais le sentiment public en Californie, éclairé et échauffé par des orateurs de premier ordre, à la tête desquels se trouvaient l'éloquent colonel Baker et le non moins éloquent Starr King, pasteur protestant, se prononça avec la plus grande énergie pour la cause de l'Union.[1]

En 1862, le rendement du Comstock s'éleva à six millions de dollars. Cette fortune énorme, concentrée entre les mains d'un petit nombre d'individus enrichis, pour ainsi dire, du jour au lendemain, surexcita vivement les esprits. Dans toutes les classes de la société s'alluma une fièvre de spéculations.

De grandes inondations eurent lieu cette année dans les vallées du Sacramento et du San Joaquin. La législature vint siéger provisoirement à San Francisco, et beaucoup d'individus, fuyant les districts inondés, s'y fixèrent également. La ville vit s'élever, cette année, un très grand nombre de constructions nouvelles, entre autres, deux vastes hôtels : Russ House et l'Occidental.

Pour l'année 1863, notons les faits suivants : ouverture du chemin de fer de San José ; extension donnée au système des *street-cars* ou *tramways*; construction du *railroad wharf* d'Oakland ; achèvement de la belle route de Cliff House; autorisation accordée par la législature d'élargir la rue Kearny.

L'agriculture et l'élevage eurent beaucoup à souffrir en 1864, par suite d'une sécheresse prolongée ; mais, d'un autre côté, les nouvelles mines du Nevada produisirent 16 millions de dollars, et les riches placers découverts dans

---

[1] — Le Congrès, pour resserrer les liens qui unissaient la Californie aux Etats de l'Est, et pour la mettre à l'abri des attaques du dehors — c'est-à-dire dans un but à la fois politique et militaire —, adopta un *bill* pour la construction d'un chemin de fer du Missouri à Sacramento. Ce grand travail compléta l'immense voie ferrée qui relie aujourd'hui l'Océan Atlantique à l'Océan Pacifique.

l'Orégon et l'Idaho, 6 millions. L'exportation des métaux précieux s'éleva cette année à 55 millions.

L'année 1865 vit s'accomplir le triomphe de la cause de l'Union américaine. Cet événement mémorable fut salué, en Californie, par de grandes démonstrations de joie patriotique. La nouvelle de la mort de Lincoln, assassiné au théâtre de Washington, le soir du 14 avril, par l'acteur J. Wilkes Booth, sudiste fanatique, produisit à San Francisco une profonde irritation contre les journaux démocrates. Des attroupements tumultueux se formèrent dans les rues, et des individus, poussés pas des meneurs et des orateurs de bas étage, attaquèrent les bureaux de rédaction des feuilles suspectes, et brisèrent leurs presses (15 avril).

Deux autres faits de la même année sont à signaler.

1° L'établissement d'un télégraphe électrique à San Francisco pour donner l'alarme en cas d'incendie;

2° Le tremblement de terre du 8 octobre, le plus fort que l'on eût ressenti jusqu'alors en ville. Une centaine d'habitants, ne se sentant plus en sûreté, quittèrent le pays.

En 1866, eut lieu la démolition des maisons de la rue Kearny, du côté ouest, pour cause d'élargissement.

Dans la même année, le service des communications par bateau à vapeur, avec Panama et la Chine, reçut des améliorations considérables, et, à San Francisco, le railroad de la rue Sutter fut achevé.

En 1867, le chiffre des exportations de marchandises s'éleva à 22 millions, et les mines du Comstock produisirent la somme énorme de 18 millions. Il en résulta une recrudescence de spéculations sur le marché. Le *Stock Board*, logé trop à l'étroit, alla s'installer au Merchant's Exchange, rue California.

En 1868, le réseau des chemins de fer s'étendit considérablement en Californie, accroissant la rapidité et l'importance des relations commerciales.

Le 21 octobre, nouvelle et forte secousse de tremblement de terre. Cinq personnes furent tuées et plusieurs blessées. Quelques maisons en briques, mal construites, éprouvèrent des dégats sérieux. L'alarme était telle, que beaucoup d'habitants passèrent des nuits entières sur les places publiques, couchant en plein air. Comme les maisons de bois n'avaient point souffert, on donna, à partir de ce jour, la préférence à ce genre de construction, pour les résidences de famille.

L'année 1869 est mémorable par l'achèvement du grand chemin de fer transcontinental. Le raccordement des deux branches eut lieu, le 9 mai, avec une grande solennité, dans le voisinage du Lac Salé.

Cette année aussi, l'administration des postes établit à San Francisco, à la grande satisfaction des habitants, un service régulier de distribution de lettres à domicile, et la ville vit s'achever deux nouveaux édifices d'un caractère public : le Grand Hôtel et le théâtre California.

En 1870, les catholiques érigèrent l'église St-Patrick, et la municipalité fit niveler le *Yerba Buena Square*, situé sur l'emplacement de l'ancien cimetière de ce nom, et destiné à l'érection du nouvel Hôtel de Ville. Elle fit également exécuter des travaux préliminaires sur les vastes terrains du *Golden Gate Park*.

Le Palace Hotel fut commencé en 1874.

Pendant cette dernière année, la nouvelle des merveilleux rendements du Comstock attira plus de 46,000 immigrants. Des fortunes colossales, qui rappellent les féeries des Mille et une Nuits, s'étaient faites comme par enchantement.

Citons un exemple :

Deux hommes, les associés Flood et O'Brien, simples débitants de liqueurs à San Francisco,[1] vivaient depuis de longues années dans l'obscurité, lorsqu'ils s'avisèrent d'acheter un intérêt dans une mine de Virginia City. Là, ils s'entendirent avec John W. Mackay et J. G. Fair, Irlandais, comme eux, d'origine. Ils acquirent, conjointement, la plus grande partie du *Consolidated Virginia* au prix de quatre à neuf dollars l'action. La mine tout entière n'en valait pas alors cent mille.

Les quatre associés eurent l'heureuse idée de faire creuser une galerie qui amena la découverte de ces riches dépôts argentifères, devenus célèbres dans le monde entier, sous le nom de *Bonanza*.[2]

En 1871, la mine fut partagée en deux : le *Consolidated Virginia* et le *California*. Trois ans plus tard, les deux mines valaient $150,000,000 ! En quelques années elles produisirent plus de 100 millions de dollars.

---

[1] — Leur buvette était située au coin des rues Washington et Sansome.

[2] — Mot espagnol, terme de marine signifiant *temps favorable*. Au figuré : *bonheur, prospérité, veine*.

1875 — Incendie de Virginia City.

1876 — La Compagnie du *Southern Pacific* fait poser plusieurs centaines de milles de rail.

Depuis que l'achèvement de cette ligne a ouvert à Los Angeles le débouché de l'Arizona, la ville a pris un essor vraiment extraordinaire. En quatre ans, elle a presque triplé le chiffre de sa population et quintuplé l'importance de son commerce.

L'année 1877 est à marquer d'une pierre noire.

Une sécheresse prolongée causa à l'agriculture une perte estimée à 20 millions; mais cette perte n'était rien en comparaison des désastres occasionnés par la dépréciation du *stock*. Le Consolidated Virginia ayant inopinément cessé ses dividendes de un million par mois, la débâcle devint générale. Des milliers d'individus se virent ruinés ; les suicides et les cas d'aliénation mentale se multiplièrent. En trois années, les valeurs minières subirent une baisse de 140 millions de dollars.

Beaucoup d'ouvriers se trouvant sans travail, la politique et l'intrigue exploitèrent leur misère. On s'en prit aux Chinois qui, ayant peu de besoins, travaillaient à prix réduit, et faisaient aux blancs une concurrence ruineuse. On s'en prit aussi aux compagnies de chemins de fer, aux capitalistes, aux chefs d'industrie, et même aux familles qui employaient des Mongols de préférence aux gens de race caucasienne.

La nouvelle d'une émeute, parmi les ouvriers des chemins de fer de l'Est, mit le feu aux poudres. Un mouvement du même genre éclata à San Francisco, le 23 juillet. Les mutins saccagèrent ou incendièrent quelques blanchisseries exploitées par les Chinois et menacèrent les autres du même sort. Comme sur les 27,000 maisons dont se composait alors la ville, les trois quarts étaient en bois, et que les trois cents établissements tenus par les Fils du Céleste Empire se trouvaient disséminés dans tous les quartiers, il y avait lieu de craindre une conflagration générale.

La police étant trop faible pour réprimer le mouvement, il se forma un comité, dit de Sécurité publique (Safety), sous la direction de M. William T. Coleman, président du Comité de Vigilance de 1851 et de 1856. Six mille citoyens vinrent se grouper autour de lui, armés de fusils et de revolvers et prêts à exécuter ses ordres.

Tenus en respect par cette organisation redoutable, les perturbateurs changèrent de tactique. Tout en continuant à lancer des menaces contre les Chinois et contre ceux qui les employaient, ils formèrent un parti politique distinct (*Workingmen's party*) avec Kearney comme chef.

Denis Kearney, Irlandais d'origine, était camionneur de son état. Peu lettré, mais doué d'une éloquence véritable, il savait par ses invectives, par les images hardies et bizarres de son langage incorrect mais pittoresque, frapper vivement l'imagination de ses partisans. Tous les dimanches, il les réunissait au *Sand Lot*, terrain sablonneux situé entre le nouvel Hôtel de Ville et la rue Market. Comme Caton l'Ancien, il avait son *Delenda Carthago*. Dans toutes ses harangues revenaient comme un refrain, comme une menace perpétuelle, ces mots : *The Chinese must go !* [1]

Le parti ouvrier prit des proportions telles qu'il parvint à faire triompher un grand nombre de ses candidats aux élections municipales. Son action franchit même les limites de la ville. Allié aux *grangers* ou fermiers, il réussit, le 9 mai 1879, à faire voter au peuple de Californie la constitution qui est encore en vigueur.

Après avoir exercé pendant quatre ans une véritable dictature sur les masses populaires, Kearney est retourné à son camion.[2] Il ne lui reste plus rien de son ancienne influence, et son parti a disparu de la scène politique.

C'est encore en 1877 que commencèrent les travaux d'élargissement de la rue Dupont. Dans la même année, on acheva le *Hall of Records* où se trouvent déposées les archives de la ville et du comté de San Francisco. En voyant cette rotonde qui s'élève à côté du nouvel Hôtel de Ville, et qui par sa forme rappelle, de bien loin, le dôme du Panthéon de Paris, on se demande pourquoi elle est posée ainsi à terre, au lieu de figurer comme couronnement sur la vaste toiture en terrasse du palais municipal.

A partir de 1879, la situation s'est grandement améliorée en Californie. Une succession de bonnes récoltes a répandu l'abondance dans le pays et le bien-être dans les contrées agricoles. Les affaires, favorisées par l'extension donnée au réseau des chemins de fer, ont pris

---

[1] — Il faut que les Chinois partent !
[2] — Depuis, il a ouvert un bureau de placements.

un nouvel essor. La fièvre de la spéculation, sans disparaître complètement, s'est calmée au grand avantage des mœurs plus saines et plus régulières du commerce et de l'industrie. Les capitaux, au lieu de se perdre dans le gouffre béant de l'agiotage, ont trouvé un emploi fécond dans des entreprises utiles.

Depuis que le Congrès a mis une barrière à l'immigration d'une race devenue odieuse à la grande majorité du pays, le spectre chinois commence à se dissiper. Il a cessé d'être une cause de troubles et d'agitations. Les ouvriers de race blanche ne manquent plus de travail, et leur bien-être s'est considérablement augmenté, puisqu'à San Francisco seulement, leurs économies, confiées aux caisses d'Epargnes, s'élèvent à près de 50 millions de dollars.

Cette ville continue à s'agrandir et à s'embellir. Des constructions superbes lui donnent un aspect digne de la métropole du Pacifique. Ses nombreux chemins de fer à traction souterraine, dont les voitures si coquettes et si élégantes, semblent mises en mouvement par un pouvoir magique, répandent la vie et l'animation jusque dans ses faubourgs les plus éloignés. Grâce à ce système de *tramways* particulier à San Francisco, la physionomie des rues Market, McAllister, Geary, Sutter, California, Clay, Montgomery, etc. s'est rapidement transformée, et tous les points de la ville ont été mis en communication facile avec le quartier commerçant.

La Californie qui, il y a trente quatre ans, était un vaste désert, a aujourd'hui une population de près d'un million d'âmes. Elle exporte 30 mille tonnes de fruits frais.

ou en bouteilles. Ses vignes donnent de 10 à 12 millions de gallons de vin: elle en exporte pour trois millions de dollars. En 1883, elle a envoyé à l'étranger pour plus de $6,000,000 de farine et pour plus de $31,000,000 de blé. Le total de ses exportations, non compris le trésor,[1] s'est élevé en 1882 à $55,218,674 et en 1883 à $45,730,194.

On a calculé que, depuis 1848, les mines de Californie ont produit en or $1,231,850,000 et en argent $20,150,000, soit un grand total de $1,252,000,000.[2]

La situation morale, sociale et intellectuelle du pays est à la hauteur de la situation matérielle. Le développement de l'instruction publique et privée, et les efforts tentés par de riches et généreux citoyens pour répandre le goût des sciences et des arts, ont considérablement contribué à élever le niveau des mœurs et de l'esprit public.

La Californie est aujourd'hui, non seulement un des Etats les plus riches de l'Union américaine, mais aussi un des plus éclairés.

---

(1) — Le trésor exporté en 1883 était, en chiffres ronds, de $18,000,000. Il consiste en argent raffiné, piastres mexicaines, monnaie et poudre d'or.
(2) — L'année 1853 a été la plus favorable; elle a produit 65 millions de dollars, en or. En 1883, le rendement a été de $16,500,000 en or et $1,500,000 en argent.

VIII

Villes de l'Intérieur.

Sacramento — Stockton — Marysville — Nevada — Grass Valley — Placerville — San José — Los Angeles — San Diego, etc. — Les Missions.

Sacramento — Au mois de mai 1849, l'emplacement occupé aujourd'hui par cette ville, offrait encore l'aspect d'une vaste plaine couverte de broussailles et d'herbes sauvages où le gibier, très abondant, se livrait librement à ses ébats. De ci, de là, pointait une petite hutte grossièrement construite et habitée par quelque employé du capitaine Sutter, dont le fort s'élevait à peu de distance. Mais comme l'emplacement se trouvait sur le chemin des émigrants qui se rendaient de San Francisco aux placers, il était naturellement appelé à devenir le centre d'un commerce important. Aussi vit-on bientôt un grand nombre d'industriels et de marchands venir y jeter les fondements de la ville nouvelle.

La fortune de Sacramento, lieu de ravitaillement des mines du Nord, fut rapide. Malheureusement, dès 1850, la rivière qui a donné son nom à la ville, déborda, causant les plus grands ravages. Pour se garantir contre le retour d'une si terrible calamité, l'édilité fit exhausser le niveau des rues de cinq pieds, et construire une levée le long des deux bords du fleuve.

Au mois d'août de la même année, Sacramento fut le théâtre de troubles graves, causés par les *squatters*[1] qui voulaient s'emparer de force des terrains cédés par le capitaine Sutter à des émigrants, qui s'y étaient établis.

Le 3 novembre 1852, le feu dévora six cents maisons, et le 20 décembre suivant, en dépit des mesures de précaution prises par la municipalité, la rivière déborda de nouveau. Au mois d'avril 1853, nouvelle inondation. La législature n'en décida pas moins, en 1854, de faire de Sacramento la capitale de l'Etat. Les épreuves que la ville eut à subir par la suite, ne l'ont pas empêchée d'arriver au degré de prospérité dont elle jouit aujourd'hui.

Stockton a rempli, à l'égard des mines du Sud, le même rôle que Sacramento à l'égard des mines du Nord. Ces villes sont situées, l'une sur le Sacramento, l'autre sur le San Joaquin, — deux fleuves navigables, qui versent leurs eaux dans la baie de Suisun, prolongement ou annexe de la grande baie de San Francisco.

Au mois de mai 1851 Stockton fut détruit par un incendie, mais se releva promptement de ses cendres. Cette ville est aujourd'hui le centre d'une population nombreuse et prospère.

Marysville, sur le confluent de la Yuba et de la Plume (Feather River), fut fondée en 1849 et devint le marché d'approvisionnement des nombreux camps miniers des environs. Nous expliquerons plus tard l'origine de son nom.

---

[1] — On donne ce nom à ceux qui s'établissent sur de nouvelles terres sans en avoir le droit.

Marysville ne tarda pas à prendre de l'importance. En 1856, il y avait déjà dix-neuf cents électeurs, plus un grand nombre d'étrangers non naturalisés. Cette ville, comme Sacramento, eut beaucoup à souffrir des incendies et des inondations.

Parmi les autres centres miniers, éclos à cette époque et qui ont conservé une certaine importance, notons les suivants :

Nevada, brûlé trois fois : en 1851, en 1852 et en 1856. Au mois de décembre 1852, des pluies torrentielles avaient inondé les environs, et complètement isolé la ville, la menaçant de famine. La même année, elle fut reliée à Sacramento par une ligne télégraphique. Aujourd'hui, elle est le centre de la région aurifère la plus riche de la Californie.

Grass Valley, ainsi appelé en souvenir d'un épisode de 1849. Une compagnie d'émigrants arrivée par les plaines y retrouva, au milieu de *gras pâturages*, le bétail qu'elle avait perdu en route. Au commencement de 1851, il n'y avait encore que trois ou quatre cabines de mineurs. A la fin de l'année, c'était une des localités les plus florissantes des régions montagneuses du comté de Nevada. De riches mines de quartz y furent découvertes et exploitées avec le plus grand succès.

Placerville s'appelait d'abord *Hangtown* ou ville des *pendus*, trois voleurs de grands chemins y ayant été sommairement exécutés par les mineurs. Elle a dû sa prospérité à ses mines et à sa situation sur le chemin de San Francisco à Washoe. [1]

Une foule d'autres petits centres miniers, jadis pleins de vie et de mouvement, ont à peu près disparu depuis l'épuisement des placers.

Mais à mesure que l'agriculture prenait du développement, des centres nouveaux surgissaient sur d'autres points : Petaluma, Sonoma, Vallejo, Napa, St. Helena, Santa Rosa, San Rafael, Martinez, Santa Clara, Redwood, San Mateo et tous ces nombreux et jolis villages qui donnent tant d'animation à la délicieuse vallée de Santa Clara.[2]

Au milieu des champs si fertiles de cette vallée, entourée de jardins pleins de fleurs et de fruits, grandit et embellit sans cesse la charmante ville de San José. Celle-ci doit sa rapide et solide fortune à la fertilité de son sol, à l'industrie de ses habitants et au voisinage des riches mines de mercure de New-Almaden. SAN JOSÉ n'est pas seulement un centre de commerce considérable, c'est encore avec sa voisine, Santa Clara, le siége de nombreux établissements d'instruction, entre autres l'école normale logée dans un véritable palais. A Santa Clara, les jésuites ont fondé un collége très important.

La Mission de Santa Clara date de 1777. En 1834, elle réunissait 1800 Indiens, et possédait 13,000 bêtes à cornes, 1200 chevaux et 15,000 moutons.

---

(1) — Nous parlerons de Mokelumne Hill et de quelques autres localités dans la seconde partie de cet ouvrage, où il sera question des Français.

(2) — N'oublions pas de mentionner Oakland, le Brooklyn de San Francisco et, par sa population, la seconde ville de la Californie.

Le Pueblo ou village de San José, sur le Rio Guadalupe, à 4 milles de la Mission de Santa Clara, fut établi à la même époque. Au commencement de 1848, on y comptait 600 habitants, la plupart d'origine mexicaine. Les maisons, construites en briques crues, étaient éparpillées sans beaucoup d'ordre autour de deux grandes places plantées d'arbres; chaque maison avait un enclos comprenant jardin, vigne et verger.

"La population a presque décuplé depuis deux ans. (de 1848 à 1850) Des rues régulières, garnies de belles maisons, convergent de tous côtés vers les deux grandes places, autour desquelles s'élèvent aujourd'hui des bâtiments à deux et trois étages. Le mouvement qui règne dans cette cité est extraordinaire."[1]

La Mission de San José qui avait réuni jusqu'à 2,400 Indiens, fut fondée en 1797.

La Mission de San Diego est la plus ancienne de la Californie, ayant été établie en 1769. Grâce au beau climat dont jouit cette partie méridionale du pays, elle ne tarda pas à grouper autour d'elle jusqu'à 2,500 Indiens.

Le navigateur espagnol Cabrillo avait découvert le port de San Diego en 1542; c'est le plus beau et le plus grand de la côte de la Californie, après celui de San Francisco; malheureusement il n'est pas accessible aux gros navires.

En 1849 – 50, le pueblo du même nom situé sur le port ne se composait que de quelques rares maisons en briques, entourées de petits jardins.

(.)— Voir *Description de la Californie*, par H. Ferry, 1850.

La Mission de San Gabriel, située à 9 milles de Los Angeles et au pied d'une chaîne de montagnes, fut fondée en 1771. On y montre encore aujourd'hui, comme objet de curiosité, la vieille église, bien nue, bien pauvre, mais intéressante à raison de son cachet mexicain.

Quant à Los ANGELES, son origine est entourée de l'auréole d'une légende poétique et merveilleuse, qu'on trouvera relatée tout au long dans les *Reminiscences of a Ranger.*(1)

D'après cette légende, la ville devrait sa naissance à l'intervention de la sainte Vierge, ou *nuestra Señora, la Reina de los angeles.* De là, son nom.

Voici la vérité historique : Un nommé Navarro, sergent de l'armée espagnole au Mexique, avec son camarade, le caporal Quintero et dix soldats, demandèrent et obtinrent, après leur libération du service, l'autorisation de s'établir à l'endroit où s'élève aujourd'hui la ville. A l'exception d'un veuf, tous ces individus avaient avec eux leurs femmes et un total de trente enfants. Les chefs de famille se décomposaient ainsi : deux Espagnols, deux mulâtres, deux nègres, quatre Indiens, un Chinois et un métis de sang croisé de nègre et d'Indien. Sur les onze femmes, six étaient mulâtresses et cinq Indiennes.

Le gouvernement avança à chaque famille deux bœufs, deux mulets, deux juments, deux moutons, deux vaches avec un veau, un âne et une houe ou sarcloir ; le tout à des

---

(1) — *Early Times in Southern California*, par le major Horace Bell. Los Angeles 1881.

prix déterminés, dont le montant devait être remboursé au moyen de versements annuels.[1]

L'autorisation de fonder le nouveau puéblo fut signée le 26 août 1781. Le 5 septembre suivant, un cortége composé de Navarro, de tous ses camarades avec leurs familles, des Pères de la Mission, des néophytes, des religieuses de San Gabriel, du gouverneur et des soldats du présidio, se rendit sur la place centrale du futur village. Là, on planta solennellement la croix qu'avait apportée Navarro. Le son des trompettes, le bruit des tambours, le chant des prêtres, rien ne manqua à la consécration officielle et religieuse de cet événement.

Après la cérémonie, tout le monde se retira, à l'exception de Navarro et de ses compagnons qui restèrent en possession du nouveau village voué à la Vierge, Reine des Anges.

Pendant les cinquante années qui suivirent, Los Angeles fit peu de progrès. En 1836, le Congrès mexicain érigea la modeste bourgade en capitale de la Haute-Californie. Elle conserva cette situation jusqu'en 1847, époque à laquelle les Etats-Unis, après une série de combats, s'emparèrent de la place.

Los Angeles comptait alors près de deux mille habitants, presque tous Mexicains plus ou moins croisés d'Indiens. La plupart des maisons étaient construites en adobes et couvertes de tuiles ou de bardeaux. Le commerce y avait un caractère tout primitif. On faisait quelques échanges avec le dehors, notamment avec les gens du

---

[1] — Voir *Semi-Tropical California.*

Nouveau-Mexique : on leur cédait, par exemple, un excellent cheval pour deux couvertures de laine grossière !

La population eut beaucoup de peine à se résigner à la domination américaine. En dehors de l'humiliation douloureuse de la défaite et de la haine que le vaincu ressent contre le vainqueur, il y avait entre les Californiens et leurs conquérants une antipathie fondée sur la différence de race et de religion. Et puis, il faut bien le dire : des deux côtés se trouvaient un grand nombre d'individus turbulents, joueurs de profession, bandits, aventuriers de toutes sortes qui, à tout propos, se livraient des combats sanglants dans la ville. Comme à San Francisco, et même plus fréquemment, les citoyens paisibles et honnêtes durent, pour rétablir l'ordre, se substituer aux autorités établies.

Aujourd'hui Los Angeles, à part son ancien quartier mexicain qui tend à disparaître, à part quelques vieilles bâtisses en adobes restées debout, est une ville toute moderne et charmante, possédant une population de 25 à 30,000 âmes. Comme centre de commerce, elle ne le cède, en Californie, qu'à San Francisco et, peut-être, à Sacramento. Les immenses ressources, qu'elle doit à la richesse si variée de son sol et à la beauté de son climat, lui permettent de compter avec confiance sur la réalisation des brillantes destinées que rêva pour elle son humble fondateur, le sergent espagnol Navarro.[1]

---

[1] — Voici la liste des Missions établies en Californie : San Francisco Solano, San Rafael, San Francisco Dolorès, Santa Clara, San José, Santa Cruz, San Juan Baptista, Carmelo, San Antonio, San Miguel, San Luis Obispo, Santa Inès, Santa Barbara, San Buenaventura, San Fernando, San Gabriel, San Juan Capistrano, San Luis Rey, San Diego, La Purisima Concepcion, Soledad.

DEUXIÈME PARTIE

I

Les Premiers Français en Californie

Le consul Dillon — Le Noé de la Californie — Un Français, auteur du premier plan de Yerba Buena ou San Francisco — Un camp de mineurs français — Les incendies de 1851 — Les Gardes mobiles et les Lingots d'Or — Les premières Françaises — Statistiques — Souvenirs d'un Lingot d'Or.

Dès 1844, le gouvernement français était représenté à Monterey, capitale de la Californie, par un vice-consul, M. Louis Gasquet. Au mois de mai 1845, celui-ci eut pour successeur M. Moerenhout, appelé plus tard à Los Angeles.

A San Francisco, M. Guys, négociant, exerça les fonctions d'agent consulaire depuis le 3 novembre 1849 jusqu'au 22 juillet 1850, jour où M. Dillon arriva sur le vapeur *Orégon*, en qualité de consul de France. M. Dillon, n'ayant pu s'installer convenablement en ville, accepta l'hospitalité à bord d'un navire français mouillé sur rade. Il trouva enfin à louer, à l'angle des rues Jackson et Mason, une maison qui existe encore, et qu'il jugea assez écartée pour être hors d'atteinte des incendies.

Fils d'un général d'origine irlandaise, qui avait glorieusement gagné ses grades sous Napoléon Ier, doué lui-même d'une grande fermeté de caractère, M. Dillon sut, dans des circonstances graves, défendre en Californie les intérêts de nos nationaux et l'honneur du drapeau tricolore.

Il y a eu des Français dans ce pays bien avant 1848. Un des premiers, sinon le premier, était Jean-Louis Vignes. A la suite de revers de fortune, il avait quitté, en 1827, sa famille établie à Cadillac, près de Bordeaux, et s'était embarqué pour les îles Sandwich. Après y avoir passé quatre années à exploiter sans grand succès une distillerie, il vint s'installer à Los Angeles en 1831. Là, il acheta, à un prix minime, un *ranch*, ou ferme, connu sous le nom d'*Aliso*, à cause d'un aune [1] gigantesque qui faisait le principal ornement de cette vaste propriété.

M. Vignes qui, par son nom, semblait prédestiné à devenir le Noé de la Californie, fut très vraisemblablement le premier à s'y livrer à la viticulture. [2]

En 1839, un de ses neveux, M. Pierre Sainsevain, vint le rejoindre. Un autre de ses neveux, frère du précédent, M. Jean-Louis, suivi bientôt d'autres personnes de la famille, ne tarda pas à renforcer la petite colonie. Celle-ci, par ses alliances, s'est considérablement augmentée depuis lors. [3]

M. Jean-Louis Vignes mourut à Los Angeles en 1862,

---

(1) — Aune, en espagnol : *Aliso*.
(2) — Nous parlons des colons indépendants des Missions.
(3) — M. E. L. Racouillat a épousé une demoiselle Vignes.

âgé de 83 ans, laissant un fils et deux neveux qui portent le même nom. Ces derniers ont continué à habiter cette ville ainsi que M. J. L. Sainsevain. M. Pierre Sainsevain se fixa à San José en 1844, et y fit construire le premier moulin à vent et la première scierie. Il y demeure encore aujourd'hui.

N'eût été l'incertitude des titres de propriété qui à la chute du régime mexicain, amena une si profonde perturbation dans les fortunes particulières, tous ces pionniers de notre colonie française compteraient parmi les plus riches habitants du pays.

Un Français, J. J. Vioget, dressa, en 1839, le premier plan de Yerba Buena.[1]

En 1844, sur cinquante habitants que comptait cette petite localité, il y avait deux Français : Vioget, déjà nommé et Victor Prudon, qui avait été colonel dans l'armée mexicaine.

En 1848, il y en avait trois dont deux habitent encore la Californie : M. Louis Blain à San José, et M. Jean Baptiste Chrétien, employé chez MM. E. G. Lyons et Cie. Le troisième s'appelait Edouard Lavache et était cuisinier de son état.

Voici les noms de quelques autres Français résidant en Californie à cette époque reculée : Charles Roussillon, arrivé à Los Angeles en 1842; Jourdain Armand et les frères Lepage établis à San José dès 1845; Eugène Guibal,

---

(2) — Un Français, Pierre Lenfant, fut également l'auteur du plan de la ville de Washington, capitale des Etats-Unis. Le congrès se propose d'élever un monument à sa mémoire.

arrivé en 1847, avec le régiment Stevenson, et mort récemment à Gilroy. Il s'en trouvait un grand nombre d'autres dont les noms ne nous sont pas parvenus, et qui, à la nouvelle de la découverte de l'or, s'en furent travailler aux mines.

M. Moerenhout alla, au mois de juillet 1848, visiter leur camp, qui, d'après ses indications, devait être situé aux environs de Placerville.

Voici ce qu'il en dit :

"Voulant nous rendre à l'endroit où plusieurs Français s'étaient établis, nous eûmes à traverser une vallée longue de quatre kilomètres, et qui conduit, du point où nous avions stationné, à ce *placer*.

"Il faisait nuit, quand nous y arrivâmes; c'était, on pouvait le dire, un bivouac français. L'emplacement, bien choisi, était arrosé par un petit courant d'eau limpide et excellente, mais il n'y avait pas une tente, et de même que pendant tout le cours de mon voyage, à partir du pueblo de San José, il me fallut loger à l'enseigne de la lune, ayant des étoiles pour ciel de lit!

"Au point du jour, tout était en mouvement : des hommes partaient à pied et à cheval, chargés de pioches, de piques et de pelles pour aller creuser et bêcher la terre; les autres pour la charrier; il ne resta presque personne au camp.

"Ce lieu, situé entre la rivière Américaine et la rivière Cosumnes, est extrêmement riche."

Les premiers Français du dehors, vinrent naturellement des contrées les plus proches: du Mexique, du Chili, du Pérou, des îles Sandwich, de Tahiti, des Etats américains de l'Est et notamment de la Louisiane. Cependant on nous signale un compatriote arrivé en droite ligne de

France, dès 1848, avec un chargement de farine: M. Eugène Sabatié, frère de M. Philippe Sabatié, de San Francisco.

Le premier groupe de Français venant directement de notre pays, arriva du Hâvre, le 14 septembre 1849, à bord d'un petit voilier appelé *La Meuse.* Ils étaient au nombre de 36 à 40.[1]

Non-seulement nos compatriotes figuraient parmi les premiers arrivants d'Europe, mais ils formaient peut-être l'élément le plus important et le plus remarquable de cette immigration. Nulle part, en effet, les magnifiques trouvailles faites en Californie, n'avaient produit une sensation aussi vive qu'en France et, particulièrement, à Paris.

Il faut se rappeler la situation de notre pays natal en ce moment. La révolution, et la réaction qui la suivit de si près, y avaient amené un bouleversement général. Le commerce et l'industrie étaient paralysés. Des milliers d'ouvriers, jetés sur le pavé et exaspérés par la misère, étaient devenus la proie des utopistes et des intrigants, qui les poussaient aux luttes sanglantes de la rue. Une foule de fonctionnaires publics, mis à pied par les différents gouvernements qui s'étaient succédé, grossissaient les rangs des mécontents et des malheureux. La confiance dans le présent était anéantie et l'avenir apparaissait sous les couleurs les plus sombres.

Dans cette situation troublée, la grande nouvelle de la découverte de l'or en Californie devait naturellement

---

[1] — Parmi eux se trouvaient MM. Dyo et Alexis, tous deux habitant encore San Francisco, et M. Jules Auradou, domicilié à Healdsburg.

produire une impression profonde. On vit dans cet événement extraordinaire comme un coup de la Providence. Ceux qui se sentaient du courage au cœur, et que séduisait l'esprit d'aventures, se déterminèrent à aller tenter la fortune qui leur souriait de si loin. Les uns partirent à leurs frais. D'autres se firent transporter par des compagnies organisées dans ce but. Alors arrivèrent en Californie, soit par steamers, soit par navires à voile, des Français appartenant à toutes les conditions sociales. Un très grand nombre avaient des capitaux ou des marchandises.

San Francisco qui, au mois de février 1849, ne comptait encore qu'une douzaine de nos nationaux, généralement pauvres,[1] vit dans l'espace d'une année. s'ouvrir des maisons importantes fondées par nos compatriotes. Plusieurs de ces établissements en 1849, 1850, 1851, étaient situés rue Clay, entre les rues Kearny et Montgomery. Du côté nord: les maisons d'importation de liquides de Boom, Vignaux et Grisar. Quoique Belges, ces messieurs étaient traités comme des compatriotes. Puis venaient, toujours du même côté, le magasin de nouveautés de M. Charles Bertrand, celui de MM. Couret et Dussol, celui de M. Aimé Masson, puis l'établissement de M. Charles Guillet, coiffeur et marchand. Ce dernier faisait payer deux dollars la coupe de cheveux et un dollar la barbe. Tout ce côté de la rue fut détruit par l'incendie du 4 mai 1850.

Au mois de juin suivant, les flammes dévorèrent l'autre côté où se trouvaient les magasins de MM. Pioche et

---

(1)— Un d'eux, connu sous le nom de *Bras-Rouge*, tenait une petite buvette au coin des rues Broadway et Sansome.

Cie, et de MM. Gardet et J. J. Chauviteau. M. B. Davidson, agent des Rothschild, y avait installé sa banque, dans une petite baraque en planches.

Dans la rue Sacramento étaient établis MM. Bossange et Colliard; MM. Lazard frères tenaient une maison d'importations, rue California; MM. Marziou et Cie, rue Commercial; MM. Sabatié et Cie, rue California; MM. St Ours et Cie, au coin des rues Clay et Sacramento; MM. Lebatard et Cie, rue California.

Puis, successivement vinrent s'établir à San Francisco, MM. Eugène Delessert et Cie, banquiers, Mullot et Tallot,[1] consignataires; Deluc et Grellet, café et pâtisserie; Victor Leroy, papiers peints; Belloc et Pescau, Godchaux frères, I. Lévy et Bloch, Verdier et Kaindler, etc.

Voici d'après un document du temps,, l'état des pertes causées à diverses maisons françaises par les deux grands incendies de 1851.

Gardet et Cie, $30,000; Lazard frères, $100,000; Sabatié et Maubec, $28,000; Daugny frères, $10,000; Leroy et Lebreton, $20,000; Lecacheux et Galley, $8,000; Marziou et Cie, $6,000; Tardieu et Laubat, de Bordeaux, $8,000; Dufau et Cie, $4,000; Delépine et Cie, $20,000; Hughes frères, $6,000; Cavayé, $8,000; Lacombe et Cie, $30,000; Charles Bertrand, $6,000; Madame Maillou Barrier, $10,000; Martin, $60,000; Maury, $8,000; Cordier $6,000; de Boom et Cie, $150,000; Gaillardon frères, $18,000.

---

(1)—Tallot est devenu acteur et faisait partie d'une de nos compagnies dramatiques.

Un Français perdit la vie par imprudence dans un des incendies.

Vers la fin de 1849, MM. Gosse et Espic fondaient le *Café du Commerce*, rue Sacramento, entre les rues Kearny et Dupont. Des hôtels et surtout des restaurants français s'ouvrirent en grand nombre sur divers points, entre autres, ceux de MM. Mondelet et Baqué.[1]

En débarquant à San Francisco, la plupart de nos conpatriotes allaient bivouaquer sous des tentes, sur la plage sablonneuse située au sud de la rue Market, ou bien dans la rue Bush sur les hauteurs où s'élève aujourd'hui l'église Notre Dame. Ces deux emplacements étaient connus sous le nom de *camps français*.

Au mois d'août 1850, le port de San Francisco comptait vingt-cinq bâtiments français arrivés avec des chargements divers ; vins, eaux-de-vie, conserves, articles de confection etc.

A peine installé, le consul de France avait eu à lutter contre les exigences de la douane qui prétendait faire payer aux navires des droits non votés par le Congrès, (la Californie n'était pas encore admise au nombre des Etats). Sur le refus de plusieurs capitaines de s'exécuter, des bâtiments avaient été saisis et vendus, mais les armateurs furent indemnisés plus tard par le gouvernement fédéral.

C'est en 1850 que s'organisèrent à Paris diverses compagnies pour le transport des émigrants. Malheureuse-

---

[1] — Le premier restaurant français, *Les Frères Provençaux*, fut établi dès le milieu de l'année 1849, rue Kearny, en face de la Plaza, par deux cuisiniers marseillais: Auguste et André. Ils faisaient payer deux dollars un repas qu'on aurait aujourd'hui pour 25 cents. Ils tenaient aussi des bains chauds, à cinq dollars le cachet.

ment elles connaissaient fort peu la Californie, quelques-unes mêmes ne cherchaient qu'à faire des dupes. Débarqués à San Francisco, les travailleurs, souvent sans ressources, se voyaient obligés de recourir à l'assistance de leurs compatriotes et du consulat.

Une des plus notables de ces compagnies, était celle des *Gardes Mobiles*. Elle se forma au mois de février 1850 sous le patronage du gouvernement, et avait pour but d'expédier en Californie d'anciens officiers, sous-officiers et soldats ayant appartenu au corps de ce nom. A leur arrivée, ils devaient être envoyés aux placers, avec des vivres, des outils, des armes et des tentes, le tout aux frais de la compagnie.

Les premiers émigrants de cette catégorie furent embarqués, le 25 mai 1850, à Toulon, sur la corvette la *Capricieuse*, à destination de Valparaiso. Dans ce port, ils transbordèrent sur la corvette la *Sérieuse* qui les amena au nombre de 131 à San Francisco, le 23 novembre suivant. Là, on leur fit très bon accueil. La douane les exempta de toutes les formalités d'usage, et l'Etat les dispensa de payer la taxe spéciale imposée aux mineurs étrangers. En outre, le maire et les autorités de la ville, accompagnés du consul de France, allèrent rendre visite au commandant de la *Sérieuse* qui avait préparé à bord une collation en leur honneur.

Ce fut le premier témoignage sympathique de ce genre accordé jusqu'alors par la municipalité à un navire de guerre étranger; ce fut aussi la première fois qu'un bâtiment, mouillé en rade, ne perdit point un seul homme de son équipage par la désertion.[1]

Cinq jours après l'arrivée de la *Sérieuse,* un premier détachement de 82 mobiles partit pour Mokelumne Hill. Il fut bientôt suivi d'un autre, composé d'une vingtaine d'hommes. Le reste se fixa à San Francisco.

Ceux qui s'étaient rendus aux placers, y firent leur apparition militairement, clairon en tête. Les mineurs étrangers à notre nationalité, crurent d'abord à des intentions hostiles, mais ils ne tardèrent pas à se rassurer.

La plus importante des compagnies pour le transport des émigrants, fut la *Société du Lingot d'Or,* ainsi appelée parce qu'elle avait organisé, pour attirer les actionnaires, une loterie dont le plus gros lot était un lingot d'or d'une valeur considérable.

Le premier navire envoyé par cette compagnie — *l'Alphonse-Nicolas Cézard,* capitaine Le Bozec, — arriva le 28 février 1852, ayant à bord 169 émigrants, sous la conduite de M. Cousin, chef du convoi.

A leur débarquement, des secours en argent et en nature leur furent distribués, et on paya le passage à ceux qui désiraient aller aux mines. Un certain nombre trouvèrent à s'employer comme domestiques à cent dollars par mois à San Francisco même, et comme garçons de ferme à quatre dollars par jour, dans les environs.

Pendant la première quinzaine du mois de mai 1852,

---

[1] — M. Brenham, maire de San Francisco, fit écrire à cette occasion, au gouvernement français, qu'il serait heureux de voir venir de France de jeunes paysannes, afin de cimenter par des mariages mixtes l'union des deux grands éléments dont se composait la population californienne : les Américains et les Français.

entrèrent dans le port la *Fortune* du Hâvre, le *Malouin* de St. Malo, et la *Foi*, celle-ci avec 176 passagers. Tous ces navires appartenaient à la grande compagnie dont nous venons de parler.

L'arrivée de ces émigrants dits *Lingots d'Or*, dont bon nombre étaient des sujets assez turbulents, ne laissa pas d'inspirer des inquiétudes aux autorités américaines, soit à cause des troubles qui avaient éclaté entre eux et d'autres mineurs sur plusieurs points de l'intérieur, soit à cause des facilités que le comte de Raousset-Boulbon trouvait à recruter dans leurs rangs des hommes pour son expédition en Sonore.

Le 22 juin 1852, arrivée d'un nouveau convoi de Lingots d'Or sur le *Courrier de l'Inde*.

Le 16 novembre, l'*Adèle* de Marseille en amena 195; et le 20 du même mois l'*Indépendance* du Hâvre, 50.

Jusqu'alors, l'administration des Lingots avait toujours pourvu à leurs premiers besoins; mais cette fois elle paraissait vouloir les abandonner à leur propre initiative. Cela était d'autant plus malheureux qu'on était au cœur de l'hiver, et que les pluies avaient partout suspendu les travaux. Cependant, grâce au consul et à des compatriotes généreux, on parvint à en faire partir un certain nombre pour les mines. D'autres trouvèrent à se placer en ville.

Le 9 février 1853, arrivée du *Sansonnet* avec 72 passagers, et dans la première quinzaine d'avril, du *Damblat* de Bordeaux avec 260, — appartenant, les uns et les autres, aux Lingots. La plupart se dirigèrent vers les mines du sud. Quelques secours leur avaient été distribués par la compagnie.

Le 15 mai, retour de l'*Alphonse-Nicolas Cézard* de Nantes avec 239 émigrants. La traversée, accomplie en 108 jours, fut la plus rapide faite jusqu'alors.

Enfin, le 31 mai, le *Sacramento* entra dans le port avec 330 émigrants des deux sexes appartenant toujours à la même catégorie. Le chiffre des Lingots d'Or débarqués jusqu'à cette date, était de 3,046. Ce chiffre ne représente pas la totalité des émigrants partis de France sous les auspices de la Compagnie, un certain nombre s'étant arrêtés en route dans différents ports : à Rio-de-Janeiro, à Valparaiso, au Callao, etc.

Nous ignorons s'il y a eu des arrivages de Lingots postérieurs au 31 mai 1853; mais on sait que pendant les premières années, il était venu un très grand nombre d'autres de nos compatriotes, les uns librement et à leur compte, par steamers ou voiliers, les autres engagés par des compagnies rivales. Ainsi, au mois de septembre ou d'octobre 1850, la *Californienne* de Paris avait expédié le *Grétry* avec 122 émigrants.

Au mois de novembre étaient arrivés, presqu'en même temps, les navires à voiles : la *Vesta*,[1] le *Ferrière*, l'*Augustine*, l'*Abeille*, la *Marguerite*, et le *Rocher de St. Malo*, avec 750 passagers de l'un et l'autre sexe.

Du 14 décembre 1850 au mois de juillet 1851, en-

---

[1] — La *Vesta* est arrivée le 12 novembre avec 364 passagers, y compris 31 femmes, dont plusieurs faisaient partie de la première compagnie dramatique française à San Francisco.

trèrent en rade : la *Jeune Lucie* du Hâvre, la *Marie* et l'*Amélie*, ces deux navires venant de Bordeaux; le *Montalambert* de St. Malo, le *Louis* du Hâvre, l'*Emmanuel*, l'*Anna*, etc., appartenant aux compagnies la *Californienne*, le *Mineur*, la *Toison d'Or*, l'*Aurifère*, etc.

Tous liens de subordination vis-à-vis des gérants ou chefs de convoi, et de solidarité entre les émigrants eux-mêmes, semblaient se rompre pendant la traversée. En arrivant à San Francisco, chacun tirait de son côté.

Les navires mentionnés ci-dessus avaient été suivis de près par le brick le *Salomie*, de Bordeaux, avec 12 passagers et le *Médicis* avec 120.

Au mois d'avril 1851, étaient arrivés du Hâvre l'*Anne-Louise* avec 142 immigrants, et le *Moïse* avec 183. Le *Courrier*, venant de Cherbourg, en avait débarqué 60 à Monterey.

Depuis le 30 novembre 1849 jusqu'au 18 juin 1850, trente-cinq navires français avaient amené 2,100 passagers; et depuis le mois d'août 1850 jusqu'au mois d'avril 1851, il était arrivé directement de France 1855 hommes et 161 femmes. Total : 4116 individus des deux sexes arrivés par navires à voile. Il faut ajouter à ce chiffre le nombre des immigrants par steamers, par voie de terre, et ceux, en quantités considérables, venus des pays étrangers, sous pavillons étrangers.

Il y a plus : depuis le 3 novembre 1849, époque à laquelle on commença à constater officiellement l'arrivée des navires, jusqu'au 1er mai 1851, quatre-vingt-onze bâtiments français, ayant chacun en moyenne vingt hommes d'équipage, étaient entrés dans le port de San Francisco. Or, il est avéré que les deux tiers des matelots avaient déserté, soit environ 1,200 déserteurs.

D'après des renseignements puisés à des sources diverses, on peut affirmer qu'au milieu de l'année 1851, la population française en Californie n'était point au-dessous de 20 mille âmes.[1] Elle se partageait dans l'intérieur du pays en quatre groupes distincts :

Le premier se trouvait dans les mines du Nord, échelonné le long des deux rivières de la Yuba et de la Plume (Feather), et avait pour centre Marysville. Les Français fixés dans cette région pouvaient s'évaluer à 8000.

Le deuxième groupe en réunissait 6000, et avait pour centre Les Fourcades ou Mokelumne Hill. C'était le district minier du Centre.

Le troisième, composé d'environ 4,000 travailleurs, était dispersé dans les placers du Sud, qui commençaient à la petite ville de Sonora, et se développaient le long des bords de la Mariposa et de la Merced.

Le quatrième enfin, composé de 1,200, environ, s'était fixé dans la vallée de Santa Clara, à San José, alors capitale de l'Etat, et dans les environs de cette ville, contribuant par leur activité, comme fermiers et viticulteurs, à développer les abondantes ressources de cette belle et fertile contrée.

Dans chacun de ces districts, le gouvernement fran-

---

[1] — L'importance de cette population était considérée telle que les messages annuels des gouverneurs de l'Etat furent, pendant les premières années, publiés en anglais, en français et en espagnol.

çais avait un agent consulaire : à Marysville, le Dr. Pigné-Dupuytren; aux Fourcades, M. de la Rivière; à San José, M. Mouton; à Sonora, M. de Satnistégui, consul d'Espagne.

Les femmes étaient rares partout, puisqu'il y avait à cette époque, en Californie, environ deux cent mille hommes et seulement quinze cents femmes.

Ceci établi, nous croyons devoir reproduire le petit épisode suivant qui caractérise la situation faite à beaucoup d'immigrants français à leur arrivée dans ce pays.

Nous le donnons d'après les notes que nous ont été fournies par un d'entre eux.

Souvenirs d'un Lingot d'Or.

" Bien des gens se font une idée inexacte des Lingots. Les uns disent: c'était un ramassis de malfaiteurs que l'on avait renvoyés de France pour s'en débarrasser. Les autres disent: c'étaient des révolutionnaires, des repris de justice, des forçats libérés ! Que ne dit-on pas sur leur compte, hélas !

La vérité, la voici: c'étaient tous des Français aimant leur pays. Ceux que j'ai vus de près — et j'en ai connu la plus grande partie, — étaient tous des ouvriers, tels que charpentiers, ébénistes, cuisiniers, bijoutiers, tailleurs, cordonniers, cultivateurs. Il y avait aussi quelques notaires, commis de magasin, négociants, voyageurs de commerce etc. En un mot, tous avaient un métier ou une profession.

Aux termes de la convention faite avec la compagnie, chacun de nous devait recevoir à son débarquement une chemise de laine, un pantalon, un bourgeron en toile, une paire de souliers, un chapeau, des outils de mineurs, et 15 jours de vivres.

Notre premier soin à notre arrivée à San Francisco, le 14 mai 1852, par le navire *la Foi*, capitaine Hubert, fut naturellement d'aller au Consulat de France, où l'on nous fit assez froid accueil. Nous comptions recevoir chacun 20 piastres, somme nécessaire pour nous rendre aux mines et pourvoir à nos premiers soins ; mais quelle fut notre surprise en ne recevant que la somme dérisoire de trois dollars ! Le lendemain, M. Dillon nous expédia, au nombre de sept, à Marysville où nous passâmes la nuit. Notre souper et notre coucher payés, c'était une fameuse brèche faite à nos trois dollars.

"Nous partîmes de Marysville de grand matin, après nous être renseignés sur la situation des mines les plus proches. On nous avait indiqué un endroit, appelé *Longbar* ; malheureusement, l'un de nous qui prétendait savoir l'anglais, crut entendre *Longsbar* au lieu de *Longbar*. Or, le premier de ces placers était sur la Yuba, à 6 ou 8 milles de Marysville, tandis que l'autre se trouvait sur la Plume, à 40 milles de ce centre. A force de marcher, nous arrivâmes, à la chute du jour, près d'une ferme où l'on nous donna à manger pour le peu d'argent qui nous restait ; mais comme il n'y avait pas de place pour nous loger, nous dûmes coucher à la belle étoile.

"Le lendemain matin, on nous dit que nous avions encore au moins 20 milles à faire pour arriver à notre destination. Bien que forcés de nous passer de déjeuner, nous ne perdîmes pas courage, et nous reprîmes notre bâton de pélerin. Le soir nous arrivions près d'une maison complètement isolée, située sur l'emplacement où s'élève aujourd'hui la petite ville d'Oroville. — C'était une buvette. — Nous y fîmes halte. Comme la faim m'avait donné un peu d'imagination — il ne me restait plus que dix sous — je demandai du whisky pour *un* avec *sept* verres. L'homme qui tenait l'établissement me regarda d'abord avec surprise ; mais, devinant bien vite notre détresse, il me dit : "*Never mind, take the bottle and help yourself.*"[1] Puis, il nous apporta des *crackers*,[2] en nous engageant à manger à notre faim. Aussitôt que nous eûmes fini notre frugal repas, il nous dit qu'il n'avait pas

---

(1) — Allez toujours, prenez la bouteille et servez-vous.
(2) — Espèce de biscuits.

de place pour nous loger dans sa maison, mais qu'il avait des peaux d'ours et qu'il voulait bien nous les prêter pour passer la nuit dehors.

"A notre réveil, le brave homme d'hôte nous offrit une nouvelle collation, pareille à celle de la veille. Après l'avoir remercié comme il le méritait, nous nous remîmes en route avec nos bagages. Enfin, vers quatre heures de l'après-midi, nous arrivâmes en vue du lieu de notre destination. Là, nouvel embarras. Il fallait traverser une rivière, et nous n'avions pas de quoi payer le petit bateau qui transportait les voyageurs d'un bord à l'autre. Force nous fut d'abandonner une partie de nos outils au batelier.

"Arrivés de l'autre côté de la rivière, nous nous adressâmes à un Canadien nommé Paradis, propriétaire d'un petit magasin de provisions, et nous lui exposâmes notre triste situation. 'Mes enfants, – nous dit-il – vous êtes venus ici dans l'intention de travailler; eh bien! quand vous *ferez* de l'or vous me paierez. En attendant, mangez, voici de quoi vous reconforter; puis vous vous reposerez, et demain je vous avancerai tous les outils qui vous sont nécessaires.'

"Jugez quelle eût été notre position, si nous n'avions rencontré cet homme bienveillant!....."

Ici s'arrêtent les notes du Lingot d'Or. Hélas! la Californie ne lui a point été propice. Après trente-deux ans de rude labeur et de cruelles déceptions, il vient de mourir, pauvre comme à son arrivée, à l'hôpital du comté de San Francisco.

II

LES FRANÇAIS AUX PLACERS.

Claims — Camps, villages et villes — Comment on travaillait les mines— *Battée, barrette, rocker, longtom, sluices* — Système de la grande hydraulique — Une magnifique trouvaille — La vie des mineurs — Migrations des mineurs français, depuis Mariposa jusqu'au détroit de Behring — Les différentes localités qu'ils ont contribué à créer.

Aux mines, de même qu'à San Francisco, les Français faisaient bande à part, s'isolant des autres immigrants dont ils ne comprenaient pas la langue. Toutefois dans la région du Sud, ils se mêlaient volontiers aux Mexicains avec lesquels ils entretenaient d'excellentes relations.

Entre compatriotes, ils formaient des compagnies composées de deux ou d'un plus grand nombre de personnes, selon l'importance des *claims* ou terrains aurifères qu'ils exploitaient. Les limites de ces *claims* étaient marquées au moyen de piquets plantés en terre. Comme les soldats en campagne, les mineurs campaient généralement en plein air ; quelques-uns avaient des tentes ou de petites cabanes faites de branchages, où ils serraient leurs instruments de travail et leurs armes.

Un camp présentait-il quelques chances de succès et de durée, un industriel venait aussitôt y ouvrir une *tienda* ou magasin dans lequel les mineurs trouvaient à s'approvisionner en vivres, vêtements, outils, etc. D'autres y établissaient une buvette, une échoppe de charpentier ou de forgeron, un petit hôtel, une salle de danse et de jeu, etc. Alors le camp, auquel on avait donné un nom quelconque, devenait un village; et si les placers environnants continuaient à se montrer rémunérateurs, le village ne tardait pas à être élevé à la dignité de ville ou *city*. Tels sont les commencements de tous ces centres de population dont les uns ont acquis et conservé une véritable importance, et dont les autres ont entièrement disparu avec l'épuisement des dépôts aurifères qui avaient fait leur prospérité.

Nous n'avons pas l'intention de donner ici la description complète des différents modes d'exploitation des mines. Ce sujet a été fréquemment traité dans des ouvrages spéciaux. Nous nous bornons aux quelques détails qui suivent.

Dans la région minière du Sud, à Sonora comme à Mariposa, le travail était facile. L'or se trouvait à la surface du sol ou à peu de profondeur. Il suffisait souvent de ramasser du gravier et de le laver dans une *battée*, sorte de plat en fer-blanc ou en bois, pour découvrir le précieux métal. Quand il s'agissait de le chercher à une plus grande profondeur, on se mettait généralement à deux pour creuser, au moyen d'un pic et d'une barrette,[1] un trou de 6 à 8 pieds, allant jusqu'à la roche vive. Avec une pelle, on jetait les déblais sur les bords de l'excavation.

En approchant de la roche, on prenait une battée de

---

[1] — En espagnol *barretta*, barre de fer ronde et pointue à un bout, destinée à servir de levier pour soulever les pierres.

terre qu'on allait délayer dans l'eau pour s'assurer qu'elle contenait de l'or. Si le résultat de cette opération préliminaire était favorable, on emplissait des sacs ou des baquets avec la terre dite *payante*, et on allait la laver au moyen d'un *rocker*.[1]

A l'aide de la battée, un homme ne pouvait laver qu'une demi-tonne ou une tonne au plus par jour. Le berceau donnait un résultat quadruple. Quand l'importance du travail l'exigeait, on employait, au lieu du rocker, un *longtom*, conduit fait avec des planches de 15 à 16 pouces de largeur sur 8 à 10 pieds de longueur. On y jetait les graviers aurifères, et on y faisait passer un courant d'eau qui enlevait les sables, et laissait l'or au fond d'une boite à compartiments. Une pelle, avec laquelle on remuait les graviers, qu'on expulsait ensuite, était le seul instrument nécessaire.

Quand on était arrivé au fond et qu'on touchait à la roche vive (*bedrock*), on la nettoyait soigneusement avec de petits balais. On employait aussi un couteau de poche pour extraire le minerai qui se trouvait enfoui dans les fissures.

Dans les mines du nord, le travail était beaucoup plus difficile et coûteux. Il fallait des capitaux pour l'entreprendre et en assurer le succès. On établissait de grands *sluices*[2] ayant une longueur de plusieurs centaines, et parfois de plusieurs milliers de pieds; mais on y appliquait

---

(1).— Berceau surmonté d'une boîte carrée dont le fond en tôle était percé de trous. Dans cette boîte on versait les sables, les terres et l'eau. A l'aide d'un manche, on faisait mouvoir l'appareil de la même manière qu'on berce un enfant. L'or par son poids se précipitait au fond, et les autres matières s'écoulaient par en bas.

(2).— Un *sluice* est un conduit, généralement fait en planches, plus ou moins large.

surtout le système de la *grande hydraulique*. Ce système consistait d'abord à suspendre en l'air, sur des poteaux de 60 à 80 pieds de hauteur des sluices dans lesquels on amenait un courant d'eau. A l'extrémité du conduit se trouvait une manche de toile à voile de 60 pieds de hauteur et de quelques pouces de largeur, au bout de laquelle était une lance étroite, un peu plus forte que la lance de nos pompes à incendie. Soixante pieds de pression naturelle donnaient une certaine force au jet d'eau émis par la lance. On le dirigeait contre les agglomérations aurifères que l'on voulait désagréger. L'eau et les graviers se rendaient ensemble dans les grands conduits où l'on répandait du mercure. Une fois par mois, on en nettoyait le fond, où se trouvait concentré l'amalgame d'or.

La grande majorité des mineurs, dans le Sud, ne se faisaient en moyenne que de quatre à cinq dollars par jour en 1850, et ils en dépensaient deux ou trois, en s'astreignant à la plus stricte économie. Mais il y avait aussi pour quelques-uns des aubaines extraordinaires. Vers la fin de l'année, on exposa à San Francisco une pépite du poids de douze livres d'or presque pur et valant près de 4,000 dollars. Ce magnifique échantillon avait été trouvé, avec plusieurs autres, dans les mines du Sud, par trois Français qui, en quinze jours, purent réaliser une petite fortune.

Dans les mines du Nord, les chances de succès étaient plus sérieuses. Il n'était pas rare de voir des compagnies se trouver, du jour au lendemain, en possession d'un de ces trésors qu'on croyait n'exister que dans les contes de *Fées*.

Quant à la vie qu'on menait dans les mines, elle était des plus rudes. Travailler du matin au soir, sous le soleil ou à la pluie; coucher sur la dure, roulé dans des couvertures de laine; faire des repas d'une frugalité toute spartiate et qu'on cuisinait de ses propres mains : tel était le genre d'existence auquel tous étaient assujettis. Les plus sages se retiraient le soir dans leur tente, lisant un livre, écrivant à la famille ou aux amis absents, avant de se livrer au repos. Le dimanche, ils se réunissaient dans quelque cabaret voisin, et, le verre à la main, devisaient joyeusement, ou chantaient en chœur les chansons du pays.[1]

Ceux qui étaient moins raisonnables trouvaient facilement des lieux trop hospitaliers pour y dépenser jusqu'à leur dernier grain de poudre d'or. Ces malheureux sacrifiaient surtout aux deux démons du jour: le jeu et la boisson.

Jetons maintenant un rapide coup d'œil sur les migrations de nos compatriotes en Californie et dans les autres pays de l'Océan Pacifique.

Les mineurs français furent les premiers explorateurs des parages du Sud, en compagnie des Mexicains, et surtout des Sonoriens renommés comme *lavadores de oro*. Là, ils s'étaient agglomérés à Quartz Hill, à Oro Grosso, et à Oro Fino dans le Haut Joaquin, au Fort Miller, à Chowchilla, à Fresno, à Mariposa qui était le point important des placers de l'extrême Sud, à Agua Fria, à Hornitos, à Bear Valley, à Merced, etc.

---

[1] — Les mineurs français envoyèrent à leurs familles, de 1850 à 1851, plus de quatre millions de francs, rien que par l'entremise du consulat de France. Des sommes considérables furent expédiées par d'autres voies.

Dans un rayon plus rapproché du centre de la région minière, on les trouvait en grand nombre à Sonora, Columbia, Murphy, Campo Seco, Mokelumne Hill, Volcano, Sutter Creek, Amador, et autres dépôts de grandes richesses facilement exploitables.

Plus au nord, à Placerville, Coloma (berceau de l'or), Auburn, Camptonville, Grass Valley, ils étaient aussi fort nombreux. Dans la ville et le comté de Nevada, ils furent les premiers à bâtir des moulins à quartz, et à construire des fourneaux de réduction. De North Bloomfield, alors *Humbug City*, quelques-uns de ces braves enfants de la France partirent, sans argent, sans ressources, pour aller reconnaître le sommet des Sierras neigeuses, à 10,000 pieds et plus, au-dessus du niveau de la mer. Là, ils découvrirent des lacs immenses, les barrèrent sur des centaines de pieds de large et de haut ; creusèrent des canaux sur des centaines de milles de long, et amenèrent ainsi, les eaux provenant de la fonte des neiges sur les grands gisements aurifères des hautes Sierras.

La *Eureka Lake Water and Mining Company*, qui exécuta ces travaux gigantesques, a conservé ce nom, et après diverses vicissitudes, est revenue, pour une bonne partie, dans des mains françaises.

C'est dans le comté de Nevada que commençaient les riches gisements d'or, connus sous le nom de placers profonds ou de graviers à la grande hydraulique. Partout, dans ce comté et aux environs, on rencontrait des Français établis, soit comme commerçants, aubergistes, ou travailleurs de professions diverses, mais surtout comme mineurs.

Après trente années, beaucoup de noms gaulois sont restés attachés à des placers, et il y a bien peu de comtés dont la carte géographique ne présente point des désignations telles que les suivantes : Frenchtown, French Creek, French Flat, French Mill, French Bar, French Camp, French Corral, French House (pour désigner une habitation française formant le point d'intersection de plusieurs routes), French Ranch, French Market, French Garden, French Vineyard, etc. Oroville et Downieville comptaient aussi bon nombre de Français, ainsi que Rich Bar, Missouri Bar, Sicard Bar, Saint Louis Bar, Orleans Bar, etc., etc.

Remontant le Sacramento jusqu'au point où il cesse d'être navigable, et même plus haut encore, nos compatriotes s'établirent à Shasta, à Weaverville, à Yreka, à la Trinity, à Orleans Bar (sur la Klamath) qui étaient tous des points centraux. Le mont Shasta, ce géant couronné de neiges éternelles, qui domine tout le pays, avait attiré tout d'abord leur attention. C'est, en effet, dans les flancs de cette montagne ou dans ses environs, que la plupart des grandes rivières, et notamment le Sacramento, prennent leur source, dirigeant leurs cours, au nord, à l'ouest, à l'est ou au sud. Les mineurs n'avaient qu'à suivre les déclivités du terrain pour découvrir l'or. Ainsi se formèrent une foule de nouveaux centres ayant chacun son histoire, entre autres Callahan's Ranch, d'où Pierre Cauwet, le poète français californien, envoyait ses charmantes poésies à l'*Echo du Pacifique*.

Chose à noter : les deux principales rivières de la

Californie, le Sacramento et le Joaquin, n'ont jamais contenu que peu d'or, et seulement dans les parties montagneuses de leur parcours. Il n'en était pas de même des autres rivières et de leurs tributaires. Elles ont enrichi les pays où elles passaient, et ont porté leurs graviers aurifères jusque sur le bord de la mer, près de Crescent City.

A Crescent City, port de mer, qui confine à l'Orégon, nos explorateurs semblaient devoir s'arrêter. Point. Ils enjambent la frontière, s'établissent à Jacksonville, puis se répandent dans le pays et arrivent jusque sur le territoire de Washington, toujours à la recherche du précieux métal. Voisins de la Colombie Britannique, ils y pénètrent et se mêlent au grand mouvement qui, en 1858, poussa une si grande partie de la population californienne vers les rives du Frazer River. Quelques-uns, par des chemins impraticables à travers les neiges profondes, arrivèrent au Cariboo. D'autres quittent la Colombie Britannique et rentrent sur le territoire des Etats-Unis, non pas en revenant sur leurs pas, mais en allant toujours, tout droit en avant, vers le pôle magnétique qui les attire. Les voici dans l'Alaska, contrée nouvellement achetée à la Russie par les Etats-Unis. Là, ils déblaient les neiges, creusent les glaciers de ces côtes inhospitalières, perforent des tunnels et vivent de poisson fumé, comme les naturels du pays. Ils y trouvent, non pas des placers, mais des filons plus ou moins riches, en or et en argent, dans des roches dont l'aspect, à la fois sauvage et grandiose, rappelle à l'imagination effrayée les terribles convulsions de la nature primitive. S'ils ne poussent pas plus loin leurs recherches aventureuses, c'est qu'ils rencontrent les colonnes d'Hercule qui séparent le nouveau monde de l'ancien continent.

Si l'on trace une ligne qui parte de l'extrême sud des placers californiens, situés non loin des tropiques, et qui se termine aux affleurements du détroit de Behring — porte du pôle nord devant laquelle nos argonautes durent s'arrêter — on aura une idée de l'espace immense parcouru par les mineurs français de ce côté-ci des Montagnes Rocheuses. Et comme ils ont laissé partout, sur leur passage, des traces de leur activité et de leur esprit d'entreprise, il est permis de dire que le *go-aheadism* n'est pas une qualité exclusivement américaine.

III

ÉPISODES ET INCIDENTS DIVERS.

La taxe des mineurs français — Affaire du San Joaquin — Affaire de Mariposa — Stockton — Marysville — Mokelumne Hill ou les *Fourcades* Affaire du drapeau — Affaire Moore — Sonora — Columbia — Tragédie à Yreka — Belges et Français — Saucelito — Affaire Bagot et Dupont à San Léandro Creek — Deux bouchers français pendus à San Antonio — Les frères Cadet — L'Orégon.

Deux causes ont contribué à troubler l'existence des Français dans les placers : la taxe des mineurs étrangers et l'hostilité des travailleurs dits Américains, mais qui, en réalité, étaient le plus souvent des Irlandais et des convicts venant de l'Australie. Nos compatriotes, ignorant l'anglais, confondaient en une même appellation tous ceux qui parlaient couramment cette langue.

Une autre cause de perturbation était l'anarchie et la grande brutalité de mœurs qui régnaient alors, et qui, en l'absence de toute autorité sérieusement organisée, obligeaient chacun à veiller à sa sûreté personnelle et souvent à défendre ses droits les armes à la main.

La taxe des mineurs étrangers, votée en 1850, par la première législature, avait été fixée à 20 dollars par mois. Cette mesure, inique et vexatoire, était condamnée par les traités, les Américains jouissant en France des mêmes droits civils que nos nationaux.

AFFAIRE DU SAN JOAQUIN — Au mois d'octobre 1850, les Français, répandus sur les bords du San Joaquin, donnèrent le signal de la résistance aux agents du fisc. Ils refusèrent positivement d'acquitter la taxe. D'ailleurs, beaucoup d'entre eux n'avaient pas les moyens de la payer.

Sur la demande de M. Burnett, gouverneur de l'Etat, le consul de France pria M. Jules Lombard, son agent à Monterey, de se rendre sur le théâtre des événements et d'employer toute son influence pour calmer nos compatriotes et effectuer un arrangement. En même temps, M. Dillon s'efforçait de montrer au gouverneur tout ce que l'impôt en question avait d'exorbitant, et combien il était contraire aux inspirations d'une sage politique. Le gouverneur, se rendant à ces raisons, réduisit la taxe à 20 dollars par an.

Mais quel qu'en fût le montant, elle continuait d'exister, et fournissait aux mineurs américains un prétexte, soit pour empêcher les Français de travailler, soit pour les expulser de leurs claims.

Le gouverneur McDougal abrogea complètement la taxe, vers la fin du mois de mars 1851; mais la législature la rétablit le 1er juin, en la fixant à trois dollars par mois.

Chaque mineur devait se pourvoir d'une patente ou licence, faute de quoi, il était privé de la faculté d'intenter aucune action devant les tribunaux. Toute personne ou compagnie, qui employait des mineurs étrangers, était responsable du paiement de la licence.

Affaire de Mariposa — Cette nouvelle loi visait particulièrement les Chinois, très impopulaires à cause de leur grand nombre; en réalité, elle frappait sans distinction tous les travailleurs non citoyens américains. Dans le comté de Mariposa, elle devint le prétexte d'un grand mouvement hostile aux étrangers. Dirigé d'abord contre les mineurs espagnols venus de Manille, ce mouvement engloba bientôt les Mexicains, puis les Français, soupçonnés de faire cause commune avec les persécutés. On leur reprochait à tous de ne s'être point mis en règle avec la loi. Le grief était sans fondement. Les mineurs étrangers s'étaient présentés à temps pour payer la taxe; mais le percepteur n'avait pas encore de licences imprimées à leur délivrer.

Le sheriff intervint. Des pourparlers eurent lieu, mais sans aboutir.

Le 24 juin, des bandes armées, sous la conduite d'un chef nommé Ronald, accoururent de tous côtés, à pied, à cheval, et, hurlant le *Yankee Doodle* et *Hail Columbia*, pillèrent les tentes et les boutiques des étrangers.

Beaucoup d'Américains, sages et honnêtes, protestèrent avec énergie contre ces actes de violence et de spoliation, et invoquèrent l'appui du juge Dickerson, de Mariposa ; mais ce magistrat refusa d'intervenir parce que, disait-il, il était sans force pour faire respecter son autorité.

Cependant la tranquillité parut se rétablir ; et lorsque le consul de France, accompagné du comte Cipriani, consul général de Sardaigne, se rendit sur les lieux, il n'eut pas de grandes difficultés, grâce au concours des autorités et des principaux habitants du pays, à ramener la paix et la bonne harmonie entre les divers éléments de la population minière.

La taxe contre les étrangers de race blanche fut abrogée plus tard et ne fut maintenue que contre les Chinois.

Stockton — Dès 1850, cette ville commençait à prendre une certaine importance. La poste, le théâtre et la prison avaient été construits en bois, sur le quai, et un certain nombre de magasins s'élevaient sur la *péninsule*, langue de terre s'avançant dans le Joaquin.

A cette époque, les Français étaient déjà assez nombreux à Stockton. MM. Poursillé et Duval, et M. Hestrès y tenaient des maisons d'épiceries en gros. M. Fagothey avait installé un restaurant sous une tente, et l'avait décoré du nom de *Petit Véry*. Un nègre, d'une colonie française, avait ouvert un cabaret, et le père de M. Louis Grégoire, aujourd'hui libraire à San Francisco, avait fait construire un hôtel en planches, appelé *Phœnix Hotel.*

En 1851, Mme Mezzara tenait une table d'hôte située au-dessus du magasin de Knight et Freeborn. Une simple cloison séparait la prison de la salle à manger. Un soir les détenus enlevèrent les planches qui formaient cette cloison et détalèrent vivement après avoir fait main basse sur le buffet bien garni du restaurant.

Lors de l'incendie du mois de mai 1851, les habitants, pendant que la partie nord de la ville flambait encore, refroidissaient à grands jets d'eau la partie sud, afin de pouvoir en enlever les décombres embrasés et rebâtir à nouveau sans désemparer.

MARYSVILLE — En 1849, un Français, nommé Covillaud, ancien soldat du régiment Stevenson, acheta, avec trois associés, dont un compatriote appelé Sicard, un ranch qui s'étendait sur l'emplacement occupé aujourd'hui par Marysville.

La famille de Covillaud vint le rejoindre, en faisant le trajet par terre, à travers les Montagnes Rocheuses. Mlle Mary, sa fille, étant le premier représentant du sexe féminin dans ces parages, eut l'honneur de donner son nom à la ville naissante.

Marysville grandit rapidement, et attira un certain nombre de nos compatriotes, entre autres, MM. Pigné-Dupuytren et Marc de Kirwan qui s'y étaient associés et tenaient un magasin de liquides.

Mokelumne Hill, ou les Fourcades — Mokelumne Hill eut pour premiers explorateurs des Français, les frères Fourcades, dont le nom resta longtemps attaché à la localité. Peu à peu, d'autres émigrants de nationalités diverses vinrent s'établir par petits groupes, dans les ravins environnants. Vers la fin de 1850, M. Grégoire, de Stockton, y dressa la première tente, dans laquelle il installa sa famille et une *tienda* ou magasin de provisions. Les Gaulois, ses clients, disaient, en manière de plaisanterie, que c'était la première maison de la ville, en entrant, et la dernière, en sortant.

Puis, ce fut un forgeron-armurier, nommé Duptis, et un horloger suisse-français qui vinrent s'y fixer. Les frères Gayou organisèrent un service pour transporter les marchandises, à dos de mulets, dans les camps voisins. En peu de temps, Mokelumne Hill devint le centre d'une population considérable. Ce fut de ce côté, en effet, qu'affluèrent la plupart des travailleurs et, notamment les gardes mobiles, envoyés par les compagnies formées en France. Les nouveaux arrivants s'éparpillèrent dans le voisinage, à Murphy, à San Andréas, à Center House, etc.

Affaire du Drapeau — Vers la fin du mois d'avril 1851 commença l'affaire dite du *Drapeau, ou des Fourcades*.

Un Français qu'on appelait le *Vendéen*, travaillait seul, sur une hauteur, nommée plus tard le *plateau riche*. Comme les mineurs cherchaient habituellement l'or dans les cagnades ou ravins, ses camarades se moquaient de lui à cause du choix de cet emplacement. Le Vendéen laissait dire, et continuait tranquillement sa besogne. Au bout de quelque temps, on s'aperçut qu'il avait découvert un filon d'une extrême richesse. Il eut le tort de trop vanter sa bonne fortune, car il fit des jaloux.

Il avait pour voisin de claim un Irlandais. Tous les deux jetaient leurs débris sur l'espace compris entre les deux trous qu'ils exploitaient. De gros mots furent échangés. Des mots, on en vint aux voies de fait. Les Irlandais des environs prirent le parti de leur compatriote. Les Gaulois soutinrent le Vendéen. De là, bagarre générale. Deux Français furent blessés légèrement. Du côté opposé, il y eut un homme tué et trois blessés. Bourdon qui avait tué l'Irlandais, parvint à s'échapper.[1]

Les Français, armés de fusils et de revolvers, se replièrent en bon ordre, et au son du tambour, sur les hauteurs d'Andréas. Là, s'organisant par compagnies, ils se choisirent des chefs, élirent pour commandant M. Villacèque, arborèrent le drapeau tricolore, puis attendirent de pied ferme l'ennemi. Celui-ci, de son côté, se préparait au combat, pendant que les autorités alarmées demandaient au gouverneur l'assistance de la milice.

Entre temps, M. de la Rivière, agent consulaire de France, employait tous ses efforts pour calmer nos compatriotes. Le 3 mai, arriva M. Dillon accompagné de M. Butler King, collecteur de la douane, du colonel Woodleaf et de quelques autres notabilités américaines. Les mineurs irlandais, américains, français etc., se réunirent aussitôt

---

[1] — Il périt plus tard dans la seconde expédition de Raousset-Boulbon.

devant la tente où ces messieurs s'étaient arrêtés. M. Butler King leur adressa une allocution en anglais, leur recommandant la modération, et leur rappelant les services rendus naguère par la France au peuple américain. Ces paroles furent accueillies par de bruyants applaudissements. Le consul, prenant ensuite la parole dans la même langue, fut également écouté avec la plus grande faveur. Un mineur américain répondit, au nom de ses camarades, dans les termes suivants :

"Nous ne sommes animés d'aucun sentiment d'hostilité contre les Français. Nous avons, nous, Américains, assez l'habitude d'échanger entre nous des coups de poing, et même parfois de nous passer le caprice d'un coup de pistolet. Mais les choses en restent là. Le blessé va porter ses griefs devant l'alcade,[1] s'il ne se sent pas assez fort pour se faire justice lui-même. Un différend étant survenu entre un travailleur français et un des nôtres, les choses auraient dû se passer dans les formes habituelles. Au lieu de cela, tous vos compatriotes ont eu hâte de quitter leur trou au premier bruit, d'aller camper sur une colline, les armes à la main, nous imposant, par là, l'obligation d'en faire autant de notre côté. Cette nécessité, où nous nous sommes trouvés, de répondre à l'agression des Français nous a été pénible, car nous aimerions mieux avoir affaire à tout autre peuple, et bien qu'il se glisse quelquefois parmi nous de mauvais sujets et des drôles, la masse des travailleurs américains, ici présents, souscrira à cette déclaration."

Des hurrahs approbatifs accueillirent ce petit discours plein d'*humour*.

Les Français, de leur côté, déclaraient qu'ils avaient toujours eu à se louer des Américains. Ils imputaient toute

---

[1] — On avait encore l'habitude de donner ce nom espagnol au juge ou au maire.

la responsabilité du conflit aux Anglais venus de Sidney, et aux Irlandais.

Le jour même tout rentra dans l'ordre. Le drapeau tricolore, signe de rébellion, disparut. Nos compatriotes reprirent possession de leurs mines, sans aucune opposition. Il n'y eut d'exception que pour Bourdon, et un autre Français qui s'était montré le plus ardent pendant la lutte. Leurs claims furent confisqués au profit des blessés.

Malheureusement, des maraudeurs avaient profité de la confusion générale pour piller les tentes des Français, et y mettre le feu.

Mokelumne Hill n'avait pas de prison à cette époque. La foule pendait les voleurs et les brigands, après jugement par jury. Ceux qui n'étaient coupables que de peccadilles étaient condamnés, nous assure-t-on, à avoir une oreille coupée, ou bien on leur appliquait cent coups de fouet sur le dos mis à nu, puis on leur disait d'aller se faire pendre ailleurs.

Mais s'il n'y avait pas de prison, il y avait un cimetière. Les premières personnes qui y furent enterrées étaient des assassins et leurs victimes.

Ils reposaient là, côte à côte, dans la paix profonde du dernier sommeil.[1]

AFFAIRE MOORE — Dans le courant du mois de juin 1852, un Américain, nommé Moore, qui avait suivi l'ex-

---

(1) — En une seule semaine, il y a eu dix-sept assassinats à Mokelumne Hill et les environs.

pédition de Pindray en Sonore, était revenu à San Francisco, accusant les Français, ses compagnons, de l'avoir indignement maltraité. Il ajoutait que ceux-ci avaient voué une haine mortelle aux Américains, et que sans l'intervention des autorités sonoriennes, il eût été infailliblement massacré. Ce récit, imprimé et répandu à 5,000 exemplaires, dans les mines, devait y soulever les passions contre nos compatriotes. Sur quelques points, dans les comtés de Merced, de Tuolumne et de Stanislas, ils se virent effectivement en butte à des actes de violence. Heureusement un autre Américain, D. J. Oullehen, qui avait aussi fait partie de la même expédition, publia dans les journaux une lettre dans laquelle il donnait un démenti formel au récit malveillant et calomnieux de Moore. L'affaire n'eut pas d'autre suite.

SONORA — Cette petite ville, ainsi que son nom l'indique, fut fondée par les Mexicains de la Sonore, premiers mineurs étrangers arrivés en Californie. Ils plantèrent au centre de l'emplacement occupé par la ville actuelle, une grande tente dont la façade était décorée d'un large écriteau portant ce mot en grosses lettres : *Sonora*. Peu à peu des *ramadas* ou cabanes, construites sur piquets avec des branches d'arbres, vinrent s'aligner des deux côtés de la tente, formant une rue. Dans ces huttes d'une architecture toute primitive étaient installés des marchands et des industriels en tous genres. Parmi les Français arrivés à cette époque, nous remarquons M. Casimir Labétour, qui tenait un magasin et une boulangerie. Ayant servi au Mexique dans l'armée américaine, il parlait couramment l'anglais et l'espagnol et, par là, se trouvait à même de rendre de grands services à ses compatriotes dans leurs démêlés avec les autres mineurs. Citons encore le Dr. Canton qui devint un des agents les plus actifs de Raousset; MM. Laborie et Thabard, marchands de provisions; M. Imbert, menuisier; M. Planel, directeur d'un théâtre qu'il avait fait construire; MM. Lecoq et Louis, propriétaires d'un restaurant, enfin M. Hughes Lyons, père de M. E. G. Lyons de San Francisco. M. Hughes Lyons tenait un important magasin qui était devenu le rendez-vous de ses compatriotes. Il avait organisé à grands frais une poste française, envoyant deux fois par semaine un messager à San Francisco pour y prendre les lettres et les distribuer ensuite dans les camps voisins.

Sonora ne fut pas épargnée par le fléau qui désolait alors la Californie. Le 17 juin 1852, le feu prit dans le restaurant de Mme Landry et détruisit complètement la ville, ne laissant debout que la maison d'une dame Cartier. La perte fut d'environ deux millions de dollars.

A peine relevée de ses ruines, Sonora devint la proie d'un second incendie (4 octobre). Cette fois, le feu avait commencé chez M. Labétour. On estimait cette nouvelle perte à $300,000.

Il y eut aussi à Sonora, et dans les environs, des manifestations hostiles contre les Français.

Le 12 octobre 1853, les Américains et les Irlandais de la petite ville tinrent un *meeting*, dans lequel ils adoptèrent la résolution suivante :

"Nous approuvons les décisions prises par les mineurs

de Jamestown. Il sera accordé aux étrangers un délai de vingt jours pour déclarer leur intention de se faire naturaliser Américains. Si, à l'expiration de ce délai, ils n'ont pas rempli cette formalité, ils seront traités comme il paraîtra juste et convenable aux mineurs américains de les traiter. Il leur sera loisible de disposer de leurs claims durant ces dits vingt jours. Passé ce temps, le comité, chargé de leur expulsion, disposera de leurs claims comme il l'entendra."

Un incident faillit aggraver la situation. Deux de nos compatriotes, Jean Cossé et Joseph Boucherot, ayant été accusés de vol, la populace s'empara de leurs personnes. Déjà quelques forcenés leur avaient passé la corde au cou et allaient les pendre, sans autre forme de procès, lorsque leurs compatriotes vinrent s'interposer. Mis en prison, ils passèrent plus tard en jugement, devant le tribunal de Sonora qui les déclara innocents.

Toute cette agitation anti-française ne tarda pas, du reste, à se calmer

La petite ville voisine, Columbia, comptait aussi bon nombre de nos compatriotes. L'incendie qui y éclata le 11 juillet 1854, détruisit plusieurs établissements français, entre autres, ceux de MM. Rocher, pharmaciens et brasseurs, et ceux de MM. J. B. Souquet, Dupont, Raspail et Cie, Christian et André.

TRAGÉDIE A YREKA — Fin novembre de la même année, un pauvre Français, miné par les maladies, s'étant pris de querelle avec un individu à Yreka, fait usage de son pistolet et tue son adversaire. La police l'arrête. Aussitôt, une trentaine de furieux, forçant la porte de la prison, en arrachent notre compatriote et, après un procès dérisoire, le traînent au pied d'un arbre où le boucher de l'endroit avait l'habitude de suspendre les animaux qu'il voulait égorger. On hisse l'infortuné sur un cheval, on lui passe une corde au cou, et on l'accroche à une branche solide. Mais le nœud de la corde glisse jusque sous le menton du patient qui, à moitié étranglé, les yeux hors de leurs orbites, râle sourdement. Alors, trois des plus pressés parmi les assistants, se suspendent à ses pieds, tandis qu'un autre individu lui pèse sur les épaules, et le malheureux peut enfin mourir...

Ces horribles détails sont empruntés au journal de la localité, l'*Yrcka Herald* du 26 novembre 1853.

Les scènes de ce genre ne se passaient pas seulement dans les régions éloignées et sauvages des mines, il s'en produisaient de semblables aux portes mêmes de San Francisco.

BELGES ET FRANÇAIS — Une compagnie, composée de Français et de Belges, avait acheté, sur la route de San José, des terrains couverts de haute futaie, dans le but d'abattre les arbres et de les réduire en charbon. Des squatters, armés de rifles et de revolvers, sous prétexte que les titres de propriété de ces terrains n'avaient pas été régularisés, vinrent, le 3 novembre 1853, en chasser les occupants, et s'y installèrent avec leurs familles. Cette opération ne se fit pas sans résistance. Dans la bagarre, deux Belges, Prothin père et fils, furent particulièrement maltraités. On attacha le jeune homme à un arbre, on lui appliqua quinze coups de bâton sur le dos, puis on le lâcha en le menaçant de le pendre s'il osait se représenter.

M. Dillon et M. Grisar, consul intérimaire des Belges, firent, de concert, des démarches auprès des autorités. On les renvoya d'un tribunal à l'autre. Alors ils saisirent de l'affaire M. Hoffman, juge de la cour fédérale du district. Sur l'ordre de ce magistrat, le marshal des Etats-Unis se rendit sur les lieux, et arrêta quelques-uns des meneurs. Le jeune Prothin l'ayant accompagné, eut l'imprudence d'y demeurer après lui. Les squatters tombèrent sur l'infortuné jeune homme et le traînèrent au milieu des massifs voisins, décidés à lui faire un mauvais parti. Heureusement on arriva à temps pour le sauver. L'affaire s'arrangea : les squatters payèrent aux deux Belges une indemnité de $300 et tout fut dit.

SAUCELITO — Les fermiers, établis de l'autre côté de la baie de San Francisco, étaient fréquemment les victimes de vols de bestiaux. Un délit du même genre s'étant commis près de Saucelito, au mois de décembre 1853, les soupçons se portèrent sur huit Français, employés dans le voisinage. On les arrête; mais après les avoir gardés sous clé pendant trois mois, on reconnaît leur innocence et on les remet en liberté.

Deux autres Français, dont nous allons parler, furent moins heureux.

AFFAIRE RAGOT ET DUPONT, A SAN LÉANDRO CREEK —
Th. Ragot et J. Dupont, demeurant à San Léandro Creek, près de San Antonio (aujourd'hui Brooklyn), écrivent au journal *Le Messager* de San Francisco pour lui raconter la mésaventure qui venait de leur arriver. C'étaient de pauvres gens, parfaitement honnêtes, vivant de peu et cultivant un petit lopin de terre. A diverses reprises, des voisins les avaient menacés de s'en prendre à eux, des vols dont ils avaient à se plaindre. Enfin, le 5 août 1854, un samedi, une vingtaine d'individus, armés de revolvers, arrivent et, sous prétexte qu'on avait enlevé un bœuf à l'un d'eux, ils s'emparent de la personne de Dupont. Malgré ses énergiques protestations d'innocence, ils lui lient les pieds et les mains, le traînent sous un arbre, lui passent le bout d'une corde au cou, et jettent l'autre bout par dessus une branche....... Pourtant ils reculent devant la perpétration d'un crime si abominable; mais ils découvrent les reins du patient, le frappent de leurs bâtons et ne s'arrêtent que lorsqu'ils sont las de frapper. Puis ils le chassent ainsi que Ragot, menaçant de les pendre haut et court s'ils osaient jamais remettre le pied dans le pays.

DEUX BOUCHERS FRANÇAIS PENDUS A SAN ANTONIO —
Cette scène barbare n'a été que le prologue d'un drame véritable qui se passa peu de temps après.

Deux bouchers, Amédée Camus et Pierre Archambault, s'étaient associés à San Antonio. Ils achetèrent à des Chiliens des bestiaux volés et reconnus par les vrais propriétaires. Des habitants de Redwoods et quelques autres individus vinrent aussitôt incendier la maison et le *corral*(¹) des deux Français et menacèrent de brûler toute vive une malheureuse femme qui, à genoux, implorait leur pitié. On lui fit grâce; mais on s'empara de Camus et d'Archambault, et on les pendit sans aucune forme de procès. Le Consul de France, averti de ce qui se passait, arriva trop tard pour les arracher à la mort, mais à temps pour sauver deux autres malheureux Français, considérés comme complices. Ceux-ci furent conduits en prison, au milieu d'une grêle de balles que la foule faisait pleuvoir sur eux. Après une année de détention, leur innocence étant reconnue, on les remit en liberté.

Détail piquant et caractérisque des mœurs du temps :

D'après l'*Evening News*, journal américain publié alors à San Francisco, le véritable chef des voleurs de bestiaux n'était autre que le nommé Carpenter, constable de Clinton!

Les Frères Cadet — Les frères Julian et Cadet Bigard, mieux connus sous le nom de frères Cadet, travaillaient depuis trois ans dans un claim à Robinson Ferry, sur la rivière Stanislas.

En 1858, ils recommencèrent leurs travaux de barrages, refoulant les eaux de la rivière dans un claim situé plus haut. A ce sujet, ils eurent des discussions violentes avec des Américains, leurs voisins. Le 4 août, ces derniers se présentèrent pleins de menaces. En ce moment, Cadet était en train de charrier de la terre avec une brouette

---

(1) — Étable.

qu'il conduisait sur une planche jetée en forme de pont sur un bras de la rivière. Un des Américains, nommé Crooks, retire violemment la planche de dessous ses pieds, et le fait tomber dans l'eau. Cadet se relève furieux. Doué d'une force peu commune, il saisit trois individus qui s'étaient précipités sur lui et les pousse à son tour dans l'eau. Puis, se voyant aux prises avec de nouveaux assaillants et sur le point de succomber, il appelle son frère à son aide. Celui-ci, petit de taille, mais excellent tireur en sa qualité d'ancien soldat, prend son fusil et tue un des hommes qui tenaient Cadet et en blesse grièvement un autre. Le nombre des agresseurs, augmentant sans cesse, les deux frères se hâtent de rentrer dans leur cabine, emportent leurs munitions et s'enfuient. Poursuivis par des gens armés, ils font volte-face, tirent dans le tas et reprennent leur course sans qu'il fût possible de mettre la main sur eux. On ignore ce qu'ils sont devenus.

Dans cette déplorable affaire, les frères Cadet tuèrent trois hommes et en blessèrent trois.

Arrivés en Californie en 1849, ils avaient toujours passé jusqu'alors pour des gens paisibles et parfaitement honorables.

Dans son histoire de San Francisco, M. Hittell fait allusion aux mauvais traitements essuyés par nos compatriotes. Non-seulement il condamne ces actes de violence; mais il les déplore dans l'intérêt de la Californie. Si les Français, dit-il, avaient reçu un accueil favorable, une bien plus forte immigration française serait venue contribuer au développement de nos ressources minières, commerciales, industrielles et agricoles.

L'Orégon.

Ce vaste pays, découvert par les Espagnols, devint plus tard une annexe du Canada et, partant, une colonie française.

Au mois de mai 1792, un navire américain, le *Columbia*, entra dans le fleuve Orégon auquel le capitaine donna le nom de son vaisseau.

Vers 1811, John-Jacob Astor, né Allemand mais naturalisé citoyen des Etats-Unis, fonda près de l'embouchure de ce magnifique cours d'eau, un établissement pour le commerce de pelleterie, et lui donna le nom d'Astoria.

Les Anglais s'emparèrent du *settlement* pendant la guerre de 1812. Le traité conclu, en 1846, entre la Grande-Bretagne et les Etats-Unis, attribua au premier de ces pays tout ce qui est au nord du 49° de latitude, et au second, ce qui est au sud.

L'Orégon fut érigé en Etat en 1858.

Les premiers Français, arrivés du Canada dans l'Orégon, y avaient été amenés par la Compagnie d'Hudson, qui les employait comme trappeurs. A Vancouver, sur le Columbia, où elle éleva un fort, elle établit aussi une Mission et un magasin.

M. de Saint-Amant raconte dans ses relations de voyage en Orégon (1851), qu'il y a rencontré des "Français de France" et des Français du Canada. Les premiers étaient venus de Californie. Il s'y trouvait aussi des Missionnaires de notre nationalité, envoyés par la "Propagation de la Foi", et qui étaient arrivés par voie de terre. Le clergé catholique se composait presque entièrement de Français. Deux établissements de sœurs de Notre Dame de Namur se vouaient à l'enseignement.

La vaste plaine, qui s'étend entre La Butte et le lac Labish et connue sous le nom de "Prairies françaises", avait une population de plus de 1200 âmes : Canadiens-français mariés pour la plupart à des Indiennes et adonnés à l'agriculture. Ils avaient d'abord vécu en concubinage avec ces femmes sauvages, achetées à leurs parents, selon les mœurs locales ; mais le Missionnaire Blanchet, nommé plus tard archevêque de l'Orégon, les baptisa et en fit de légitimes épouses. Aujourd'hui, les Canadiens français sont au nombre de 3,000 environ.

PORTLAND, la métropole commerciale de l'Etat, a une population de plus de 30,000 âmes. Nos compatriotes y sont au nombre de cent à cent cinquante ; plusieurs occupent une fort belle position. L'Orégon est un pays essentiellement agricole, riche en troupeaux et couvert d'immenses forêts de pins qui fournissent d'excellent bois de construction. Salem est la capitale.

VICTORIA (île Vancouver), attira, en 1858, un grand nombre de nos compatriotes. Ils fondèrent, le 24 février 1860, une Société de Bienfaisance et de Secours Mutuels avec une Maison de Santé. M. Driard en fut le premier président. La petite colonie française disparaissant peu à peu, la Société s'est dissoute.

IV

Les Français a San Francisco.

Caractère particulier de l'immigration française — Quelques types — Le comte de Raousset-Boulbon, le marquis de Pindray, Jules de France — Le commerce français — Influence exercée par nos compatriotes — M. Ploche — Vie sociale — Théâtres et artistes dramatiques français — Institutions françaises — La presse franco-californienne — Journalistes et poètes — La colonie française peinte par les Américains.

Nous avons déjà dit que, dans le principe, les Français formaient la population étrangère la plus remarquable et la plus importante, au point de vue du nombre et au point de vue des éléments qui la composaient.

Expliquons-nous.

Les émigrants de race espagnole, Mexicains, Chiliens, etc., étaient presque tous des travailleurs, sans capitaux et sans éducation. Les Irlandais et les Allemands appartenaient aussi généralement, par leur origine, aux classes laborieuses et rurales.

Il n'en était pas de même de nos compatriotes. Par leurs allures, leurs idées, leurs sentiments, leurs professions, leurs habitudes et leurs mœurs, ils présentaient dans leur ensemble, le caractère et la physionomie d'une population urbaine. Les ouvriers, de divers métiers, étaient nombreux ; mais il y avait aussi des capitalistes, des négociants, des médecins, des professeurs, des notaires, des architectes ; plus, un certain nombre d'anciens fonctionnaires publics, des journalistes, des hommes de lettres, des proscrits politiques, etc.; bref, beaucoup d'éléments excellents, avec un mélange de déclassés.

Les plus pauvres et les plus laborieux, fixés à San Francisco, trouvaient des ressources dans le génie inventif de leur race. Ils imaginaient toutes sortes de petites industries, et savaient les exploiter avec adresse. Les uns allaient chercher du bois sur les collines environnantes pour le revendre, gagnant ainsi de 4 à 5 dollars par jour ; d'autres cueillaient des herbes sauvages que les Vatels de la ville accommodaient en salade. Quelques-uns encore se faisaient marchands de bouquets, ou bien, à l'exemple des frères Bouffard et du marquis de la P....., s'établissaient comme jardiniers à la Mission, au Présidio et ailleurs. D'autres, enfin, s'improvisaient voituriers, débardeurs, laveurs de vaisselle, garçons de salle, etc. Maints personnages de race noble furent réduits à demander, aux situations les plus humbles, des moyens d'existence. On raconte, comme incidents caractéristiques de cette époque légendaire, des faits tels que celui-ci : Un monsieur, fort bien mis, entre dans un restaurant à la mode. Un garçon accourt. Le client le regarde, pousse un cri de surprise, puis dit à l'homme à la serviette : Comment ! c'est toi, marquis ?''..... C'était un marquis, en effet, que la faim avait forcé de cacher ses parchemins, sous son modeste tablier blanc.

Les anciens Californiens se rappellent aussi un certain vicomte de F...... passé à l'état de *bonne*. On le voyait, dans les rues, traîner au soleil une petite voiture, renfermant les enfants confiés à ses soins.

Pendant que ceci se passait à San Francisco, des Français, établis dans la vallée de Santa Clara, se livraient au jardinage, à l'agriculture, et faisaient venir de France des boutures, de jeunes plants d'arbres, des ceps de vigne, et des semences de fleurs les plus variées. Aussi vit-on bientôt les fruits et les légumes faire leur apparition sur le marché à des prix abordables. Les pommes de terre, par exemple, tombèrent de 15 à 6 cents la livre. Il en fut de même du reste.

Un métier auquel un citoyen blanc de la libre Amérique ne s'abaissera point, c'est celui de décrotteur. Or, on sait quel était l'état de saleté des rues de San Francisco à cette époque. Il y avait donc là, pour les pauvres gens, une source de revenus, d'autant plus que le nettoyage d'une paire de bottes se payait 50 sous. Des Français, notamment des déclassés, s'emparèrent de la situation en y mettant parfois une pointe de fantaisie, et de coquetterie artistique propre aux Gaulois. L'un d'eux se servait, pour son travail, d'un couteau à lame d'or qu'il faisait miroiter avec complaisance aux yeux de ses clients. Un autre cultivait les muses à ses moments de loisir et publiait dans les journaux des vers fort bien tournés.

Entre autres personnages arrivés en 1850, signalons le marquis de Pindray et le comte de Raousset-Boulbon.

Comme ils ont joué un rôle historique, nous leur consacrerons un chapitre spécial. Disons, dès à présent, quelques mots du vicomte Jules de France, l'individualité la plus marquante parmi les nombreux dévoyés dont nous avons parlé.

C'était un homme jeune encore, grand, élancé, aux cheveux et à la moustache noirs, ayant les allures à la fois fières et débraillées d'un don César de Bazan. Doué d'un esprit vif et brillant, il publia la première feuille en langue française qui parût à San Francisco. Hélas! elle vécut ce que vivent les roses : l'espace d'un matin. Jules de France écrivit plus tard une petite pièce satirique intitulée : "Monsieur Gogo en Californie" et représentée, en juin 1852, au théâtre français de notre ville. Elle ne manquait, ni de sel, ni de couleur locale.

Malheureusement Jules de France, avec ses habitudes de Bohême, était peu fait pour réussir dans ce pays. Réduit aux plus tristes expédients, il y traîna, pendant quelques années, une misérable existence. Enfin, grâce à ses amis, il put s'embarquer pour la Havane où il mourut peu de temps après son arrivée.

Revenons aux éléments sérieux de l'immigration française.

Ceux de nos compatriotes, qui avaient apporté des capitaux et des marchandises, fondèrent des maisons de banque et des magasins, rivalisant sans désavantage avec les meilleurs établissements du même genre ouverts par les Américains et les Anglais. Nous en avons nommé plusieurs dans un chapitre précédent.

A vrai dire, le commerce français constituait, en 1851, une partie importante du commerce général, ainsi que l'attestent les statistiques officielles. Les droits perçus à la douane, depuis le 1er janvier jusqu'au 31 décembre de cette année, s'étaient élevés à $2,296,636, s'appliquant à des valeurs dont le total était de $8,047,595. Or, la France seule figurait dans ce dernier chiffre pour $2,040,000, ou pour plus du quart.

Durant la même année, il était entré dans le port de San Francisco 51 navires français, dont 39 venant directement de France, les autres de Montévidéo, de Sydney et de Valparaiso.

Les principaux objets, importés de France, étaient les hautes nouveautés, les articles de Paris, les conserves de Nantes et de Bordeaux, les savons et les huiles de Marseille, les vins et les eaux-de-vie. Le vin de Bordeaux était très recherché, non-seulement comme boisson très agréable au goût, mais comme un excellent remède contre le scorbut, qui sévissait alors parmi les mineurs, par suite de l'absence des légumes et de l'abus des viandes salées dans l'alimentation. Ces articles français, naguère peu connus, ne tardèrent pas à rentrer dans les habitudes des Américains et des étrangers riches ou aisés.

L'influence française s'est manifestée à San Francisco par des éléments divers. Le lecteur sourira peut-être si, parmi ces éléments, nous mentionnons l'art culinaire de nos *chefs*. Certes, on ne vit pas pour manger; mais savoir manger, c'est presque savoir vivre en société. Brillat-Savarin, qui était un grand philosophe, disait : "Dis-moi ce que tu manges[1] et je te dirai qui tu es." Eh bien, sous ce rapport, les Français ont, croyons-nous, exercé sur les mœurs, sur les relations de famille, et sur les relations sociales, une action plus bienfaisante qu'un vain peuple ne pense.

Nos négociants ont acclimaté dans ce pays le goût du beau en important, et en jetant sur le marché les articles si variés de Paris, les riches et magnifiquees étoffes de Lyon et tous ces objets de toilette dont la France possède le secret de fabrication. Nos gracieuses compatriotes, de leur côté, ont, en fait de modes, donné le ton à la colonie féminine, et valu, pour une bonne part, aux dames de Californie, cette réputation d'élégance qu'elles méritent si bien.

L'influence du goût français s'est, en outre, fait remarquer dans le genre d'architecture adopté pour nos principales maisons d'habitation et quelques-uns de nos grands édifices publics auxquels leurs toits à mansardes donnent une physionomie toute parisienne.

Ce sont encore les Français qui ont répandu, parmi les Américains riches, le goût des arts, et qui leur ont inspiré le désir d'orner l'intérieur de leurs somptueuses résidences des belles œuvres de nos peintres et de nos sculpteurs.

L'industrie naissante du pays doit beaucoup elle-même aux ouvriers habiles en tous genres que la France lui a envoyés.

Enfin, pour terminer cette énumération, ajoutons que les capitaux français ont puissamment contribué à dévelop-

---

[1] — On pourrait compléter l'aphorisme par ces mots : et comment tu manges.

per les ressources naturelles de la Californie. On évalue à plus de cent millions de francs les sommes ainsi placées par nos compatriotes depuis 1850 jusqu'à 1870.

A ce propos, nous croyons devoir consacrer quelques lignes à M. F. L. A. Pioche, qui a joué un rôle important dans ce pays.

M. Pioche, arriva du Chili à San Francisco en 1849. Il ouvrit d'abord une maison de banque et de consignation. Puis, dans un voyage qu'il fit en France, il recueillit des fonds considérables avec lesquels il revint établir une grande maison d'affaires.

C'était un homme qui joignait le goût des grandes entreprises à l'amour des beaux-arts et aux plus généreux sentiments du cœur. Artiste lui-même, très instruit, Français jusqu'au bout des ongles, il avait malheureusement le caractère faible, et se laissait facilement influencer par une foule de parasites qui l'exploitaient. Il manquait aussi de ce jugement droit et solide, qui fait le véritable homme d'affaires.

Maniant à pleines mains l'or qui lui avait été confié, il se lança à perte de vue dans des entreprises colossales. C'est à lui qu'on doit les deux premiers chemins de fer de ce pays: celui de Sacramento à Folsom, et celui de la rue Market, à San Francisco. Il fit exécuter, dans le comté de Nevada, des réseaux de canaux pour l'exploitation des mines, et de grands travaux à l'hydraulique sans pareils jusqu'alors. Il attacha son nom au chef-lieu d'un comté qu'il contribua plus que tout autre à peupler et à enrichir. Il fit construire des wharfs et les premiers entrepôts de San Francisco. L'agriculture et l'élevage reçurent aussi de lui de précieux encouragements. En un mot, partout où il s'agissait d'imprimer une forte impulsion à des œuvres grandes et utiles au pays, se montrait la main de Pioche, répandant à flot l'argent français.

Hélas! ni lui ni ses bailleurs de fonds ne jouirent du fruit de ces riches semailles. Une crise prolongée amena une dépréciation énorme des valeurs mobilières et immobilières dans lesquelles il avait tout engagé.

Poussé par les demandes de remboursement des milliers de nos compatriotes à qui, de bonne foi, il avait fait les plus brillantes promesses, il se laissa aller au découragement et succomba à ses remords.

Un matin — le 2 mai 1872 — on le trouva sans vie, tenant encore dans sa main crispée le pistolet avec lequel il venait de mettre fin à sa carrière.

Pendant les premières années, nos compatriotes passaient leurs heures de loisir, comme tout le monde, du reste, à San Francisco, dans les cafés, les buvettes, ou les maisons de jeu. A cette époque, les passions politiques étaient dans toute leur acuité. Bonapartistes et républicains se livraient à des joûtes oratoires ardentes, comme si le sort de la patrie devait en dépendre. Et, plus tard, si les uns fêtaient le 15 août, les autres ne se faisaient pas faute de célébrer avec enthousiasme le 24 février.

L'arrivée de la femme ouvrit une ère nouvelle.[1] Nous parlons, bien entendu, de la femme bien élevée, res-

---

(1) — La première française à San Francisco fut, dit-on, une madame Napoléon.

pectée de tous, et sachant se créer un intérieur agréable et hospitalier. Des liaisons intimes se formèrent entre certaines familles, attirées les unes vers les autres par des affinités de goût et d'éducation. Le consulat devint le centre de ce petit monde élégant en voie de formation, et dans lequel étaient admises plusieurs personnes d'origine louisianaise.

M. de Saint-Amant qui était en Californie, en 1851 et en 1852, et qui a publié une relation de son voyage, fait une critique très vive de la société française de San Francisco. " C'est," dit-il, "par le langage que nous péchons; nous sommes souvent et sans nécessité, un peu bavards et très grands *cancanniers*, Quand le chapitre de la médisance est épuisé, on passe à celui de la calomnie. San Francisco est bien *petite ville* sous ce rapport. On y est méchant, infiniment plus méchant qu'on ne croit l'être. Heureusement que ce travers nous est reconnu par les étrangers, et qu'ils ne nous jugent pas sur les rapports que nous faisons les uns sur les autres...... C'est un tort très grave qui ne sert qu'à amoindrir, s'il ne finit pas par tuer, calomniateurs et calomniés."

En écrivant ces lignes, M. de Saint-Amant n'était-il pas dominé, lui-même, par cet esprit de petite ville qu'il condamne avec tant de raison ? Dans tous les cas, nous aimons à croire qu'aujourd'hui nous sommes exempts de ce vilain défaut ? Qu'en dites-vous, chers lecteurs et chères lectrices de San Francisco ?

Un genre d'amusements très goûté de nos compatriotes, c'était le théâtre. Une jolie petite salle de spectacle avait été construite au mois d'avril 1850, dans la rue Washington, près de la rue Montgomery. On y donnait des vaudevilles, sous la direction de M. Delamare. Fort simple de construction, elle contenait au parterre et dans la galerie, environ quatre cents places, à cinq dollars indistinctement. La première pièce qu'on y joua était intitulée *Bruno le Fileur*, du Palais-Royal. [1]

En 1852, une excellente troupe donnait des représentations au théâtre Adelphi, construit par des Français, l'année précédente, et situé rue Dupont, entre les rues Clay et Washington. Le directeur, Alexandre Munié, était lui-même un comédien de très grand talent. On remarquait dans cette troupe, Paul Sasportas que nos anciens Californiens n'ont pas oublié; Fayol, que Charles Duane, alors la terreur de la ville, blessa, sans motif connu, d'un coup de pistolet à la sortie du théâtre;[2] et Mmes Munié, Nelson, Eléonore, Racine et Adalbert.

La première pièce jouée à Adelphi fut la *Dame aux Camélias*.

Une nouvelle troupe arriva bientôt après et monta par actions le *Théâtre Union*, situé rue Commercial, entre les rues Kearny et Dupont. Il fut inauguré le 13 septembre 1853, avec la *Biche au Bois*.

Pendant longtemps, on joua tous les dimanches dans les deux salles. Nous croyons faire plaisir aux survivants

---

(1) — Henry Herz, pianiste et compositeur français célèbre, arriva en Californie le 1er avril 1850, et donna des concerts à San Francisco et à Sacramento. Il était assisté de Madame Lacombe, pianiste, et de Hennecart, chanteur.

(2) — Fayol fit, plus tard, partie de la première expédition de Raousset-Boulbon ; il fut tué à la prise d'Hermosillo.

de ces anciens jours, en reproduisant le programme de deux représentations données le même soir.

Théatre Adelphi. Première représentation de la *Fille du Régiment*, par Mmes Planel, Racine, Ronconviéri et par MM. Laglaise, Coulon, Ronconviéri, Yomini et Edmond.

Prix des places : Loges, $4,00 ; cercle et parquet, $3,00 ; galerie, $2,00 ; amphithéâtre $1,00.

Union Théatre. Deuxième représentation de la *Biche au Bois*, ou le *Royaume des Fées*, par Mmes Munié, Eléonore, Bonnet, Sandié, Nelson, Dimier, Fanny, Castellan, Eugénie, Pauline, Cécile, Dabberville, et par MM. Léonard, Georget, Thiéry, Berthelon, Edouard, Jules, Bellancourt, Schemmel, Arthur, Charlet, Bonnet, Eugène, Duchet, Bouchet, Delaunay et Charles.

Le 25 septembre, Bonnet, ex-artiste du théâtre Historique de Paris, fit son vrai début en Californie au *Théâtre-Union* dans le rôle de *Sylvain*, de *Claudie*, par G. Sand.

Le même soir, on donnait à Adelphi, la *Favorite*, tandis qu'à l'Américan Théâtre, jouait la *Famille Rousset*.

Citons deux autres artistes de talent faisant partie de ces compagnies : Tallot et Mme Foubert.

Mlle Elisa Pitron, du théâtre des Variétés à Paris, une étoile qui a jeté un vif et durable éclat sur la scène française de San Francisco, fit ses débuts à Adelphi, le 31 décembre 1854, dans le *Démon de la Nuit*, avec Fanny, Munié et Bonnet.

A la même époque, Adelphi avait une compagnie

composée, entre autres, de Mmes Sandié, Eléonore, Fanny, et de MM. Adolphe Loiseau, Georget, Bonnet, Douchet, Charlet, etc.

Plus tard arrivèrent successivement la très populaire Léontine, Mmes Armand, Castillan et Balagny; cette dernière jouait les Déjazet.

Les spectacles français, pendant plusieurs années furent très courus par nos compatriotes, et par des personnes d'autres nationalités. Mais peu à peu, d'hebdomadaires les représentations devinrent bi-mensuelles; puis elle s'espacèrent encore davantage; enfin elles n'eurent plus lieu qu'à des époques indéterminées.

Nos artistes ont certainement exercé une influence sérieuse sur l'art dramatique dans ce pays. Beaucoup d'entre eux, élevés à la bonne école, ont servi de modèle aux artistes américains qui, il y a quelques années, semblaient ignorer, ce qui, au fond, constitue le talent du véritable comédien, c'est-à-dire, le naturel. A l'appui de cette opinion, nous publions l'extrait suivant du *Chronicle*, du 11 mai 1884.

"Si une bonne compagnie française pouvait se former, nous aurions l'occasion de voir Sardou et les autres bons auteurs, comme les voient les Parisiens, et nous acquerrions, en matière de théâtre, une éducation qui nous aiderait considérablement à comprendre la valeur et la signification de l'art dramatique."

M. Paul Juignet, artiste très distingué, fait, depuis quelques temps, de louables efforts pour reconstituer à San Francisco un théâtre français.

A part les réunions de la Société de Bienfaisance Mutuelle, et quelques autres ayant un but spécial, les spectacles étaient la seule occasion pour les Français de se réunir en grandes masses, de se voir et de s'apprécier. Cependant à diverses reprises, des tentatives avaient été faites pour établir entre eux des liens plus intimes. Ainsi au mois de décembre 1852, eut lieu à *Guillaume Tell House*, rue Pacific, une réunion en vue de fonder la *Société Lyrique des Enfants d'Apollon*. M. Edmond Saunois, en était le président provisoire. L'année suivante se forma la *Compagnie Lafayette des Echelles et Crochets* dont il sera question dans une autre partie de ce livre.

Dès 1851, on vit s'établir des écoles françaises. M. Mibielle fonda un collége au Pueblo de San José, pour l'enseignement du français, de l'espagnol et de l'anglais. En 1853, Mme Petibeau et Mlle Macy, d'une part, et Mlle Tournache, de l'autre, ouvrirent à San Francisco un pensionnat de jeunes filles. Une institution du même genre, qui acquit une grande importance, fut établie plus tard, rue Stockton, par M. et Mme Planel; la musique et le chant y étaient l'objet de soins particuliers.

Nous avons dit que Jules de France avait fait paraître le premier journal français en Californie; mais celui à qui appartient l'honneur d'avoir fondé sérieusement la presse française dans ce pays, c'est M. Etienne Derbec.

Ancien typographe au *Journal des Débats*, il arriva en Californie en 1850. Après avoir tenté la fortune comme mineur, il se fixa à San Francisco et, à partir du mois de septembre 1851, collabora à une petite feuille américaine appelé *Pycayune*, à laquelle il fournit une colonne de texte français. Il entra ensuite, dans les mêmes conditions, au *Daily Evening News*.

Enfin, le 1er juin 1852, il fonda, avec M. La Reintrie, l'*Echo du Pacifique*, qui avait à sa quatrième page une partie espagnole, sous le titre de *Eco del Pacifico*. Le journal paraissait tous les deux jours, en un format bien moins grand que celui du *Courrier* actuel. Chaque numéro publiait la liste complète des lettres arrivées en ville et destinées aux Français, aux Belges, aux Espagnols, aux Suisses et aux Italiens.

Ce premier numéro contenait, comme nouvelles de France, le texte du discours prononcé par Louis Napoléon, président de la République, à la cérémonie d'installation du Corps Législatif et du Sénat, le 29 mars précédent — nouvelles, vieilles de plus de deux mois; — plus, la lettre collective par laquelle le général Cavaignac et MM. Hénon et Carnot, élus députés, refusaient de prêter le serment prescrit par Napoléon. Il donnait aussi les annonces suivantes :

Cobb et Cie, encanteurs et commissionnaires — Librairie française et espagnole tenue par de Massey et Finance — Delessert, Ligeron et Cie, banquiers — E. Dauguy, importateur — Lebatard, vins et liqueurs — Café des Artistes, 2 billiards, 50 cents la partie, le jour et $1,00 à la lumière, tenu par Gauthier. On y trouvait des renseignements pour les nouveaux débarqués — Hôtel et restaurant de l'*Europe*, dîner à 75 cents. Dans les quelques numéros suivants, on trouve les annonces ci-après :

Maison de banque de Burgoyne et Cie, celle de B. Davidson — V. Marziou et Cie — Godefroy, Sillem et Cie — P. Maury, Jr. — Grisar et Cie — Rousset, Auger et Cie — A. Expert — Rébard frères, chapeliers — Pharmacie française, Riofrey et Guichard — Bigarel, tailleur — Kaindler frères, rue Clay — Mme de Cassins, la célèbre devineresse — Cabinet français de lecture, 5,000 volumes, rue Montgomery.

On se rappelle que la mort tragique de Lincoln provoqua à San Francisco, le 15 avril 1865, une véritable émeute, dirigée contre les journaux démocratiques suspects, à tort ou à raison, de sympathies pour la cause sudiste.

Deux feuilles françaises, entre autres, furent désignées à la rage populaire : le *Franco-Américain*, publié par M. J. B. J. Chamon, et l'*Echo du Pacifique*.

A l'*Echo*, dont le siége était alors rue Sacramento, au-dessus des bureaux de l'*Alta California*, l'alarme fut donnée, vers une heure de l'après-midi, par M. Raphael Weill. Celui-ci avait eu à peine le temps de s'expliquer, qu'on entendit s'élever du dehors, des rumeurs et des cris de menace.

Après avoir fermé la porte de fer de la rue, M. Derbec obligea ses employés et ses compositeurs à prendre la fuite, ce qu'ils ne purent faire qu'en passant sur les toits des maisons voisines ; puis, il resta seul, armé d'un revolver, pour tenir tête à l'orage.

Les émeutiers essayèrent de pénétrer dans l'établissement ; mais, sur les vives instances des éditeurs de l'*Alta*, ils consentirent à nommer un délégué, chargé d'imposer leurs conditions à M. Derbec. On exigeait de lui, comme satisfaction à donner au *peuple*, qu'il jetât par la fenêtre une partie de son matériel. M. Derbec s'y refusa dans les termes les plus énergiques, protestant qu'il n'avait rien fait pour justifier les accusations dont il était l'objet. Il demanda, en même temps, à être jugé par un tribunal régulier.

La police s'était empressée de se rendre sur le lieu du tumulte, mais elle fut impuissante à le calmer. On appela alors les troupes fédérales, cavalerie et infanterie ; mais leur intervention n'eut pas plus de succès. Enfin, vers cinq heures, le général McDowell, commandant des forces militaires des Etats-Unis sur la côte du Pacifique, fit son apparition. Il harangua la foule et réussit à la dissiper paisiblement.

Le général fit ensuite occuper les ateliers de l'*Echo*, par un détachement de soldats, et ne permit à M. Derbec d'en reprendre possession que sur sa promesse formelle de cesser la publication du journal. Quand notre compatriote put, au bout de trois semaines, rentrer chez lui, il trouva le matériel de son imprimerie complètement détérioré, par le fait même des soldats qui devaient le protéger.[1]

Le 7 mai suivant, M. Derbec fit paraître le *Courrier de San Francisco*. Dans un article imprimé en tête du premier numéro, on lit les lignes suivantes :

"Plusieurs imprimeries avaient été mises à sac lors-

---

[1] — Voir *Derbec Claim before the French and American Commission*. MM. Derbec et Chamen requrent, de la ville, une indemnité bien inférieure à la perte matérielle qu'ils avaient subie.

que les émeutiers se portèrent sur les ateliers de l'*Echo* pour les détruire aussi. Mieux que personne, nos lecteurs savent qu'une pareille manifestation était imméritée, et que rien, absolument rien, ne la justifiait.

"Nous devons nous hâter de dire qu'en ce qui concerne l'*Echo*, elle ne fut pas l'œuvre de la population américaine, mais de quelques étrangers de toute provenance, ennemis personnels, concurrents tombés, qui ont ameuté la foule et l'ont conduite contre nous. La protection active qui nous a été accordée par les autorités et par les habitants, a, seule, déjoué leurs projets."

Le journal, *Le Messager*, parut, pour la première fois, le 16 août 1853: A. de La Chapelle, Pennequin et Cie, éditeurs. Plus tard, ce journal passa aux mains de MM. de La Chapelle et L. Albin père. Il paraissait trois fois par semaine, et était l'organe des Français républicains, comme l'*Echo* était l'organe du parti conservateur. Il cessa d'exister en 1857.

Le *Phare* fut créé, le 20 juillet 1855, par Bachelier, qui en céda la propriété, le 8 décembre suivant, à M. Herre moyennant 105 dollars, tout en conservant le titre de rédacteur. Bachelier était une nature ardente, et ses articles respiraient un esprit très vif et très enthousiaste de patriotisme. Il mourut peu de temps après la fondation du journal. Le *Phare* passa ensuite aux mains de MM. Rapp et Hinton, et eut successivement pour rédacteurs, MM. Léon Chemin, L. Nolf et Henri Dupouey. M. Chemin fut longtemps aux prises avec M. Thiele, rédacteur d'une feuille rivale, le *National*; Le *Phare* disparut en 1863.

Plus de trente journaux ou publications périodiques françaises virent le jour à San Francisco et n'eurent qu'une existence éphémère. On en fonda même hors de San Francisco. M. de Courcy publia, en 1852, la *Chronique de Calaveras*, à Mokelumne Hill. A Sacramento, parut pendant quelque temps, et à la même époque, une partie française dans une feuille américaine.

De tous ces journaux il ne reste plus que le *Courrier* et le *Petit Journal*, feuille hebdomadaire, fondée il y a treize ans, à San Francisco, par M. G. Francfort. C'est, après le *Courrier*, le journal français qui a eu la plus longue durée en Californie.

A Los Angeles, fut créée, il y a quelques années, *L'Union*, feuille hebdomadaire comme toutes celles publiées dans cette ville ; elle est morte en 1878. Le docteur Pigné-Dupuytren essaya de la ressusciter, mais ne put la faire vivre. En 1879, M. Ganée fonda l'*Union Nouvelle* qui existe encore ; enfin, le 11 octobre 1884, a paru le premier numéro du *Progrès*, directeur-gérant : M. A. Charruau, auquel vient de succéder M. de la Harpe.

Outre les journalistes déjà nommés, beaucoup d'hommes de lettres, et même des poètes, se sont fait un certain nom dans la colonie.

Parmi les journalistes, citons MM. le Dr. Pigné-Dupuytren, Lepreux, Héritier,[1] A. Gandonnière, le Dr. Toubin, Albin, Emile Marque, qui a tenu la plume au *Courrier de San Francisco* pendant dix ou douze ans, et A. Loiseau, qui est aujourd'hui le rédacteur de ce journal.

En tête des poètes français-californiens, il convient de

---

(1) — Ancien secrétaire du duc de Morny. Il a publié, à San Francisco, la *Revue Californienne*, avec A. Gandonnière et le Docteur Toubin.

placer Pierre Cauwet. Le 4 mai 1852, il commença, sous le titre de *Petits Drames Californiens*, une publication en vers, dont la première partie était intitulée *Stockton, le Charenton de Californie*, et avait pour sous-titre, le *Fou*. En 1867, il fit paraître, chez H. Payot, un recueil de poésies très remarquables, et lors des manifestations patriotiques qui éclatèrent en Californie pendant l'année terrible, il fut véritablement le poète inspiré de la colonie française.

Nous avons aussi trouvé, dans la collection des journaux, des poésies de MM. H. Rouhaud, à Murphy (1853), Davin, Toubin, Léonard B., L. Chemin, Deschamps, E. Grisar, auteur des *Cloches*, Desforges, Million, A. Masson, le docteur Dépierris et A. Flamant.

M. Laroche a fait paraître un petit recueil de fables, et M. Henri Prosper, mineur à Diamond Springs, publie de temps en temps dans le *Courrier*, des histoires gauloises et des souvenirs personnels qui prouvent que l'esprit rabelaisien n'a rien à redouter de l'atmosphère des placers.

Nous terminerons ce chapitre par deux tableaux représentant notre colonie peinte par des Américains. L'un est emprunté à l'*Alta California*, du 13 mai 1853, et l'autre aux *Annals of San Francisco*, publiées en 1855.

"Il y a environ six mille Français dans cette ville. Ils exercent toutes sortes de professions. Ils sont banquiers, médecins, spéculateurs en terrains, importateurs et courtiers en gros, marchands au détail, artisans, manœuvres. Une bonne partie d'entre eux sont riches, et presque tous sont laborieux et de bons citoyens. Ils nous sont venus de tous les points de la France : de Paris, de Marseille, de Lyon, de la Normandie, de la Bretagne, de l'Alsace, de la

Suisse française, de la Louisiane, du Canada. Tous portent sur eux les traits caractéristiques du Français: aimant à vivre en société, ils parlent tant qu'ils ne dorment pas et gesticulent tant qu'ils parlent. Bien peu de ceux qui viennent de France ont l'intention de s'établir définitivement en Californie. Ils soupirent après le moment où ils auront amassé assez du métal brillant pour retourner dans la belle France et y vivre d'une existence aisée et indépendante. Ils apprennent la langue anglaise très négligemment, sans doute, par cela même, qu'ils n'ont pas l'intention de se fixer ici. Ils ne peuvent s'empêcher de comparer la Californie, telle qu'elle est après sa croissance de cinq ans, avec leur patrie, telle que l'ont faite mille années ; et, à ce point de vue, la comparaison n'est pas flatteuse pour la première. Cette intention, générale chez eux, de retourner en France, est une erreur dont beaucoup ne tarderont pas à se repentir.

"Ils se plaignent d'avoir eu à subir des injustices de la part des Américains. Certes, beaucoup en ont eu à subir, pareils en cela, à bon nombre d'Américains mêmes. Une raison pour laquelle les Français ont eu à essuyer des vexations, c'est qu'ils n'ont, ici, aucune valeur politique ; ils n'ont pas même cherché à devenir citoyens, et n'ont pas appris notre langue ; ils sont dans le pays, mais non du pays. Nombreux comme ils le sont — 30,000 au moins, sans compter ceux qui arrivent, — ils pourraient bien vite peser dans la balance. Qu'ils considèrent la Californie comme leur patrie ; qu'ils se fassent citoyens, et qu'ils s'efforcent de changer en bien le mal dont ils se plaignent à juste titre. La Californie peut encore se transformer et s'amender sur plusieurs points, avant qu'ils soient prêts à rentrer en France avec leur fortune faite.

"De tout le commerce du Pacifique, San Francisco doit naturellement être le centre. Un nombre considérable de Français, résidant en Californie, habitaient l'Amérique espagnole au moment de la découverte des mines ; de là vient que beaucoup d'entre eux parlent l'espagnol. La plupart des meilleurs restaurants et des plus beaux cafés de la ville sont tenus par des Français. Ils ont, pour ainsi dire, le monopole de certaines professions, telles que, l'importation des vins, la cuisine fine, la coiffure, etc.; ils occupent, presque exclusivement, une de nos plus grandes maisons de jeu, et ont un honnête contingent dans les autres ; ils possèdent un théâtre qu'ils ont parfaitement bien soutenu, un journal habilement dirigé[1] et une Société de Bienfaisance qui a dépensé des sommes importantes et fait un bien considérable. Nos résidents français ne s'occupent que fort peu de questions de parti, et s'ils étaient naturalisés, ils se partageraient probablement, par portions égales, en Whigs et Démocrates."

Voici maintenant ce que disent les *Annals:*

"Ils (les Français de San Francisco) sont presque aussi nombreux que les Allemands, c'est-à-dire, environ 5,000, hommes et femmes.[2] Ils conservent beaucoup les traits distinctifs de leur nation, et semblent ne pas pouvoir adopter complètement les idées et les usages américains. Peu d'entre eux cherchent à se faire naturaliser, et ils acquièrent difficilement notre langue. La Californie, et même l'Amérique, ne sont, pour eux, que des lieux où ils peuvent gagner de quoi aller vivre dans leur propre pays en Europe. A San Francisco, ils ont monopolisé plusieurs métiers d'une nature demi-artistique. Ils sont les principaux restaurateurs, coiffeurs, cuisiniers, importateurs de vins et joueurs de profession. Les décrotteurs français forment un des traits caractéristiques de la ville. Postés aux coins des rues les plus fréquentées, avec des sièges pour leurs clients, ils sont toujours prêts à polir les bottes, moyennant 25 cents. Quelques-uns d'entre eux ont amassé dans ce métier singulier, assez d'argent pour ouvrir de petites échoppes très proprement meublées. Il n'est pas rare d'en voir une douzaine, rangés en file sur le bord des trottoirs, nettoyant à coups de couteau ou de brosse les bottes de leurs pratiques.

"Mais, indépendamment de ces occupations, les Fran-

---

[1] — Ils en avaient même deux, à cette époque.
[2] — Il s'agit de l'année 1854.

çais exercent toutes les autres professions, et beaucoup comptent parmi les habitants les plus distingués, les plus riches et les plus respectables de la ville. Ils ont du goût pour les amusements publics, et se plaisent aux spectacles où se jouent des vaudevilles, des opéras et des drames dans leur langue. Ils ont une Société de Secours pour les immigrants pauvres, ainsi que d'autres associations de bienfaisance.

"La présence des Français a eu une influence marquée sur la société à San Francisco. D'habiles artisans de leur race ont décoré nos plus beaux magasins et nos plus beaux édifices. Leur goût national, joint à leur sens critique si judicieux, a présidé à l'ornementation de nos maisons, tant à l'intérieur qu'à l'extérieur. Leurs manières polies ont aussi donné aux relations sociales cette aisance que le caractère américain, plus raide, ne possède pas naturellement. Enfin, la façon de s'habiller des dames françaises, à la fois élégante et dispendieuse, a beaucoup contribué à imprimer aux magasins de bijouterie, de soieries et de modes, un cachet particulier de splendeur, en même temps qu'elle a, peut-être, surexcité l'amour du luxe chez la population féminine de la ville.....

"Les Français se plaignent de n'être pas aussi bien traités, par les Américains, que les Allemands. La raison en paraît évidente : ils ne prennent pas la même peine de se familiariser avec la langue et le caractère américains. Les Allemands naturalisés sont des frères avoués et reconnus ; les Français — étrangers par leurs manières et leur aspect physique, par leurs idées et leurs espérances — ne peuvent jamais être considérés comme tels. L'attachement des Allemands pour leur vieux *Fatherland* n'emplit pas leur cœur, au point de les rendre insensibles aux innombrables bienfaits politiques et sociaux qu'ils reçoivent dans leur patrie d'adoption ; tandis que l'admiration extravagante (*wild*) des Français, pour tout ce qui touche à leur belle France, est souvent une insulte inconsciente (*neglectful*) pour le pays qui les abrite.

"Les Français et les Allemands ont joué un rôle important dans l'histoire industrielle de San Francisco et de la

Californie en général. Ils sont très nombreux dans les divers districts miniers, et forment, comme nous l'avons vu, une proportion considérable de la population de la ville. Enfin, ils contribuent à mettre à exécution les idées des véritables maîtres du sol — les Américains — dont la devise est : *Go ahead !*

"Le caractère de l'homme peut, du moins en partie, se reconnaître par le genre de boisson auquel il donne la préférence : Le véritable Allemand raffole de *lager beer* — et il est lourd, flegmatique, sans ambition ; le Français aime les vins légers — et il est pétillant (*sparkling*), mais sans force ni puissance de caractère ; le Yankee pur sang (*genuine*) a besoin d'un esprit brûlant dans ses boissons si variées — et c'est un géant quand il se met à la besogne, démolissant et foulant aux pieds les "impossibilités" des autres races et les soumettant à son absolue et insolente volonté."

L'auteur de ce tableau reproche aux Français leur vanité nationale ; mais montre-t-il lui-même beaucoup de modestie quand il représente, en quelque sorte, ses compatriotes comme des géants entourés de pygmées ? Oh ! l'éternelle vérité *de la poutre et de la paille !*

TROISIÈME PARTIE

I

Raousset-Boulbon.

Expéditions diverses en Sonore — de Raousset-Boulbon — de Pindray — de Sigondis — Procès des Consuls — Prise de Sebastopol — l' Eglise Notre Dame des Victoires — Affaire Limantour — Faits divers.

Le comte Gaston de Raousset-Boulbon, né à Avignon en 1817, ancien aide-de-camp du duc d'Aumale, avait fait la campagne de Kabylie, aux côtés du général Bugeaud.

Dès son enfance, il s'était fait remarquer par sa turbulence, et avait reçu, pour ce motif, le surnom de *Petit Loup*. Peut-être méritait-il mieux celui de *Petit Lion*.

Doué des qualités les plus brillantes, d'un esprit aventureux et chevaleresque, plein d'audace et d'ambition; mais aussi avide de plaisir, il jeta sa fortune à tous les vents et se vit, en 1850, complètement ruiné.

A cette époque, la Californie attirait les regards du monde entier. Raousset crut apercevoir dans les mirages lointains de ce merveilleux pays, un vaste champ ouvert à sa dévorante activité. C'était pour lui la fortune, et qui sait? peut-être la gloire qu'il rêvait.

Pourtant, une bohémienne l'avait mis en garde contre toute entreprise de ce genre, en lui prédisant une fin tragique,

"..... loin par delà les flots."

Lui-même, dans une joyeuse soirée passée à Paris, semblait avoir entrevu cet avenir lugubre; car, parmi les vers qu'il a laissés, on a trouvé la strophe suivante :

> Mon cœur, en désespéré,
> Court la prétentaine,
> Qui peut savoir si j'irai
> Jusqu'à la trentaine ?
> Mais que l'avenir soit gai
> Ou qu'on me *fusille*......
> Baisez-moi, Camille, ô gué !
> Baisez-moi, Camille !

Il prit la 3ᵐᵉ classe sur un steamer anglais, et arriva à San Francisco le 22 août 1850. Réduit au plus triste dénûment, il essaya un peu de tous les métiers : tour à tour, débardeur, marchand de bestiaux, mineur, pêcheur et, surtout, chasseur, comme et avec le marquis de Pindray, dont il avait fait la rencontre au Salon de la *Polka*, il vit, en tout et partout, la fatalité le poursuivre sans relâche.

Il avait alors trente-trois ans. D'une beauté mâle, d'une tournure de grand seigneur travesti en homme du peuple, il aimait à endosser dans les mines, comme Garibaldi, une chemise de laine d'un rouge écarlate. Exerçant sur son entourage cette sorte de magnétisme, naturel à tous les hommes d'une nature supérieure enthousiaste, d'une éloquence vive et entraînante, il savait charmer ceux qui l'approchaient et leur communiquer l'ardeur bouillante dont il était pénétré.

La malchance, qui le poursuivait, s'acharnait aussi contre beaucoup d'autres immigrants, et nos compatriotes, étaient loin d'être épargnés. On rencontrait des Français, en grand nombre, à San Francisco et dans l'intérieur, sans emploi, sans travail rémunérateur, obligés de faire flèche de tout bois.

Dans la situation désespérée où Raousset se voyait placé, il résolut de grouper autour de lui un certain nombre de ses compatriotes, hommes résolus, ayant déjà vu le feu, et de tenter avec eux une grande aventure.

La Sonore passait alors pour être fabuleusement riche en mines d'or et d'argent; mais la région, dite Arizona, où se trouvaient ces mines, était occupée par les Apaches, peuplade indienne très guerrière et féroce, qui en avaient chassé les Mexicains. Le comte conçut le dessein d'aller rétablir l'ordre dans le pays troublé par ces tribus sauvages et d'y créer un grand centre de colonisation française. Mais avant de donner suite à son projet, il crut devoir s'aboucher avec le gouvernement mexicain. Il partit en conséquence pour Mexico en 1851. M. Levasseur, ministre de France dans cette ville, lui fit un excellent accueil, et l'encouragea dans son entreprise. Une compagnie se forma sous le nom de la *Restauradora*, avec MM. Jecker, Torre et Cie comme principaux actionnaires. M. Arista, président de la République, donna son approbation à l'affaire.

En vertu du traité intervenu entre Raousset et la Compagnie, le comte devait lever à San Francisco une force de 150 hommes armés, équipés et munis d'instruments de travail, dans le but d'explorer les parages de l'Arizona, de les exploiter, et de les défendre contre "toute personne ou toute autorité qui en attaquerait la propriété ou la possession." A cet effet, la compagnie mit une somme de 60,000 dollars à sa disposition. Les bénéfices de l'entreprise devaient être également partagés entre Raousset et ses hommes d'une part, et la Compagnie mexicaine de l'autre. Celle-ci nomma, pour représenter ses intérêts auprès du chef de l'expédition, un agent spécial, le colonel Manuel Maria Jimenez.

A cette époque, on était au lendemain de la guerre désastreuse qui avait coûté tout un vaste empire au Mexique. Aussi la haine des Etats-Unis, y était-elle vivace et générale. On applaudissait à l'idée d'élever, à l'aide d'une légion française, une forte barrière contre les tentatives d'invasion dont la Sonore était constamment menacée par des bandes d'aventuriers américains.

Plein de confiance dans le succès d'une affaire commencée, sous de si heureux auspices, Raousset revint à San Francisco et s'y mit aussitôt à l'œuvre. Il ouvrit un bureau d'enrôlement chez *Paul Niquet*,[1] et envoya, en même temps, des agents de recrutement dans les placers. Il réunit ainsi 190 hommes[2] avec lesquels il s'embarqua le

---

[1] — Nom d'une cantine située rue Commercial, en face du restaurant des *Mineurs* et tenue par MM. de Morcou et A. Friant

[2] — D'après Raousset lui-même. Voir sa lettre du 7 juin, à M. Chappelet, datée de Guaymas et publiée dans l'*Écho du Pacifique*.

19 mai 1852 sur l'*Archibald Gracie*. Un brick de guerre, affecté au service de la douane de San Francisco, s'était opposé à son départ. Le comte ayant donné des explications satisfaisantes sur le but de l'expédition, les difficultés furent levées. Il arriva à Guaymas le 30 mai.

Mais dans l'intervalle, un revirement complet s'était opéré dans les idées du gouvernement mexicain. On avait cherché à lui représenter l'expédition comme un épouvantail, comme un péril pour l'indépendance de la Sonore. Les Anglais, jaloux de l'influence que la réussite des projets de Raousset pouvait donner à la France dans le Mexique, étaient arrivés, à force d'intrigues, à circonvenir le président Arista, et à obtenir de lui un décret autorisant une nouvelle compagnie, à s'emparer des mines concédées par contrat à Raousset-Boulbon. Cette compagnie rivale avait à sa tête la grande maison de banque britannique Barron, Forbes et Cie.

Aussi, à son arrivée à Guymas, le comte fut-il grandement surpris et irrité de l'accueil hostile du gouverneur Blanco. Non seulement celui-ci ne prit aucune diposition pour lui faciliter l'exécution du contrat, mais il chercha traîtreusement à se défaire de Raousset, en l'éloignant de ses hommes.

Dans une entrevue que Blanco eut à Arispe, le 22 août, avec des officiers de l'expédition française, il leur posa les conditions suivantes :

1º Raousset, renonçant à sa nationalité, prêterait obéissance aux lois et autorités du pays, afin de pouvoir posséder et exploiter les mines au même titre que les Mexicains.

2º Il remettrait une liste nominative des individus, formant sa compagnie, au gouverneur de l'Etat, en demandant pour chacun d'eux, y compris Raousset lui-même, des cartes de sécurité ou permis de séjour.

3º Il licencierait ses hommes et ne conserverait que cinquante travailleurs pour prendre possession des mines de l'Arizona.

Ces conditions n'étaient pas seulement dérisoires, elles constituaient aussi un acte d'insigne mauvaise foi. Raousset les repoussa avec la plus vive indignation, et ses compagnons furent unanimes à approuver sa décision.

Le motif de cette impudente volte-face du gouverneur mexicain, est clairement exposé dans une lettre de Raousset, du 12 juillet 1852, et publiée dans l'*Echo du Pacifique*. Nous en détachons ce court passage qui suffit à édifier le lecteur.

"La compagnie, qui s'est formée pour nous dépouiller,[1] compte parmi ses membres, le gouverneur, le commandant militaire, deux juges, deux députés de l'opposition. De mon côté, je compte un ancien gouverneur; mais on m'assure qu'il est *intéressé dans les deux entreprises.*"

En présence de tant de duplicité, Raousset résolut de frapper un grand coup en s'emparant d'Hermosillo. Maître de la capitale de l'Etat, c'est lui qui dicterait ses conditions, en affirmant ses droits.

Il se mit donc en marche, le 23 septembre, avec 253

---

[1] — La Compagnie Barron, Forbes et Cie.

volontaires,(1) dont 42 formaient la cavalerie. L'artillerie était desservie par 26 hommes, presque tous anciens marins. Le 14 octobre, les Français, chassant devant eux la garnison composée de 1,200 soldats, firent leur entrée dans Hermosillo, ville de 12,000 habitants et protégée par des murailles. Blanco, lui-même, faillit se laisser prendre.

Dans cette affaire, Raousset eut 17 hommes tués, presque tous officiers, entre autres : MM. Lefranc, Garnier, Fayol et Blanc, et 25 blessés.

La prise de la capitale sonorienne produisit un grand retentissement, surtout en Californie et en France.

Maître absolu de la place, le comte fit scrupuleusement respecter les biens et les personnes des habitants, et parut conquérir leurs sympathies par sa générosité et l'excellente tenue de ses compagnons. Ceux-là lui promirent même leur concours pour l'exécution de ses desseins. Des pourparlers eurent lieu à ce sujet, mais sans aboutir.

Entre temps, Raousset tomba malade. Certains pensent qu'il avait été empoisonné. Pour comble de malheur, aucun de ses lieutenants n'avait assez d'ascendant sur les volontaires, pour le remplacer. Découragés, ceux-ci évacuèrent Hermosillo, après une occupation de douze jours, et se mirent en marche pour Guaymas, portant leur chef en litière. En route, des Indiens, soulevés par Gandara, un des principaux personnages du pays, les harcelaient à tout

---

(1) — Son corps expéditionnaire s'était renforcé, en bonne partie, par des hommes appartenant à celui de Pindray.

instant, leur tuant deux ou trois hommes. Arrivés à Guaymas, ils accueillirent avec empressement les propositions de paix qu'un messager de Blanco vint leur apporter.

Quoique malade, et malgré tous ses mécomptes, Raousset était loin de renoncer à son entreprise. Toutefois il accepta une entrevue avec le gouverneur qui le reçut avec les honneurs militaires; mais les deux hommes ne purent s'entendre. Les compagnons du comte, impatientés de ces délais, envoyèrent de leur côté à Blanco, des délégués chargés de conclure un arrangement avec lui, sans la participation de leur chef. L'arrangement eut lieu. Le gouverneur accorda aux Français une somme de 11,000 piastres et les facilités nécessaires pour rentrer en Californie, par la route de Mazatlan. Ils partirent en effet pour la plupart, en décembre 1852, à bord du brick mexicain *Cornelia* et du navire *Desterado*.

Quelques-uns des volontaires, blessés dans l'attaque d'Hermosillo étaient restés dans cette capitale et s'y étaient définitivement établis. D'autres se fixèrent à Guaymas.

Coïncidence fort remarquée alors : au moment où nos compatriotes quittaient Mazatlan, une corvette anglaise faisait son entrée dans la rade de la ville.

Raousset, convalescent, s'embarqua à son tour, pour San Francisco, où on lui fit une ovation. Tous ses hommes rendaient hommage à sa magnanimité et à sa grande bravoure, et tous se déclaraient prêts à le suivre dans une nouvelle entreprise.

II

Trois ou quatre mois se passèrent.

Impatient de tirer une vengeance éclatante de l'indigne conduite du gouvernement mexicain à son égard, Raousset attendait le moment favorable pour agir. Il crut ce moment arrivé en apprenant que de nouveaux *pronunciamentos* venaient de révolutionner le Mexique. Le président Arista avait été renversé en janvier 1853 par Caballos; celui-ci, le mois suivant, par Lombardini, qui, deux mois plus tard, fut supplanté, à son tour, par Santa Anna.

Comme l'insurrection continuait à agiter le pays, Raousset songea à aller appuyer le mouvement; mais M. Levasseur lui ayant fait savoir que le président en fonctions était tout disposé à réparer envers lui les torts de ses prédécesseurs, il s'empressa de retourner à Mexico (juin 1853).

Un nouveau traité fut conclu, aux termes duquel cinq cents Français devaient se rendre dans la Sonore, y fonder une colonie et recevoir cent dix-huit mille dollars par mois; plus 50,000 dollars pour frais de transport et d'équipement.

Le traité fut rédigé, approuvé par le conseil des ministres, signé par Santa Anna, puis, sous un prétexte dérisoire, annulé par le même Santa Anna.

Pour dédommager Raousset, on lui offrit le commandement d'un régiment dans l'armée mexicaine. Son refus fut plein de hauteur et de mépris. Dans sa colère, il se laissa entraîner dans un complot qui ne tarda pas à être découvert par la police. Décrété d'arrestation il parvint à s'échapper.

De retour à San Francisco, il apprit que des flibustiers américains, sous la conduite de Walker, étaient partis pour s'emparer de la Sonore.

A cette nouvelle, il s'empressa de réorganiser à ses risques et périls, une nouvelle expédition. Le docteur Canton, un de ses agents les plus actifs, parcourut les placers pour lui recruter des hommes, notamment à Jamestown, Columbia et Murphy. Trois maisons de banque de San Francisco promirent de souscrire trois cent mille dollars, afin d'armer et de transporter 1,500 volontaires, et de subvenir à leurs besoins jusqu'au moment où ils mettraient la main sur le gouvernement de la Sonore.(1) Mais le bruit s'étant répandu que le gouvernement américain avait acheté cette province, les capitalistes refusèrent de s'exécuter.(2)

Sur ces entrefaites, Santa Anna, fort inquiet de l'expédition de Walker, songea aussitôt à opposer au flibustier américain, l'aventurier français. En conséquence, il adressa à son consul à San Francisco, M. del Valle, l'ordre d'en-

---

(1) — A la fin de février 1854, les enrôlements de Raousset s'élevaient à 800 hommes, apportant chacun un fusil de chasse à deux coups, un revolver et dix dollars en numéraire versés dans la caisse commune. Ceux qui possédaient davantage versaient une somme supérieure, en échange de laquelle, ils recevaient des bons garantissant une part d'intérêt dans les bénéfices à réaliser.

(2) — Le bruit ne manquait de fondement. On apprit bientôt que, le 30 décembre 1853, un traité, dit de Gadsden, avait été conclu, par lequel la région où étaient situées les fameuses mines convoitées par Raousset, c'est-à-dire tout le bassin de la Gila, avait été cédée aux États-Unis, moyennant une compensation pécuniaire, et annexée au territoire constitué, en 1863, sous le nom d'Arizona.

voyer en Sonore une colonie française de trois mille hommes, pour défendre cette province contre l'agression dont elle était menacée.

Raousset se reprit de nouveau à espérer.

En peu de jours, plusieurs centaines de nos compatriotes se présentèrent chez M. Del Valle, et furent acceptés par lui. Mais alors les difficultés surgirent d'un autre côté. Les amis de Walker, c'est-à-dire, le parti des annexionnistes américains, agirent auprès des autorités des Etats-Unis. L'attorney fédéral lança un mandat d'amener contre les consuls de France et du Mexique, prévenus d'avoir violé les lois internationales. En même temps, il donna l'ordre de saisir le *Challenge*, navire affrété par MM. Cavallier et Chauviteau pour le transport des émigrants français, et de mettre la main sur le chef de l'expédition.

Cependant, le *Challenge* parvint à faire voile le 5 avril 1854, ayant à son bord 400 colons dont la moitié, choisis sous main par Raousset, étaient complétement à sa dévotion.[1] Débarqués à Guaymas le 19 du même mois, ils s'organisèrent en bataillon, et nommèrent leurs chefs. M. Léonce Desmarais, ancien sergent de l'armée d'Afrique, fut élu commandant. Parmi les autres officiers, on remarquait MM. de Fleury, ancien chef d'escadron d'état-major; E. Laval, ancien élève de l'Ecole polytechnique, et A. Loiseau, capitaine-trésorier.

Raousset, traqué sans relâche par la police, n'avait

---

[1] — Au nombre des passagers, se trouvait un nommé **Walker** qu'il ne faut pas confondre avec le chef des flibustiers américains. Le 5 juillet 1850, il avait tenté, à Paris, d'assassiner Louis-Napoléon, alors président de la République.

pu partir sur le *Challenge*. Sa position était redevenue presque désespérée. Non-seulement il voyait se tourner contre lui les autorités fédérales, mais le gouvernement du Mexique, remis de ses alarmes à l'endroit de Walker dont l'entreprise avait misérablement échoué, ne lui cachait plus son hostilité. On prétend qu'ainsi réduit aux abois, il sollicita, mais vainement, l'appui de Louis-Napoléon. Délaissé ou trahi, il n'en persista pas moins dans ses desseins. Pouvait-il d'ailleurs abandonner les braves gens qui l'attendaient là-bas ? Trompant la surveillance des autorités, il s'embarqua dans la nuit du 23 mai 1854, sur un petit schooner de dix tonneaux, accompagné de MM. Pigné-Dupuytren, Vigneaux, Percheval, de quatre matelots français et de trois matelots américains.

Une lettre,[1] qu'il écrivit peu de temps après son départ, à un ami à New-York, prouve qu'il ne se faisait aucune illusion sur le résultat de cette nouvelle aventure. Il la termine par ces mots prophétiques qui rappellent tristement les vers composés par lui, quelques années auparavant, et qui figurent au début de notre récit:

"Si je suis pris, je finirai comme un pirate. Hélas! je pourrais dire, comme André Chénier, se frappant le front avant que la tête ne tombât sous le couteau : Il y avait quelque chose là ! Adieu ! et *pour toujours probablement.*"

Il arriva à Guaymas le 1er juillet, environ six semaines après le *Challenge*. Déclaré hors la loi, il se tint longtemps caché parmi ses compatriotes. Ses amis, Pigné et

---

[1] — Voir l'*Écho du Pacifique* du 10 novembre 1854.

Vigneaux, avaient été arrêtés le 28 juin, puis relâchés au bout de deux jours, sur l'ordre du général Yañez, successeur de Blanco.

Les habitants se montraient très hostiles aux Français, et la situation s'aggravait encore par la présence en ville d'un grand nombre d'Yaquis, Indiens belliqueux des environs. Des rixes éclatèrent dans les rues le 12 juillet; le sang coula. Nos compatriotes allèrent protester devant M. Calvo, vice-consul de France à Guaymas, contre les mauvais traitements auxquels ils étaient en butte. Le soir, une entrevue eut lieu entre le gouverneur et Raousset-Boulbon, qu'on rendait responsable de cette situation. Le général Yañez mit fin à l'entretien, en signifiant au comte l'ordre de quitter sans délai le territoire de la Sonore.

Pour bien comprendre ce qui va suivre, il faut se rappeler que le corps expéditionnaire se composait de deux éléments distincts. Environ 150 hommes avaient été enrôlés par M. Del Valle dans le but de former une colonie sous les auspices du gouvernement mexicain. Les autres, tout en se joignant aux précédents, étaient personnellement dévoués à Raousset. Il y avait donc deux courants, deux tendances divergentes produisant des tiraillements continuels au sein du bataillon. Mais l'hostilité manifeste de la population contre les Français sans distinction, eut pour effet de rapprocher ces derniers dans un commun sentiment de patriotisme et de solidarité nationale.

Le lendemain de l'entrevue de Raousset avec le gouverneur, c'est-à-dire, le 13 juillet, une délégation du bataillon, composée de MM. Fleury, Canton, Loiseau et

Laval, se rendit chez le général Yañez pour s'entendre avec lui sur la situation. Pendant qu'on était à discuter, les délégués français reçurent un mot de Raousset, les prévenant qu'on les avait attirés dans un guet-apens et qu'ils étaient cernés par les troupes mexicaines.

Y avait-il réellement trahison de la part du gouverneur ? Cela n'est pas prouvé. Toujours est-il que dans ce moment, nos compatriotes, se croyant menacés, coururent aux armes. Ils étaient à peine 300, n'ayant que douze cartouches par homme et point d'artillerie; tandis que les Mexicains étaient 1,200 et disposaient de cinq pièces de canon.

L'engagement, du côté des Français, se fit sans ordre, sans plan préconçu. Raousset s'y jeta en désespéré, comme un simple soldat (13 juillet). Après une lutte acharnée de trois heures, dans laquelle, ils perdirent 40 hommes tués et 60 blessés, les volontaires battirent en retraite vers la maison du vice-consul de France. M. Calvo leur conseilla de déposer les armes, leur garantissant la vie sauve à tous. M. Laval, s'écria alors : "Y compris M. de Raousset, bien entendu ?" Plus de vingt personnes, témoins de cette scène, certifièrent que le vice-consul, après quelque hésitation, répondit affirmativement. Sur cette promesse, tout le monde souscrivit aux conditions proposées. Mais quelles furent la douloureuse surprise et l'indignation des volontaires quand ils virent le comte arrêté, traîné devant le conseil de guerre et condamné à la peine de mort, sans que M. Calvo fît la moindre démarche en sa faveur, sans qu'il prononçât un seul mot de protestation pour faire respecter la parole donnée![1]

---

(1) — Hâtons-nous de dire, pour l'honneur du nom français, que M. Calvo était d'origine étrangère.

Dans l'horrible désastre où venaient de sombrer toutes ses espérances et où il allait laisser sa vie, Raousset semblait transfiguré. Jamais la noblesse de son caractère ne s'était montrée avec tant d'éclat. Son attitude devant ses juges, dit un témoin oculaire, les frappa d'un étonnement qui touchait à l'admiration; mais plus ils le voyaient grand, plus ils le redoutaient."

Le 12 août 1854, au matin, il fut conduit sur la plage de Guaymas, et là, la tête nue, les yeux ouverts, les mains libres, il mourut en soldat et en héros, frappé de balles mexicaines.

M. Hittell, que nous aimons à citer ici, en sa qualité de publiciste américain plein d'impartialité, fait cette réflexion: "Avec un peu d'assistance de Napoléon, Raousset eût probablement fait beaucoup plus pour la France que Maximilien n'a fait dix ans plus tard."

Raousset était certainement de la trempe des Pizarre et des Cortez, dont il aimait à citer les noms et à glorifier les hauts faits. Il avait, comme eux, le courage indomptable, l'audace ambitieuse, le génie des aventures héroïques avec la générosité chevaleresque en plus. Mais les temps où ces deux héros conquirent un monde, ne sont plus, et il est à croire que, même avec l'aide de son gouvernement, Raousset aurait vu, tôt ou tard, ses plans échouer, en face de la puissance jalouse et grandissante des Etats-Unis.

Nous terminons ce récit, par les détails suivants, qui font connaître le sort réservé aux compagnons de notre infortuné compatriote.

5 AOUT 1854 — 185 prisonniers français furent embar-

qués sur la *Brillante*, à destination de San Blas, pour se rendre de là à Mexico par terre.

20 AOUT — 20 Français partirent pour se rendre au Callao.

30 AOUT — 65 furent renvoyés, à bord de la *Maria-Trinidad*, à San Francisco où ils arrivèrent le 14 octobre.

Il résulte de ces détails, que 270 hommes survécurent au désastre, ou du moins purent quitter la Sonore.[1]

Expéditions Diverses.

Pindray.

Raousset eut deux précurseurs français : le marquis de Pindray et M. de Sigondis.

Pindray, qui appartenait à une ancienne famille noble du Poitou, arriva, par terre, du Mexique à San Francisco, en 1850, à peu près en même temps et dans le même état de dénûment que Raousset. Comme ce dernier, il était doué d'un grand courage et d'un esprit aventureux ; mais il ne possédait pas les qualités qui rendaient le comte si

---

[1] — Nous avons lu plusieurs versions sur la seconde expédition de Raousset-Boulbon. Il y a, entre autres, dans l'*Echo du Pacifique* (voir les Nos. des 5, 6 et 14 novembre 1854) un récit complet de cette campagne, signé par M. Loiseau et ses compagnons. Une autre version avait paru peu de temps auparavant dans le *Messager* de San Francisco; elle était rédigée par le Dr. Pigné-Dupuytren. Ces Messieurs diffèrent sur beaucoup de points essentiels. Dans la version que nous avons adoptée, nous avons fait la part des passions du temps, passions que les années ont calmées. Nous nous sommes surtout appliqué à dégager la vérité historique et à la présenter au lecteur de la manière la plus simple et la plus claire qu'il nous a été possible.

sympathique et qui jettent sur sa mémoire une sorte d'auréole.

Pindray était surtout remarquable par sa grande force physique. On l'a vu renouveler les exploits de vigueur musculaire de l'illustre Maréchal de Saxe, ployant, par exemple, avec la plus grande aisance, une piastre mexicaine de ses deux mains, qu'il avait petites et fines comme celles d'une jolie femme.

De même que Raousset, il fut obligé, en Californie, de se livrer à toutes sortes de métiers. Tireur sans pareil, il chassait de préférence l'ours, dont il approvisionnait le marché de San Francisco.

Cependant, voyant tous ses efforts échouer en Californie, il porta ses regards vers la Sonore et se proposa, comme le fit plus tard son émule, d'aller s'emparer du territoire occupé par les Apaches et réputé pour ses grandes richesses minières. L'entreprise n'avait absolument rien d'hostile contre le Mexique.

Après avoir enrôlé environ 80 travailleurs, il s'embarqua avec eux sur le *Cumberland* le 22 novembre 1851, et arriva à Guaymas le 26 décembre suivant. Là, il réussit à grossir sa petite troupe de quelques nouvelles recrues et se mit en route pour les mines de l'Arizona. Malheureusement, la tâche qu'il avait entreprise était au-dessus de ses forces. Les Apaches étaient difficiles à vaincre avec les moyens dont il disposait. Des dissentiments éclatèrent entre Pindray et ses hommes, qui le forcèrent à s'arrêter en route. Il s'établit avec quelques-uns d'entre eux sur un ranch, à Coscopéra, vers le mois de mai 1852. Les compagnons de Raousset trouvèrent plus tard quelques débris de cette colonie agricole. Les choses allant de mal en pis, Pindray, dans un moment de désespoir, se brûla la cervelle. D'aucuns prétendent qu'il mourut assassiné par un de ses hommes.

Sigondis.

L'expédition qui suivit celle de Pindray et précéda celle de Raousset, fut dirigée par M. Lépine de Sigondis, agent d'une des innombrables compagnies formées, à Paris, à l'effet d'exploiter les placers de la Californie. Il partit de San Francisco, le 4 mars 1852, avec une compagnie de 60 à 80 hommes, la plupart français. Arrivés en Sonore, ils se dispersèrent après quelques tentatives infructueuses de colonisation. Cette expédition n'avait, non plus, aucun caractère belliqueux.

Le Procès des Consuls.

I

L'Arrestation.

Dans notre récit de la seconde campagne de Raousset, nous avons dit un mot au sujet de l'arrestation des consuls de France et du Mexique par les autorités américaines.

Voici les faits :

On se rappelle que M. Del Valle, se conformant aux instructions de son gouvernement, avait enrôlé pour la Sonore un corps d'émigrants, composé en grande majorité de Français. Le général Wool, commandant de la côte du Pacifique, qui avait ouvertement favorisé l'expédition de Walker, se sentit tout-à-coup pris de scrupule. Invoquant les lois de neutralité, qui ne permettent point d'organiser, sur le territoire des Etats-Unis, une agression armée contre un pays ami, il s'opposa au départ du *Challenge*. Toutefois, après certains pourparlers avec le consul du Mexique, il leva l'interdiction. Le *Challenge* fit voile le 2 avril 1854; mais dès le 31 mars, le général avait fait arrêter M. Del Valle.

Au cours du procès intenté contre le représentant du Mexique, le procureur (*prosecuting attorney*) demanda qu'on entendît le témoignage du consul de France. M. Dillon fut en conséquence, cité à comparaître, le 18 avril, devant la cour présidée par le juge Hoffman. Se référant à l'article 11 de la convention consulaire franco-américaine du 23 février 1853, le consul refusa, dans les termes les plus courtois, mais les plus fermes, d'obtempérer à cet ordre, ajoutant néanmoins qu'il consentirait à répondre à une demande de renseignements émanée de la Cour. Cité de nouveau, il fit la même réponse.

Le 24, M. Dillon reçut une nouvelle sommation avec l'ordre d'apporter une certaine pièce qui devait être dans ses archives, et qui était censée contenir les instructions du gouvernement de Santa Anna au consul mexicain. Nouveau refus, toujours poliment formulé.

La dernière sommation avait été faite à la requête des avocats de M. Del Valle, non pas qu'ils eussent l'espoir de la voir mieux accueillie, mais parce qu'ils pensaient que, dans le cas où M. Dillon persisterait dans son refus, le ministère public se désisterait de sa plainte contre leur client.

Le 25 avril, à une heure de l'après-midi, le marshal des Etats-Unis, M. Richardson, qui dix-huit mois plus tard fut assassiné par Cora, se présenta avec ses aides et d'autres officiers de police, dans les bureaux du consulat. Il pénétra aussitôt dans le cabinet particulier de M. Dillon qui se trouvait en compagnie de son chancelier, M. Bataillard, de M. de Sainte-Marie, vice-consul de France à Acapulco, et d'autres Français, dont M. Derbec.

M. Richardson, s'avançant vers le consul, posa la main sur son bras, et lui dit : "Je vous arrête au nom des Etats-Unis." Puis, exhibant l'ordre de comparution, il ajouta : "Je vous amènerai devant la Cour, mort ou vivant."

Après avoir protesté de vive voix contre cette violation du droit des gens et des traités, M. Dillon suivit tranquillement le marshal et ses aides.

La nouvelle de cette arrestation se répandit en ville avec la rapidité de l'éclair. Des attroupements se formèrent aussitôt dans la rue Jackson, aux abords du consulat. Un millier de Français étaient là, prêts à porter secours au représentant officiel de leur pays.[1]

---

[1] — Cette affaire du consul de France jeta même une certaine perturbation dans le commerce de la ville qui craignait une intervention armée du gouvernement français. Quelques-uns de nos compatriotes parlaient de quitter le pays. De son côté, le général Wool, prit, avec ostentation, des mesures pour mettre la place en état de défense; il eut soin de faire connaître, par la voie du *Herald*, le nombre de canons qu'il pouvait mettre en ligne contre toute attaque étrangère.

Amené devant la cour, M. Dillon remit au juge, après en avoir donné lecture à haute voix, une seconde protestation. M. Hoffman, toujours plein de courtoisie, prévint le consul qu'il pouvait se retirer; mais l'ordre d'arrestation fut maintenu.

De retour chez lui, M. Dillon fit amener le pavillon national qui, depuis le matin, flottait sur la maison consulaire. Il informa, en même temps, les autorités américaines, qu'en attendant les ordres de son gouvernement, il continuerait à suivre les intérêts de ses nationaux en sa qualité de consul intérimaire du roi de Sardaigne.

Les résidents français, sans distinction de condition ou d'opinion politique, les proscrits du 2 décembre aussi bien que les partisans les plus résolus de l'empire, étaient unanimes à approuver la conduite du représentant de la France. Le *Messager* et la *Revue Californienne*, deux feuilles républicaines, tenaient le même langage que l'*Echo du Pacifique*, feuille conservatrice. Il ne manquait pas d'ailleurs de bons Gaulois tout disposés à manifester leurs sentiments d'une façon plus énergique ; mais la sagesse prévalut.

D'un autre côté, une foule d'Américains et des plus notables, vinrent féliciter le consul de sa fermeté. Baker, le plus éloquent orateur qu'on ait entendu en Californie, se chargea spontanément de sa défense.

Le célèbre avocat, posa, devant la Cour, la question d'incompétence. Selon lui, il s'agissait de savoir laquelle devait primer, de la convention consulaire ou de la constitution des Etats-Unis? celle-ci exigeant l'égalité de tous devant la loi, celle-là accordant des immunités particulières au représentant d'une puissance étrangère. Le 27 avril, le juge Hoffman décida qu'il ne pouvait y avoir d'incertitude à cet égard, qu'aux termes de la convention qui confère au consul de France les priviléges sacrés d'un ambassadeur, il fallait le considérer comme ayant son domicile en France et, par conséquent, comme non-justiciable des tribunaux américains.

L'affaire était donc terminée, en ce qui concernait M. Dillon.

Quant à M. del Valle, la cour le déclara le lendemain, 28 avril, coupable d'avoir fait, sur le territoire des Etats-Unis, des enrôlements d'hommes pour le compte d'une puissance étrangère. Toutefois en le condamnant, le jury le recommanda à la clémence de la cour qui différa de rendre son arrêt. C'était presque un acquittement.

L'incident semblait vidé. Malheureusement les Richardson, les Inge et les Wool qui menaient toute cette affaire et qui l'avaient provoquée dans l'espoir de surexciter le chauvinisme américain et de l'exploiter, au profit de leurs visées politiques personnelles, ne se tinrent pas pour battus.[1] En effet, ils firent si bien que le 15 mai, M. Dillon se vit mettre en état d'arrestation, cette fois, comme complice de M. Del Valle. Deux négociants français, ayant versé pour lui une caution de $20,000, il fut provisoirement rendu à la liberté.

L'instruction de ce second procès, dans lequel le con-

---

[1] L'*Alta* et le *Chronicle* ne se gênaient pas pour accuser ouvertement le *triumvirat* nommé plus haut, d'agir dans un intérêt électoral. Le général aspirait à la présidence des Etats-Unis.

sul de France figurait, non plus comme témoin, mais comme accusé, commença le 23 mai. Le procureur de la République, M. Inge, lui reprocha d'avoir enrôlé deux Français, les nommés Gonin et Didier, pour le compte du gouvernement de Mexico, et d'avoir délivré des passeports à ses compatriotes partis sur le *Challenge*. Comme argument à l'appui de la légalité de la poursuite, il déclara qu'il s'en prenait non pas au consul, mais à M. Dillon, séparant ainsi la personne de la fonction, qui rend la personne inviolable.

Le 24, plusieurs témoins furent entendus, entre autres : MM. Chauviteau, Cavallier, Bossange, Bataillard, Hammond, Biesta, et les chefs de flibustiers américains, Walker et Watkins.

Il résultait des dépositions en général, que M. Dillon, bien loin d'avoir encouragé ses compatriotes à se joindre à l'expédition, avait, au contraire, tout fait pour les en détourner, et que, s'il avait consenti à leur délivrer des passeports, c'est qu'il ne pouvait légalement les leur refuser.

M. Inge, dans son réquisitoire, se montra excessivement violent et agressif. Il traita M. del Valle de vieil imbécile, et M. Dillon, de personnage arrogant. Quant à M. Foote, avocat de ce dernier, remarquable par l'exiguïté de sa taille et par un tic nerveux qui lui contractait les traits du visage, M. Inge l'appela singe. M. Foote, prompt comme la foudre, se dressa sur la pointe de ses pieds et lança un maître coup de poing au nez de son adversaire. On parvint à séparer les deux combattants, et le juge, après leur avoir infligé un blâme bien senti, les força à se faire de mutuelles excuses. De très bonne grâce, M. Inge déclara qu'il n'avait nullement eu l'intention d'offenser son honorable ami. M. Foote, protesta, sur le même ton, que lui, non plus, n'avait pas eu l'intention d'être désagréable à son estimé confrère; et là-dessus, on se serra la main.

Après les plaidoiries, le jury se retira dans la salle de ses réunions. Il y resta à délibérer jusqu'à minuit sans pouvoir se mettre d'accord.

Aussitôt le ministère public abandonna la poursuite, et le consul del Valle, bénéficiant de cette décision, fut acquitté.

II

La Réparation.

L'affaire, que nous venons de raconter, donna naturellement lieu à un échange de notes diplomatiques entre le cabinet de Paris et le gouvernement de Washington. Les négociations aboutirent à un résultat satisfaisant pour les deux parties. Il fut convenu que le premier navire de guerre français, qui entrerait dans le port de San Francisco, serait salué de vingt-et-un coups de canon par les autorités fédérales.

Le 30 décembre 1855, la corvette française *L'Embuscade*, commandée par le capitaine de frégate Gizolme, vint mouiller, à portée de canon, dans notre rade, non loin de la frégate des Etats-Unis l'*Independence*, commandée par le commodore Mervine, représentant le gouvernement de Washington.

A deux heures de l'après-midi, le cérémonial entre les deux navires eut lieu tel qu'il avait été réglé. Au même instant, le pavillon national fut arboré au consulat d'où il était resté absent pendant dix-huit mois. La population, prévenue à temps, s'était massée rue Jackson, près de la maison consulaire, pour assister au relèvement du drapeau.[1] Aussitôt que les trois couleurs parurent, des hurrahs frénétiques retentirent, poussés par nos compatriotes.

Un grand nombre d'Américains distingués, entre autres le juge Hoffman, vinrent féliciter le consul. Celui-ci, prononça un discours dans lequel il témoigna sa vive satisfaction de l'arrangement, si honorable pour tous, qui venait de rétablir les bonnes relations d'amitié, entre la France et les Etats-Unis. Puis, il exhorta ses compatriotes, non-seulement à jeter le voile de l'oubli sur l'incident si heureusement vidé; mais à reconnaître cordialement l'hospitalité que la grande république américaine leur accordait avec tant de générosité.

La musique joua ensuite les airs nationaux des deux pays et la fête se termina par une brillante réception au consulat.

---

(1) — Deux joyeux Gaulois, anciens tambours de l'armée, parcoururent les rues, battant le rappel à la grande stupéfaction des Américains qui n'y comprenaient rien.

La Prise de Sébastopol, a San Francisco.

Pendant la campagne de Crimée les sympathies américaines, à quelques rares exceptions près, se manifestaient hautement pour le czar et les Moscovites.

A cette occasion, la presse locale avait monté aux Français une véritable *scie*. Pendant près d'une année, elle imprimait en tête de ses dépêches, ces mots en gros caractères : *Sebastopol not taken yet.*[1] Ce sempiternel cliché avait un air narquois qui donnait affreusement sur les nerfs de nos compatriotes. C'était, chaque matin et chaque soir que paraissaient les journaux, la même horripilante agacerie.

Aussi la nouvelle arrivée à San Francisco, — 51 jours après l'événement,[2] — de la prise de la fameuse tour de Malakoff, fut-elle accueillie par notre colonie avec une joie indicible.

Une réunion générale des Français, des Anglais, et des Sardes, résidant à San Francisco, eut lieu aussitôt à *Musical Hall*. On y nomma un comité pour chaque nationalité, afin d'organiser de concert une grande fête en l'honneur du succès des alliés. Le comité français était présidé par M. G. Touchard.

Le programme auquel on s'arrêta, comprenait un *Te Deum*, une salve de 101 coups de canon et un banquet. On

---

[1] — Sébastopol n'est pas encore pris.
[2] — Sébastopol fut pris le 8 septembre.

décida, en outre, d'ouvrir une souscription pour venir en aide aux familles des soldats tués en Crimée.[1]

Plusieurs Allemands, Polonais, Belges, Suisses et un grand nombre d'Américains, — le maire, des juges, des avocats, des membres de la presse — demandèrent à souscrire et à prendre part à la solennité.

La fête fut fixée au 26 novembre. A cet effet, on éleva à South Park, un pavillon immense en toile, capable de contenir 3000 convives.

Au jour désigné, à dix heures du matin, les Français, les Anglais et les Italiens, réunis au point de jonction des rues Market et Seconde, se mirent en marche vers le pavillon dans le plus grand ordre, au bruit d'une salve d'artillerie, musique en tête et drapeaux déployés.

A l'arrivée du cortége, un chœur composé de 200 voix et accompagné d'un puissant orchestre, chanta successivement les airs nationaux des alliés ainsi que *Hail Columbia*.

Vers midi, l'abbé Blaive, curé français de San Francisco, entonna le *Te Deum*, puis prononça un discours empreint des sentiments les plus patriotiques. En terminant, il fit un chaleureux appel à ses auditeurs en faveur de la construction d'une église purement française qu'il proposa de placer sous l'invocation de notre Dame des Victoires, en souvenir des glorieux faits d'armes accomplis par nos soldats.

A une heure, chacun prit place au banquet. En fait

---

[1] — La souscription produisit 5,478 francs.

de menu, on remarquait une pâtisserie de 15 pieds de haut, représentant la tour Malakoff, qui servait de pendant à un bœuf rôti en entier, décoré de verdure et ayant les cornes dorées.

Tout alla bien pendant la première partie du repas. Les discours et les toasts se succédaient au milieu de l'enthousiasme général, lorsque la salle fut peu à peu envahie par une masse confuse d'étrangers, hommes, femmes et enfants. D'abord les intrus gardèrent une attitude assez réservée, mais, s'enhardissant, ils prirent d'assaut la table, firent main basse sur les mets et les liquides, et lancèrent force injures à ceux qui trouvaient mauvaise cette façon d'agir. Un incident mit le comble au désordre : des Français, des Anglais, et des Italiens s'efforçaient de hisser leurs drapeaux sur la tour de pâtisserie, les intrus voulurent aussitôt y mêler le drapeau américain. De là, lutte acharnée qui se continua jusque sur le sommet de la tente.

Enfin, après avoir pillé vins, bière, liqueurs, fourchettes et couteaux, et après avoir brisé ce qu'ils ne pouvaient emporter, les envahisseurs se retirèrent satisfaits.

Et la police ?

Rappelons-nous qu'à cette époque l'administration de San Francisco était aux mains des amis de Cora et de Casey. Véritable écurie d'Augias, il fallut la main d'Hercule du peuple honnête, organisé quelques mois plus tard en Comité de Vigilance, pour la nettoyer à coups...... de pendaisons et de bannissements.

Pendant que ces faits se passaient à South Park, une contre-manifestation se formait rue Montgomery. Environ cinq cents Américains, précédés d'un drapeau moscovite uni à un drapeau étoilé, se dirigèrent vers le consulat de Russie. Le consul les reçut du haut de son balcon. Ne parlant pas l'anglais, il chargea son fils, jeune garçon d'une douzaine d'années, de les remercier, en son nom, de leur manifestation bienveillante. Deux Américains prirent aussi la parole pour exprimer leurs sympathies. Après cet échange de sentiments, chacun se retira.

L'Église Française de Notre Dame des Victoires.

On se rappelle que, dès 1850, les catholiques français, italiens et espagnols se réunissaient, pour célébrer leur culte, dans une toute petite église en bois, située rue Vallejo. Plus tard, les Français allaient entendre la messe à la cathédrale Ste-Marie, au coin des rues Dupont et California.

Le 2 novembre 1855, M. l'abbé Dominique Blaive, curé à Stockton, fut nommé à San Francisco par l'archevêque Alemany. Désirant doter ses ouailles d'un temple qui leur appartînt en propre, il saisit, comme nous l'avons dit, l'occasion de la fête de Sébastopol pour attirer l'attention de nos compatriotes sur cette question. Le 9 avril

1856, il acheta à crédit, moyennant quinze mille dollars, l'église de la rue Bush, qui avait servi de temple aux Anabaptistes, et il la dédia, le 4 mai suivant, en grande pompe, au culte catholique. On ouvrit des souscriptions, on organisa des foires et des concerts pour payer le prix d'achat; mais les ressources, ainsi obtenues, suffirent tout au plus à faire face aux dépenses courantes. Grâce à la haute intervention de l'archevêque, la banque Hibernia avança la somme nécessaire.

L'abbé Blaive mourut le 30 septembre 1862, laissant l'église grevée d'une dette de $15,503. Son successeur, l'abbé Molinier, à force de sacrifices personnels, parvint non-seulement à éteindre cette dette, mais à acheter un orgue, à faire construire une chaire et à meubler le temple.

M. l'abbé Robert est aujourd'hui le curé de l'église de Notre Dame des Victoires.

L'Affaire Limantour.

Les anciens Californiens-mexicains, peu faits à un régime légal, d'un laisser-aller inouï en toutes choses, et d'ailleurs à mille lieues de soupçonner le changement que l'avenir réservait à leur pays, négligeaient souvent de faire définir leurs droits de propriété par des titres en règle.

En 1851, les Américains, étant en pleine possession

de la Californie, une commission, dite des terres, fut instituée par un acte du congrès. Cette commission était chargée de vérifier les titres des concessions mexicaines, mais sans pouvoir statuer d'une manière définitive. La loi, établissait un droit d'appel de ses décisions à la cour du district, et, en dernier ressort, à la cour suprême des Etats-Unis.

Il arrivait parfois que des détenteurs de titres mexicains ne venaient réclamer leurs propriétés que bien des années plus tard, alors que ces propriétés avaient plusieurs fois changé de main. Cet état de choses donnait lieu à des aventures surprenantes : témoin l'affaire Limantour.

Ancien capitaine au long cours, ancien armurier à Mexico, mais né en France, Joseph-Yves Limantour se trouvait, en 1843, pour affaires à San Francisco, où il se rencontra avec M. Duflot de Mofras.[1] Celui-ci, ayant conçu une haute opinion de l'avenir commercial et politique de l'Orégon et de la Californie, engagea vivement Limantour à solliciter du gouverneur Michel Torreno, une concession de terres à Yerba Buena. En considération d'une somme de 4,000 dollars environ, que Limantour avait avancée pour les besoins du gouvernement californien, il obtint une concession de près de quatre lieues carrées, comprenant le quart de la superficie actuelle de la ville de San Francisco, les îles d'Alcatraz et de Yerba Buena, tout le groupe des Farallones, plus cent lieues carrées dans diverses parties de l'Etat.

---

(1) — Voir page 8.

Voilà, du moins, ce que Limantour vint déclarer dix ans plus tard, en 1858, à la commission des terres, présentant à l'appui, des titres qui paraissaient parfaitement réguliers, et des témoignages émanés d'anciens hauts fonctionnaires du Mexique.

Ces réclamations furent d'abord accueillies avec indifférence par le public de San Francisco ; mais lorsqu'on apprit que le général James Wilson, avocat de Limantour, paraissait pleinement convaincu de la légitimité de ses prétentions, la plus vive inquiétude s'empara des esprits, et particulièrement des occupants des terrains réclamés. Quelques-uns parmi ces derniers consentirent à transiger avec Limantour qui, dit-on, reçut, de ce chef, environ $60,000. Mais l'agitation fut à son comble quand la Commission des terres rendit un arrêt confirmant les réclamations de notre compatriote.

Les autorités fédérales interjetèrent appel de la décision devant la cour de district ; et en 1858, le juge Hoffman, saisi de l'affaire, déclara les prétentions de Limantour non fondées et ses titres fabriqués longtemps après l'acquisition de la Californie par les Etats-Unis. Cette nouvelle décision trancha définitivement la question et mit fin à la crise immobilière que le procès avait provoquée.

FAITS DIVERS.

Les quelques faits détachés qui suivent et que nous notons à leurs dates respectives, nous semblent devoir intéresser le lecteur.

DÉCEMBRE 1852 — Le consul Dillon donne au commandant de la *Pénélope*, navire de guerre français mouillé en rade, un banquet auquel il convie les autorités et plusieurs citoyens notables de la ville. Ce banquet coïncide avec la nouvelle du sénatus-consulte qui rétablissait l'empire en France.

JANVIER 1853 — La municipalité de San Francisco, rend au consul sa politesse. Elle lui offre, à son tour, un banquet et y invite quelques-uns des principaux résidents français. La chambre des représentants de Californie inflige un blâme au conseil municipal pour cette manifestation impérialiste ; mais le Sénat refuse de s'associer à ce vote.

FÉVRIER 1853 — M. Huerne est chargé de la construction des docks de North Point et emploie pour ces travaux 150 Français et 50 Irlandais.

FÉVRIER 1855 — Plusieurs Français de San Francisco forment une société, dite *Franco-américaine*, ayant pour but la colonisation de la Nouvelle-Calédonie qui venait d'être acquise par la France. Directeur de la compagnie : M. Artaud; secrétaire: M. E. Sébire jeune.

Il n'est pas donné de suite à ce projet.

Mai 1855 — Le neveu du général mexicain Alvarez qui s'était prononcé contre le président Santa Anna, arrive à San Francisco pour y recruter des partisans. Nos compatriotes montrent peu de goût pour de nouvelles expéditions de ce genre.

Cependant, quelques mois plus tard, un nommé Zerman, de nationalité inconnue, trouve à enrôler à San Francisco, pour la cause d'Alvarez, une cinquantaine d'hommes, dont 20 Français. Ils s'embarquent sur l'*Archibald Garcie*, pour Acapulco.

17 Janvier 1856 — Arrivée, comme chancelier du consulat de France, en remplacement de M. Bataillard, de M. A. Forest, nommé plus tard consul à San Francisco.

16 Décembre 1856 — Arrivée de M. Gautier, consul de France. Il remplace M. Dillon nommé consul-général et chargé d'Affaires de France à Port-au-Prince (Haïti).

Le même jour, un banquet présidé par M. J. Mora Moss, est donné au consul partant, par un certain nombre de citoyens américains et irlandais. Parmi les assistasts on remarque le juge Hoffman, l'avocat-général Inge, les sénateurs Gwin et Broderick, etc.

1858 — La nouvelle de l'attentat d'Orsini, connue à San Francisco le 27 février 1858, y cause une grande sensation. Un certain nombre de Français se réunissent au consulat pour rédiger une adresse dans laquelle ils protestent de leur dévouement à l'empereur. D'un autre côté, on fait circuler en ville, parmi les républicains français, une adresse de protestation destinée au peuple de Paris.

Juin 1859 — Le vice-consulat de Monterey est transféré à Los Angeles, où une population française agricole importante commence à se former.

1859 — Ouverture d'un grand chantier pour le déboisement et le percement des rues de cette partie de la ville, connue sous le nom de *Hayes Valley*, et qui appartenait à MM. Pioche, Bayerque et Cie. Ce grand travail est confié à M. Huerne qui emploie 500 ouvriers terrassiers dont 200 Français.

Construction, par la même maison, du premier chemin de fer urbain à vapeur dans la rue Market, à San Francico, allant de la baie, au lieu appelé *Les Willows* (Mission Dolorès). M. Huerne est nommé directeur et aide-surintendant de ce travail. Presque tous les employés de ce chemin de fer sont des Français.

1861 — M. le consul Gautier part en congé, le 20 avril pour ne plus revenir, laissant la gérance à M. Forest.

1863 — La guerre de sécession produit une grande crise industrielle en Europe, et notamment en France. Les fabriques, privées de leurs provisions de coton, chôment, et les ouvriers se trouvent dans une détresse profonde. De toutes parts des secours leur sont adressés. A San Francisco, un comité, composé de MM. A. Forest, président; A. Cazelli, trésorier et Philippe G. Sabatié, secrétaire, ouvre une souscription parmi les Français de Californie et recueille 71,206 francs.

1864 — Arrivée du jeune et célèbre violoniste Paul

Julien. Il donne une série de concerts très suivis à San Francisco et fait ensuite une tournée dans les localités de l'intérieur. A son retour en ville, il donne une réprésentation d'adieux, le 27 octobre, pour les débuts du violoniste Théophile Planel, âgé de huit ans.

13 Février 1869 — Mort de M. de Cazotte, consul. Les Français lui font des funérailles magnifiques, auxquelles assistent les divers consuls, les autorités de la ville et des citoyens de toutes nationalités; mais nos compatriotes font mieux encore, ils offrent à la veuve et aux orphelins que M. de Cazotte laisse dans la pauvreté, une bourse de *cent mille francs.*

1869 — M. E. Rondel, lapidaire français à San Francisco, réalise sur l'avis de M. Huerne, une idée de M. Pioche. Il achète le terrain de l'ancien Tivoli, rue Seizième, à la Mission, et y fait construire un groupe de 23 maisons formant ce qu'on a appelé "Rondel Place". C'est la première application, faite à San Francisco, du système de *Homesteads.* On sait que ce système permet aux locataires d'une maison d'en devenir propriétaires en payant d'abord une certaine somme, et puis tant par mois, pendant un nombre d'années déterminé.

QUATRIÈME PARTIE

I

Associations Françaises.

Sociétés Françaises de Bienfaisance Mutuelle à San Francisco, à Mokelumne Hill et à Los Angeles — Compagnie Lafayette des Échelles et Crochets N° 2 — Maison d'Asile — Société de Rapatriement — Société de Secours — Société de Bienfaisance des Dames Françaises — Sociétés Fraternelles et secrètes — Compagnies Militaires — Sociétés Chorales et Artistiques — Caisse d'Epargnes — Cercles Français à San Francisco, à San José et à Los Angeles.

Société Française de Bienfaisance Mutuelle a San Francisco.

Parmi les nouveaux débarqués, se trouvaient des malheureux que les maladies ou les rudes épreuves d'une longue traversée avaient rendus incapables de tout travail immédiat. D'autres revenaient des mines, rongés par les fièvres, réduits au plus triste dénûment, sans parents ni amis. En présence de tant de misère et de souffrance, un certain nombre de nos compatriotes de San Francisco s'étaient concertés, dès les premiers mois de 1851, pour établir une Société de Secours. Les terribles conflagrations des mois de mai et de juin remirent tout en question. Mais sitôt la ville reconstruite, on poursuivit l'œuvre avec la plus grande ardeur.

Un premier appel respirant les sentiments les plus patriotiques, fut publié à cet effet le 9 décembre 1851, par M. Derbec, dans le *Daily Evening Picayune.* Le lendemain, M. Eugène Delessert, banquier, envoya au journal une lettre d'adhésion, mettant en même temps à la disposition de ses compatriotes ses bureaux, pour y tenir une assemblée générale.

Le 12, le *Picayune* publia une lettre collective d'adhésion très chaleureuse, signée des noms suivants : Th. Lafargue, Th. Dufau et Cⁱᵉ, J. L. Cacheux, J. Pinet, J. Gardet, Ed. Chaine, Barrère, S. Martin, E. Daugny, Ch. Daugny, Pioche, Bayerque et Cⁱᵉ, C. Féline, P. Maury, J. Chauviteau, C. Martin, Théod. Brou, L. Galley, Brillant, Dr. d'Heirry, Du Jay de Rosay, A. Cobb, Wm. Chauvin, Em. Grisar, A. Magne, Maubec, Deliagre, L. Hermann, A. Gaum., Eug. Delessert.

Le dimanche, 14 décembre, la première réunion eut lieu. Plusieurs centaines de nos compatriotes y assistèrent. Elle était présidée par M. Dillon, consul de France.

On nomma un comité provisoire, composé ainsi :

M. l'évêque de Californie, président honoraire; le consul, président; Mathey, vice-président; Eugène Delessert, trésorier; Cavillard et Derbec, secrétaires. Commissaires : MM. Gardet, Ch. Daugny, Barrère, Ch. Barroilhet, Galley, Bazin, De Massey, Gautier.

Une souscription ouverte, séance tenante, produisit $1,264. Le consul s'inscrivit pour $500,[1] M. Delessert pour $200, MM. Mathey et Chauviteau chacun pour $100, et M. Derbec pour $50.

Le comité provisoire, chargé de faire circuler des listes parmi les résidents français, devait aussi préparer un projet de statuts à soumettre à l'adoption des sociétaires.

La deuxième réunion eut lieu, le 21 décembre, au *Bazar Belge*. Les statuts, adoptés après discussion, comprenaient 18 articles, dont voici les principaux :

"Art. I. — La Société est instituée dans un but de bienfaisance."

"Art. II. — Tout individu, Français ou étranger résidant en Californie, est admis à en faire partie."

Le droit d'admission et la cotisation n'étaient pas fixés à un chiffre uniforme, chacun pouvait se taxer selon ses moyens et sa générosité.

L'Article 7 contenait l'idée-mère de l'association et la formulait ainsi : "Pourvoir aux besoins des malades, venir en aide aux Français privés de ressources, de même qu'aux citoyens des autres nationalités, qui seraient sociétaires, subvenir aux frais de sépulture.

Le Dr. d'Oleivéra fit à l'assemblée l'offre généreuse de recevoir chez lui et de traiter gratuitement les Français pauvres, jusqu'à l'époque de l'organisation définitive de l'œuvre. Les docteurs Le Batard, Huard, d'Heirry et Dé-

---

[1] — Au nom du gouvernement, et dans l'intérêt des immigrants nécessiteux de la Société du Lingot d'Or.

pierris se mirent à la disposition du comité avec le même désintéressement.

Dès la seconde assemblée générale, deux tendances sinon opposées, du moins divergentes, se manifestèrent parmi les adhérents. Les promoteurs de la Société, hommes établis et animés de sentiments très nobles, avaient en vue une œuvre philanthropique, au profit de nos compatriotes malades sans ressources: mais les travailleurs, qui se trouvaient être en majorité, décidèrent qu'elle viendrait aussi en aide aux hommes valides dans le besoin. Ils firent plus : ils adoptèrent, ce jour-là même, le principe de la mutualité, appliquée aux étrangers qui voulaient se faire admettre comme membres de l'association. Cette idée de mutualité se développa, grandit peu à peu dans les masses et ne tarda pas à s'imposer, comme une nécessité inéluctable, comme une question de vie et de mort pour la nouvelle société, au comité lui-même.

La Société naissante, eut également à lutter contre des difficultés d'un autre ordre, qui ne manquaient pas de gravité.

La plupart des Français étaient arrivés dans ce pays, avec les idées, les opinions, les tendances d'esprit, et, disons-le, avec les passions qui alors divisaient si profondément le peuple en France.

On trouve dans un article du *Picayune*, du 24 décembre, la trace des préoccupations causées par cet état de choses. Le rédacteur y met nos compatriotes en garde "contre des tentatives faites pour introduire des questions politiques qui n'ont point, dit-il, d'applications dans un pays où nous vivons à l'abri des lois étrangères."

Il fallut plusieurs années pour extirper, définitivement, les germes de division créés par la question religieuse et la question politique. La première de ces questions fut suscitée par quelques membres qui désiraient placer des sœurs de charité comme infirmières à la maison de santé, et accorder au clergé des facilités spéciales pour l'exercice de son influence spirituelle, dans l'intérieur de l'Établissement. Ces discussions atteignirent leur point culminant plus tard, lors de l'inauguration de la Maison de Santé, à la suite d'une proposition du comité tendant à la faire bénir par le curé de l'église française.

Le 28 décembre, on nomma le premier comité définitif. Il se composait de MM. Charles Barroilhet, président; Barrère et Daugny, vice-présidents; Cavillard et Plantié, secrétaires; Eugène Delessert, trésorier. Commissaires: MM. Galley, Cobb, Maury, Steiller, Durand, Steph. Martin, Lebatard, Gardet, Toussaint et D'Oleivéra.

En tout 16 membres. Le dernier nommé remplissait en même temps les fonctions de médecin traitant.

Une autre remarque à faire, c'est que pendant plusieurs années, pour des motifs divers, non indiqués dans les procès verbaux, les démissions au sein du comité arrivaient coup sur coup, tantôt isolées, tantôt collectives. Les unes étaient évidemment causées par l'existence nomade de beaucoup de nos compatriotes, toujours à la recherche d'une position meilleure; mais d'autres, en grand nombre, étaient dues à des divergences d'opinion.

Dans la première séance du comité définitif, le trésorier annonça que le nombre des adhérents s'élevait à près de 300, et que le montant des souscriptions était de $2,600 environ.

Le 31 décembre, le Comité fut solennement installé par M. Dillon, qui, le jour même, déclara tout prêt pour recevoir les malades.

L'hôpital provisoire était situé rue Jackson, au coin nord-ouest de la rue Mason, tout près du consulat de France.

Dans un appel, publié le 15 janvier, le comité se plaint de l'insuffisance des ressources fournies par les souscriptions, et sollicite de la part de la population française un concours plus général et plus actif.

Une représentation dramatique produisit $530, et un bal à la *Polka* $616. M. Ch. Barroilhet, sur le point de partir pour la France, offrit à la société une somme de mille dollars. Mais ces contributions ne suffisaient pas pour faire face aux besoins; aussi le comité, dans le but de sauver l'œuvre, à peine née, qui lui était confiée, prit-il, le 25 février, la décision suivante :

"A dater du 10 mars prochain, les Français malades ayant droit à l'hôpital américain,[1] ne seront admis à la Maison de Santé qu'autant qu'ils auront souscrit, pour un mois au moins, une piastre par mois antérieurement à leur maladie."

En prenant cette mesure, le comité entrait résolument dans la voie de la mutualité, sans exclure toutefois la bien-

---

[1] — Les autorités américaines avaient imposé aux navires l'obligation, de payer, avant leur entrée en douane, une certaine somme, moyennant laquelle, les passagers étaient admis gratuitement à l'hôpital de la ville, en cas de maladie.

faisance proprement dite. Il y eut de nombreuses protestations parmi ceux qui, en souscrivant à l'origine, n'entendaient faire qu'acte de philanthrophie et de patriotisme. Pendant de nombreuses années, des protestations du même genre agitèrent la Société; mais peu à peu on se rendit à l'évidence, et aujourd'hui tout le monde reconnaît que c'est au principe de mutualité que l'œuvre doit sa durée et sa grande prospérité.

M. D'Oleivéra, qui avait la direction de la Maison de Santé, recevait $2,50 par jour et par malade. Subséquemment, le prix fut réduit à $2.

M. Ch. Barroilhet, en reconnaissance des services rendus par lui à l'association, reçut du comité le titre de président honoraire. M. Eugène Delessert fut élu à sa place.

Dans le cours du mois de mai 1852, on établit des bureaux de correspondance dans les localités de l'intérieur.

M. D'Oleivéra, ayant manifesté, au mois d'août 1853, le désir de résilier son contrat avec la Société, le comité résolut de faire construire une Maison de Santé. Il acheta, en conséquence, un terrain, situé au coin des rues Bush et Taylor, au prix de $2,500. M. Huerne, architecte, se chargea, à titre gracieux, de présenter un plan et un devis calculés sur un chiffre de 60 malades. Pour couvrir les dépenses, le comité lança une souscription qui produisit la somme de 9,000 piastres. Le consul, M. Dillon s'inscrivit personnellement en tête pour $250, et ajouta $500 au nom de la Société de la Loterie du Lingot d'Or.

On peut voir encore dans la salle de réunion du comité, rue Jackson, la liste des souscripteurs, exposée dans un cadre. Le papier en est jauni par le temps et l'humidité et plusieurs noms sont devenus illisibles.

La Maison de Santé fut achevée vers la fin du mois de décembre 1853. Les dépenses de la bâtisse s'élevèrent à $7,195.

Le personnel de l'établissement se composait d'un économe à $80 par mois, de deux infirmiers à $45, et d'un cuisinier devant recevoir $50 le premier mois et $60 les mois suivants.

Le Dr. Peyraud fut le premier économe. Celui-ci ayant bientôt après donné sa démission, on nomma à sa place M. Cavillard avec un traitement de $100. Les médecins élus furent MM. Huard et Lebatard. Quant aux prix d'admission pour les malades, on les fixa à $2,50 par jour dans les salles communes, et à $4,00 dans les chambres particulières. Les souscripteurs qui désiraient se faire traiter dans une chambre à part payaient $2,00 par jour.

Enfin, MM. Guichard et Rioffrey offrirent de livrer les médicaments à raison de 25 cents par jour et par malade.

Dès les premiers jours de l'installation de la Maison de Santé, le comité, sur les plaintes des voisins, fut mis en demeure, de transférer l'établissement hors des limites de la ville. Il s'empressa d'adresser une pétitition au maire et au conseil municipal, les priant de surseoir à toute décision à cet égard.

Comme la société restait devoir $4,750 sur l'hôpital,

l'administration contracta un emprunt de $3,000 à 2½ pour cent par mois, taux raisonnable pour cette époque.

C'est dans l'assemblée générale du 23 avril 1854, que les souscripteurs firent pour la première fois, acte de souveraineté, le comité ayant jusqu'alors exercé des pouvoirs très étendus.

Sur la proposition de M. Saveiron, l'association qui, dès son origine, portait le nom de *Société Française de Bienfaisance*, reçut celui de *Société Mutuelle et de Bienfaisance*, qu'elle garda pendant une année.

Il est à remarquer que cette nouvelle appellation ne faisait que consacrer la décision prise par le comité le 25 février précédent. Elle indiquait que, tout en adoptant partiellement le principe de mutualité, la société continuait à pratiquer la charité. En effet, si elle mettait certaines conditions à l'admission des malades, elle n'en accordait pas moins ses secours aux malheureux, soit en les aidant à vivre, soit en les envoyant aux mines, soit même en les rapatriant.

Le bilan de la Société accusait, au 10 mai 1854, un déficit de $5,471.87.

Afin d'amortir la dette, le comité décida, le 24 mai, d'organiser une loterie, dont le principal lot était une maison et un terrain situés rue Sutter, près de la rue Stockton. On émit 3,000 billets à 2 dollars.

Le 1er Juin, nouvelles plaintes des voisins de la Maison de Santé. Nouvelle pétition du Comité qui, dans l'espoir d'apaiser les réclamants, fit entourer l'hôpital d'une clôture en planches de huit pieds de hauteur.

Le 24 août, M. D'Oleivéra fut élu médecin traitant en remplacement de M. Huard, et, le 26 octobre, on nomma M. Croué économe.

A l'Assemblée générale, tenue le 22 avril 1854 au théâtre Adelphi, et présidée par le Dr. Gibelin du Py, le rapport annuel constata l'excellente situation de la Société. Toute la dette était payée, et il restait $387.03 en caisse. 308 malades avaient été admis, pendant l'exercice, à la Maison de Santé, et 30 y étaient en cours de traitement.

Le rapport exposa ensuite que de nombreuses tentatives avaient été faites par le comité pour soulager *gratuitement* les malades privés de ressources; mais qu'à raison de l'insuffisance des fonds mis à sa disposition, il a dû renoncer à suivre cette voie et s'en tenir au principe de la mutualité. Cependant, ajoute le rapport, rien n'empêche les personnes généreuses d'offrir des dons à la Société et de constituer un fonds spécial de bienfaisance.

C'est après avoir entendu ce rapport que M. Boverat aîné, capitaine de la Compagnie Lafayette des Echelles et Crochets, proposa de changer le titre de la Société en celui de *Société Française de Bienfaisance Mutuelle*.

La discussion de cette proposition renvoyée au dimanche suivant, 29 avril, fut des plus vives. Mise aux voix, elle fut adoptée à une forte majorité. L'assemblée décida ensuite d'accorder au médecin traitant une indemnité mensuelle de 60 dollars.

M. Sidney V. Smith nommé, le 13 juillet 1855, avocat de la Société, se chargea, avec le plus grand désintéressement, du soin de la faire incorporer. Cette formalité eut lieu le 9 juin 1856. Afin de se conformer aux lois de l'Etat, le comité réduisit le nombre de ses membres de 16 à 15.

Tant que la question de mutualité était restée en suspens, elle avait été une cause de troubles et d'agitation au sein de la Société. Quand elle fut résolue dans le sens affirmatif que nous avons indiqué, les souscripteurs, à part quelques exceptions, prirent aussitôt un intérêt plus vif, plus direct, plus personnel à l'institution, devenue leur œuvre propre, leur chose à eux. Mais alors aussi surgirent des questions nouvelles qui, pendant des années, divisèrent les membres de l'association, et qui aujourd'hui encore ne semblent pas avoir reçu de solution définitive.

Les voici :

Les médecins doivent-ils être nommés par le comité, ou directement par les sociétaires ? Doivent-ils être munis d'un diplôme ? Ce diplôme doit-il être d'une Faculté de France, exclusivement ?[1]

Ces différents points furent soulevés et discutés avec la plus grande animation dans l'assemblée générale du 4 mai 1857. Une motion, faite pour enlever au comité le droit qu'il avait toujours exercé, de nommer les médecins, fut rejetée. M. Dubourg, qui en était l'auteur, demanda alors que les médecins fussent tenus de produire leur diplôme de docteur d'une des Facultés de France. M. Seuilly, président, sans combattre cette nouvelle proposi-

---

[1] — A cette époque, la loi californienne n'exigeait pas de diplôme pour exercer la médecine.

tion, insista sur la convenance d'accorder aux médecins qui, par suite des accidents si nombreux dans ce pays, ne seraient plus en possession du document exigé, un délai de six mois pour se procurer un duplicata.

La proposition, ainsi amendée, fut adoptée.

Les deux médecins élus étaient MM. D'Oleivéra et Gibelin du Py. Invité par le nouveau comité à déposer son diplôme au secrétariat, M. du Py répondit que celui qu'il avait obtenu, le 3 août 1847, à Montpellier (France), lui avait été volé à la suite d'un incendie, à San Francisco. Un délai de six mois lui fut accordé pour se mettre en règle.

M. D'Oleivéra, de son côté, déclara qu'il avait un diplôme, et à l'appui de son assertion, il envoya au comité plusieurs pièces attestant qu'il avait été chargé par le gouvernement français de missions scientifiques. Le comité, non satisfait de cette réponse, nomma une commission chargée de se rendre auprès du docteur, afin d'obtenir des renseignements précis. Après une entrevue avec M. D'Oleivéra, la commission présenta son rapport dans lequel elle affirma avoir vu, de ses propres yeux, le diplôme conféré à ce médecin par la Faculté de Paris. Tout paraissait donc pour le mieux en ce qui concernait ce praticien.

Au mois de décembre suivant, M. Gibelin du Py donna sa démission, et M. D'Oleivéra fut nommé médecin en chef avec des appointements de 150 dollars par mois, à la charge pour lui de faire le service intérieur de la Maison de Santé et le service en ville. On nomma, en même temps, un médecin interne, M. Ignard Lachamois, avec un traitement de 60 dollars, et un médecin honoraire ou suppléant, M. Huard.

Dans l'intervalle, deux confrères de M. D'Oleivéra, à San Francisco, ayant des doutes sur l'authenticité de son diplôme, avaient écrit à Paris et reçu en réponse une pièce officielle, attestant qu'il n'était pas docteur en médecine.

A l'arrivée de cette pièce, le comité pria de nouveau M. D'Oleivéra de produire son diplôme. Celui-ci, qui jouissait d'une grande popularité parmi les sociétaires, s'en référa à ses précédentes déclarations et donna sa démission. Aussitôt plusieurs malades, informés de cette nouvelle, quittèrent la Maison de Santé, sans attendre leur guérison.

Dans sa perplexité, le comité résolut de soumettre le cas à ses commettants.

L'assemblée générale eut lieu le 9 mai 1858. La question à régler souleva de longues et tumultueuses discussions. MM. Mahé, Boutin, Seuilly, Pons, le Dr. Morin, le Dr. Dépierris, Léon Chemin et enfin M.. Nolf qui, à cette occasion, faisait ses débuts comme orateur, prirent tour à tour la parole. Les uns soutenaient avec force que l'article des statuts relatif au diplôme devait être maintenu et respecté, les autres en demandaient à grands cris l'abrogation. Dans une improvisation véhémente, M. Nolf, exaltant le mérite de M. D'Oleivéra comme médecin, s'écria tout-à-coup : "Le diplôme accordé par l'opinion publique vaut bien celui d'une Faculté!"

De guerre lasse, l'assemblée décida :

1º Que les médecins de la Société devaient être diplômés d'une des Facultés de France. 2º Que le service médical serait fait par deux médecins égaux en titre et en appointements. 3º Qu'ils seraient nommés par les sociétaires, le comité conservant toutefois le droit de les suspendre et même de les révoquer, sauf à faire ratifier sa décision par une assemblée générale. On attribua enfin à l'administration le droit de fixer le chiffre du traitement à allouer.

En prenant la première de ces décisions, la majorité des sociétaires paraissait convaincue que son docteur favori avait ses titres parfaitement en règle. Aussi fut-il réélu par 248 voix, tandis que le Dr. Depierris, qui s'était énergiquement prononcé en faveur du diplôme, ne fut nommé que par 98.

Mais la Société n'était pas au bout de ses difficultés. M. D'Oleivera, invité de rechef à présenter son diplôme, s'y refusa formellement, en disant qu'il l'avait déjà soumis à l'inspection de la commission nommée par le comité. Celui-ci se vit dans la nécessité de convoquer une nouvelle assemblée, seule compétente pour trancher la question.

Dans cette réunion, qui eut lieu le 23 mai, on décida tout d'abord que, par mesure de prudence, chaque assemblée générale devait être désormais précédée d'une assemblée préparatoire. On aborda ensuite la grande et brûlante question qui provoqua les débats les plus orageux, envenimée qu'elle était par des compétitions personnelles.

Deux propositions furent faites : l'une par M. Vasselin qui, invoquant le principe de la souveraineté de l'assemblée en matière de réglementation, demanda que l'article des statuts relatif au diplôme fut supprimé.

L'autre proposition, formulée par M. Vénard dans un but de conciliation, tendait à exempter les médecins, ayant déjà servi la Société, de l'obligation de produire leurs titres.

L'assemblée adopta la première proposition par 150 *oui* contre 126 *non*, et nomma au poste de médecins traitants MM. D'Oleivéra et le docteur Dépierris. Celui-ci donna aussitôt sa démission ainsi que huit membres du comité.

Le Dr. D'Oleivéra, étant parti pour la France dans le courant de l'exercice, la question du diplôme fut remise sur le tapis à l'assemblée générale du 8 mai 1859. MM. Nolf, Chemin et Thiele, tous trois doués d'une grande facilité de parole, se livrèrent à une joûte oratoire très intéressante, mais souvent interrompue par des scènes d'indescriptible désordre. La discussion n'aboutit à aucun résultat. Il en fut de même à l'assemblée de 1860; mais en 1861, on réussit à rétablir l'article des statuts exigeant le dépôt préalable d'un diplôme *français*.

En 1863, pour élargir le cercle trop étroit des candidats pouvant se présenter au poste de médecin de la Société, on modifia l'article en question, en admettant comme valable tout diplôme *d'une Faculté reconnue*, française ou étrangère.

Sur ces entrefaites, M. D'Oleivéra était revenu de son voyage, conservant toute sa popularité. Réélu avec M. Huard, il déclina de nouveau d'exhiber son diplôme et déclara en même temps que, dans aucun cas, il ne consentirait à faire les visites à domicile. On nomma M. Peyraud à sa place.

Le 6 mai 1866, les sociétaires donnèrent pleine satisfaction à M. D'Oleivéra, en statuant que les médecins qui avaient donné leurs soins à la Société pendant que le service médical était gratuit, seraient dispensés de produire leurs titres.

Réélu avec le Dr. Wernicki, il accepta cette fois; mais alors surgirent des difficultés d'un autre genre : les deux médecins, comme cela arrivait assez souvent à cette époque, ne pouvaient s'entendre sur la direction du service médical. Pour éviter, à l'avenir, ces tiraillements si préjudiciables aux intérêts de la Société, le comité demanda, mais en vain, le droit d'élire lui-même les médecins.

Cette demande, ayant été renouvelée dans l'assemblée de 1869, à la suite d'un conflit qui s'était élevé entre le comité d'une part, et les médecins traitants de l'autre, elle obtint enfin plein succès. La même assemblée déclara aussi le diplôme français seul valable, et décida la création d'un poste de médecin spécial pour les visites à domicile.

En 1872, on réduisit le nombre des titulaires à deux; ils devaient se partager le service à la Maison de Santé et celui de la ville. On fixa le traitement de chacun à 200 dollars par mois.

En 1874, nouveau changement. On reporta à trois le nombre des médecins, dont deux attachés à la Maison de Santé, avec un traitement de 150 dollars par mois, et le troisième chargé du service des malades en ville, aux appointements de 200 dollars. On décida, en outre, que les médecins seraient de nouveau élus par les sociétaires.

Enfin, le 17 mars 1877, fut créé le poste de médecin oculiste avec 50 dollars par mois comme honoraires.

Revenons maintenant de quelques années en arrière.

Le Comité, nommé en 1857, s'était vivement préoccupé de la nécessité de doter la Société d'une Maison de Santé qui, par ses dimensions et ses aménagements intérieurs, fût en rapport avec l'importance acquise par l'institution. Il convoqua, en conséquence, les sociétaires pour le 23 août. Dans le rapport qu'il avait préparé sur la question, il évaluait les dépenses à $25,000.

Pour faire face à ces dépenses, la Société possédait, en espèces, $5,500 et sa propriété de la rue Bush, estimée à $3,000 : soit un total de $8,500.

Restait un écart de $17,000 ; mais comme il pouvait y avoir des dépenses imprévues, le comité proposa de faire un emprunt de $20,000, et suggéra l'idée d'émettre 400 obligations de $50 chacune. D'après ses calculs, on pouvait espérer d'amortir la dette en moins de huit ans, grâce à l'excédant annuel des recettes sur les dépenses.

Le rapport était signé : L. Galley, président — A. Nouguez et J. Caire, vice-présidents — E. Rébard, trésorier — Eugène Thomas et L. Méjasson, secrétaires. N.

Larco, A. E. Sabatié, C. Roturier, A Nouzillet, G. Mahé, T. Pons, A. Barbier, T. Voisin et G. Berger, commissaires.

L'assemblée se composait de 75 à 80 sociétaires seulement. Comme elle ne pouvait se mettre d'accord sur certains points, elle s'ajourna à huitaine.

Dans la nouvelle assemblée, on décida à l'unanimité d'émettre, au lieu de 400, 800 obligations, à 25 dollars chacune. M. Abel Guy consentit à recueillir les fonds des souscripteurs.

M. Huerne fut prié de rédiger un projet de cahier des charges pour l'adjudication des travaux de la nouvelle Maison.

L'inauguration de l'hôpital, situé rue Bryant, eut lieu avec beaucoup d'éclat, le 15 mars 1858. Un incident, auquel nous avons déjà fait allusion, faillit troubler la fête. Le comité avait décidé que l'abbé Blaive serait invité à venir bénir l'édifice. Cette décision provoqua de violentes discussions, et l'immense majorité s'étant prononcée contre toute ingérence d'un clergé quelconque, le comité dut supprimer la cérémonie religieuse.

Le jour désigné, les sociétaires se réunirent à midi, devant l'ancien Mechanics' Institute, situé à l'intersection des rues Montgomery et Market. Là, ils se mirent en ligne, musique et tambours en tête, sous la conduite du grand marshal A. Cobb et de ses aides, tous à cheval et portant l'écharpe tricolore en sautoir. Derrière le corps de musique, venaient les autorités de la ville, des délégués de diverses sociétés et corporations, des officiers de l'armée des Etats-Unis, les membres du comité, puis les sociétaires. A la suite de ces derniers se déroulait une longue file de voitures occupées par les invités.

Le cortége se mit en marche, au bruit de salves d'artillerie. Arrivé à la Maison de Santé, il y trouva une foule nombreuse de spectateurs. Le drapeau français flottait sur l'édifice qui, bien que composé seulement d'un rez-de-chaussée et d'un sous-bassement, présentait néanmoins un aspect imposant pour cette époque où les grandes constructions étaient encore rares en ville. Le président, M. Barbier, prononça une allocution dans laquelle il fit l'historique de la Société, et exposa les phases diverses, parfois critiques, par lesquelles elle avait eu à passer. Le juge Freelon prit à son tour la parole en français, exprimant ses vives sympathies pour les grandes idées françaises qui unissent si intimement notre colonie au peuple américain. Trois formidables hurrahs saluèrent son discours.

Un accident grave attrista la fin de cette belle fête. Un des artilleurs, M. Pierre Manciet, fut blessé par la décharge d'un des canons utilisés pour la circontance. L'amputation du bras droit fut jugée nécessaire. La colonie française ouvrit une souscription en faveur du blessé.

La Société, désireuse de marquer sa reconnaissance à M. Huerne pour ses services rendus, ajouta à ses honoraires une indemnité de $200. En outre, elle lui décerna, à l'unanimité, le titre de membre à vie, l'exemptant de toute cotisation mensuelle et mettant à perpétuité, à sa disposition, en cas de maladie, une chambre particulière dans la Maison hospitalière dont il avait fourni le plan.(1)

C'est dans l'assemblée générale, qui eut lieu après l'inauguration, que le comité, afin de faire disparaître un écueil dangereux, adjura les sociétaires de mettre en tête de leurs statuts, la déclaration suivante :

Toute question religieuse ou politique, d'où qu'elle surgisse, doit être absolument écartée de la Société.

Les frais de construction s'élevèrent à $17,534. Avec le terrain, les travaux d'installation, le service des eaux, les bains de vapeur, les salles de bains de barége, les bains ordinaires, les moulins à vent, le mobilier, etc., la totalité des dépenses fut de $33,513.48.

Le 13 août 1858, le comité décida d'ouvrir une pharmacie dans le nouvel établissement.

Le 7 janvier 1859, la Société de Bienfaisance Italienne demanda à faire soigner ses malades à la Maison de Santé Française. L'arrangement, conclu entre les deux associations, subsista jusqu'au mois de septembre 1861, époque à laquelle la Société Italienne confia ses malades à l'Institut Médical du Dr. Rottanzi.

Dans l'année qui suivit la construction de l'Hôpital, le nombre des sociétaires s'éleva de 1300 à 1800, et le chiffre augmenta peu à peu dans de telles proportions que, dans l'assemblée générale de 1868, M. Alex. Weill souleva la question de savoir s'il n'y avait pas avantage à acheter un nouveau terrain, afin d'y faire construire une Maison de

---
(1) — Nous voudrions que la Société accordât le même témoignage à M. Derbec, qui a été le principal promoteur de cette belle institution. M. Derbec a été nommé depuis Chevalier de la Légion d'Honneur.

Santé plus vaste, ainsi que l'Asile des Vieillards et des Invalides, dont la création avait été décidée trois ans auparavant.

Le comité, élu en 1868, et présidé par L. G. Salomon, eut pour tâche d'étudier cette question. Sur l'avis de M. Huerne, il s'arrêta à l'idée de faire élever le bâtiment d'un étage (22 juillet).

La Société possédait alors un capital liquide de $9,797.28. Pour faire face à la situation, on fit un emprunt de $12,000 à 10 pour cent, payables dans quatre ans. Mais les dépenses, s'élevant à $38,030.00, dépassèrent de beaucoup les prévisions. C'est à ce propos, que l'assemblée générale du 9 mai 1869, adopta l'article suivant des statuts :

"Dans toutes les questions où les intérêts de la Société pourront se trouver engagés, par une seule mesure, pour une somme excédant $10,000, le comité devra convoquer une assemblée générale."

Il n'y eut pas de cérémonie solennelle après l'achèvement des travaux (fin avril 1869) ; mais le 10 mars 1870, le comité se rendit, en corps, à la Maison de Santé, où l'on avait préparé une surprise à l'avocat de la Société. M. Alex. Weill, président, lui présenta, au nom de l'Association, un diplôme de membre à vie et un magnifique service à thé en argenterie. Sur la pièce principale se trouvait gravée cette inscription :

Témoignage d'estime et de reconnaissance,

Offert a M. Sydney Smith

par la

Société Française de Bienfaisance Mutuelle.

San Francisco, 12 février 1870.

L'année fut exceptionnellement bonne : les recettes dépassèrent de $10,694.90 les dépenses ordinaires, et le nombre des sociétaires atteignit 3,887, dont 1,285 étrangers.

Le poète Pierre Cauwet, à qui la Société devait la rentrée d'une somme de $1,676.70, reliquat d'une affaire dite des *Mineurs*, fut nommé membre à vie, et l'infirmier François Gavoille, qui s'était distingué par son dévouement lorsque la petite vérole sévissait à la Maison de Santé, reçut une médaille en or, au nom de l'Association.

Retraite pour les Vieillards et les Invalides.

C'est à l'assemblée générale du 5 mai 1861, que le comité sortant avait fait la proposition de fonder une *Retraite pour les Vieillards et les Invalides*, en accordant le droit d'admission à la Maison de Santé, à tout membre de la Société, né Français, âgé de 60 ans et sociétaire régulier depuis dix ans sans interruption. La mesure proposée fut adoptée à une grande majorité, et devait être appliquée à partir du 1er mai 1871. Mais les dépenses, occasionnées par l'agrandissement de l'Hôpital, pesaient si lourdement sur la situation financière, que le comité, en 1870, crut devoir consulter M. Sydney Smith sur la question de savoir si la Société était tenue d'exécuter les engagements qu'elle avait pris si témérairement dix ans auparavant. L'avocat répondit que si les intérêts généraux de la Société l'exigeaient, la majorité avait parfaitement le droit d'ajourner la mise en vigueur de l'article des statuts dont il s'agissait.

Les sociétaires, appelés à donner leur avis, nommèrent au mois de mai, une commission chargée d'étudier la question.

Dans un rapport très développé, et publié le 10 juin 1870, la commission se prononça en faveur de la mise à exécution de la mesure à la date convenue ; mais en même temps elle proposa de limiter les cas d'admission aux nécessiteux, et d'accroître les ressources par des appels de fonds ne pouvant dépasser le chiffre de deux dollars par an et par sociétaire. Les conclusions de ce rapport furent approuvées, après une discussion prolongée, par l'assemblée du 26 juin.

Le comité, présidé par M. Nolf, recula devant l'exécution d'un pareil vote. Il convoqua de nouveau les sociétaires pour le 9 avril 1871. La question fut vivement débattue, à des points de vue divers, par MM. Alex. Weill, Ansiglioni, Salomon, Landry, Toussaint, Joseph Aron, Lemaître, Pigné-Dupuytren, Nolf et Dewell. Enfin l'assemblée se rallia à la proposition suivante faite par M. Alex. Weill :

"Le comité pourra admettre à la Maison de Santé un sociétaire non-malade qui, par son âge ou par la privation de l'usage de ses membres, se trouvera dans l'impossibilité de travailler.

"Toute demande d'admission, comme vieillard ou invalide, devra être adressée au comité qui délibèrera sur les deux questions suivantes :

"1° La situation de la Société permet-elle l'admission ?

"2° Le postulant se trouve-t-il dans un état qui justifie le comité de faire droit à sa demande ?

"L'admission ne sera prononcée que par un vote de dix membres au moins du comité répondant affirmativement aux deux questions précitées."

Cette législation est restée en vigueur jusqu'à ce jour.

Faits Divers.

Il ne nous reste plus, pour compléter l'histoire de la Société de Bienfaisance Mutuelle, qu'à résumer quelques faits isolés.

Mars 1858 — M. Bourquin offre gratuitement ses soins comme dentiste.

30 novembre 1861 — M. Pruvost est nommé pharmacien à la Maison de Santé, en remplacement de M. Cheminant, démissionnaire.

Mai 1862 — L'assemblée réduit à $3 le prix réclamé des malades non-sociétaires, traités en chambre particulière, et à $2 celui des malades non-sociétaires, traités dans les grandes salles.

Dans la même assemblée, il est décidé que les propositions et amendements soumis à la réunion préparatoire doivent être renvoyés au comité chargé de les examiner et d'en faire l'objet d'un rapport à l'assemblée générale.

On réduit également à 50 cents la cotisation des enfants au-dessous de 15 ans.

Dans le courant de 1862, le comité obtient, de la Compagnie des bâteaux à vapeur, le passage gratuit en faveur des sociétaires malades de l'intérieur, désireux de se faire soigner à San Francisco.

6 janvier 1866 — Le comité présente à M. Elie Lazard, qui allait rentrer en France et qui avait fait partie de l'administration, un an comme trésorier, et trois ans comme président, une adresse d'adieux pour lui témoigner ses regrets et sa haute estime.

26 juin 1870 — L'assemblée fixe à $5 le droit d'admission comme sociétaire. Dans le cours de l'exercice 1870-71, la Société perd, par suite de la guerre franco-allemande, 502 membres de nationalités étrangères. Malgré cette perte, le Rapport annuel constate un excédant de recettes de $5,359.36.

27 mars 1872 — M. A. Durand, collecteur de la Société, ayant donné sa démission, est remplacé par M. A. Goustiaux, qui est entré en fonctions le 1er mai suivant. Le nouveau titulaire avait été employé pendant trois ans comme infirmier à la Maison de Santé et s'était signalé, par son activité et son intelligence.

10 avril — M. E. Pruvost, qui avait antérieurement donné sa démission, est appelé de nouveau au poste de pharmacien, en remplacement de M. de Chesne.

1873-1874 — Plusieurs dons sont faits à la Société, entre autres un legs de $2,500 par M. Romain Bayerque.

Le comité offre une montre en or à M. Neulens pour services rendus à la Société comme ingénieur.

10 Mai 1874 — Les sociétaires décident que l'assemblée préparatoire aura lieu, à l'avenir, le 1er dimanche de mars, et l'assemblée générale le 3me dimanche. Ils déci-

dent aussi la création d'une pharmacie en ville. Dans son rapport annuel, le comité constate que la Société, libre de toute dette, possède un capital de sept mille dollars.

18 Mars 1877 — On vote la création d'un fonds de *prêts* au profit des sociétaires malades qui ne peuvent acquitter leurs cotisations. Ce fonds devra se former et s'alimenter par le produit d'un pique-nique annuel. M. Alexandre Weill, auteur de la proposition, fait, pour cet objet, un don de $500.

1878-1879 — Acquisition par la Société d'un terrain destiné aux inhumations. Ce cimetière est situé à un mille en deça de Seal Rock et comprend une étendue d'environ quatre acres.

26 Juin 1878 — Nomination de M. D. Martin comme économe, en remplacement de M. Gouge, démissionnaire.

21 Mars 1880 — L'assemblée fixe à $150 le prix d'admission comme sociétaire à vie. Les personnes qui font partie de la Société depuis dix années consécutives, continuent à être admises à ce titre moyennant $100. La même assemblée vote des remercîments particuliers à son président, M. Alexandre Weill, qui est sur le point de quitter la Californie.

15 Octobre 1881 — Nomination de M. Sapin, comme pharmacien à la Maison de Santé, en remplacement de M. Pruvost, décédé.

4 Mars 1883 — Nomination par les sociétaires d'une commission de cinq membres, chargée de s'enquérir d'un emplacement convenable pour y élever, quand la Société

le jugera opportun, une Maison de Santé, réalisant les progrès les plus récents de la science et offrant tout le confort et toutes les commodités désirables.

En reconnaissance du legs de $3,800 fait à la Société par M. Wilke, son nom est donné à l'une des grandes salles de la Maison de Santé.

Voici d'après le dernier compte-rendu annuel du comité, le résumé de la situation de la Société au 29 février 1884 :

Recettes pendant l'exercice écoulé : $55,789.83
Dépenses   "   "   "   48,906.45

L'avoir de la Société, en espèces et en valeurs de diverses natures, non compris les immeubles, était de $41,189.85. Dans cette somme, figurent $28,000 de *bonds* 4 0/0 des Etats-Unis, dont la valeur réelle, au cours de $123.75 est de $33,650.00; de sorte que le capital social mobilier de la Société est en réalité de $46,839,85.

Le personnel, attaché à la Maison de Santé, comprend :

1 Économe, 2 pharmaciens, 1 chef infirmier, 2 cuisiniers, 1 chauffeur-mécanicien, 1 blanchisseur, 1 laveur de vaisselle, 5 infirmiers, 2 infirmières, 1 jardinier, 1 cambusier-baigneur, 2 hommes de peine, 1 concierge, en tout 21 employés recevant $935 de traitement par mois.

Le comité, pour l'exercice 1884 – 85, est composé de la manière suivante :

Président, Henri Barroilhet; 1er vice-président, L. Boudin; 2me vice-président, Sylvain Weill; trésorier, E. Thiele; 1er secrétaire, C. Maubec; 2me secrétaire, A. Schmidt; Commissaires : J. Pac, B. Lacaze, H. Maison,

Em. Mayer, F. Mitchell, H. Martin, A. Aubert, E. Gaussail. Avocat de la Société, M. Sydney V. Smith.

Service Médical — MM. B. Hoffstetter et Bazan, médecins traitants à la Maison de Santé; M. Gross, médecin traitant en ville; M. Martinache, médecin-oculiste; M. Van Combrugghe, dentiste.

MM. A. Goustiaux, collecteur; E. Larthe, collecteur-adjoint.

Voici les noms des présidents de la Société depuis sa fondation :

Ch. Barroilhet } Eug. Delessert }	- 1851–1852
Bruguières,	1852–1853
L. Hermann,	1853–1854
J. Bonneron, } Gibelin du Py }	- 1854–1855
Gibelin du Py,	1855–1856
F. Seuilly,	1856–1857
A. Barbier,	1857–1858
G. Mahé,	1858–1860
Abel Guy,	1860–1861
P. Torquet,	1861–1862
Elie Lazard,	1862–1865
E. Kohn,	1865–1866
R. Bayerque, } N. Guillemin, }	- 1866–1867
A. Carrère	1867–1868
L. G. Salomon,	1868–1869
Alexandre Weill,	1869–1870
A. L. Nolf,	1870–1871
Alexandre Weill,	1871–1872
Marc de Kirwan,	1872–1873
Henri Barroilhet,	1873–1878
Alexandre Weill,	1878–1879
A. Nerson, } Alex. Weill, }	- 1879–1880
Henri Barroilhet,	1880–1885

Société Française de Bienfaisance à Mokelumne Hill.[1]

Nous avons mis en tête de la liste de nos associations françaises californiennes de bienfaisance mutuelle, la Société de San Francisco, à cause de sa grande importance; mais elle n'est pas la première par la date de sa fondation. Les Français de Mokelumne Hill avaient pris les devants, et c'est à M. de la Rivière, agent consulaire de France dans cette localité, qu'il convient d'en attribuer l'honneur. Douloureusement ému du grand nombre d'accidents dont nos compatriotes étaient les victimes dans les placers, il conçut l'idée généreuse de leur venir en aide par la fondation d'une Maison de Santé.

Cette création fut décidée le 2 septembre 1851. A la fin du mois, l'infatigable promoteur de l'œuvre, avait réuni 375 adhérents. Il allait lui-même, à vingt milles à la ronde, solliciter les mineurs et recueillir leurs cotisations fixées à un dollar par mois. Toutes les personnes parlant notre langue, Français, Belges, Suisses, Savoisiens,[2] Piémontais, Canadiens, pouvaient faire partie de la Société, qui n'était pas mutuelle à l'origine.

M. de la Rivière acheta, au prix de 70 dollars, une tente de grande dimension pour y recevoir les malades. Il y fit installer une dizaine de lits avec un poêle, et prit un

---

[1] — Nous avons trouvé une partie des détails qui suivent, dans les rapports publiés par M. de la Rivière, dans l'*Echo du Pacifique*. MM. Estrade et Grand-Chavin, de Mokelumne Hill, ont bien voulu les compléter.
[2] — La Savoie n'était pas encore annexée à la France.

mulâtre comme infirmier. Trois matelots, blessés par un éboulement, furent les premiers à jouir des bienfaits de cette institution hospitalière, à laquelle le Dr. Alison se consacra avec le plus grand dévouement.

Non content de ce résultat, M. de la Rivière fit de louables efforts pour fonder des établissements du même genre dans les comtés voisins, et pour les relier les uns aux autres, par une sorte de fédération donnant à chaque souscripteur droit d'asile dans l'une ou l'autre de ces Maisons de Santé. C'est ainsi que Marysville fut dotée d'un petit hôpital le 1er juin 1853, et Sonora le 1er juillet suivant. Plusieurs médecins, outre M. Alison, s'étaient dévoués à l'institution : MM. Pigné-Dupuytren, Rouquette, Amouroux et Aubert. M. de la Rivière, pour forcer la main aux mineurs imprévoyants ou indifférents, demanda enfin que la Société adoptât le principe de mutualité.

Le départ de cet homme de bien, fut une grande perte pour la jeune Société et le grand incendie de 1854, lui porta le dernier coup.

Trois ans après, au mois de mai 1857, se fonda, à Mokelumne Hill, la Société Franc-Comtoise dans laquelle, ainsi que le nom l'indique, les Francs-Comtois étaient seuls admis. Les sociétaires étaient soignés à domicile aux frais de l'association, et recevaient, en outre, cinquante cents par jour durant le temps de leur maladie. Cette Société, qui compta, à un certain moment, jusqu'à 60 membres, se fondit dans la Société Française de Secours Mutuels, établie le 3 juin 1860. Le docteur Alison contribua puissamment à la création de cette nouvelle œuvre de solidarité française. On acheta aussitôt, moyennant mille dollars, une maison pour y installer l'hôpital.

Depuis cette époque, la Société n'a pas cessé d'exister; seulement nos compatriotes y sont aujourd'hui en minorité. Dans ce Mokelumne Hill qui, il y a trente ans, était le centre vivant et bourdonnant d'une population de plusieurs milliers de Gaulois, il ne reste plus que quatre familles et deux célibataires d'origine française. Le comté tout entier compte à peine cinquante ou soixante des nôtres.

La Société porte encore, par reconnaissance sans doute pour les fondateurs, le nom de *Française,* car la plupart de ses membres sont étrangers à notre nationalité.

Nous avons, sous les yeux, le rapport annuel publié par le comité, le 30 juin 1883. Pendant l'exercice écoulé, les recettes s'étaient élevées à $1,595.95 et les dépenses à $1,523,02. Les cotisations ($1 par mois) avaient fourni $887. Le médecin recevait $600 et l'économe $360 par an.

Voici les personnes qui forment le bureau actuel du comité :

MM. F. W. Peck, président; Sylv. Cretin, vice-président; Joseph Grand Chavin, secrétaire; et Ch. Jacob, trésorier.

Société Française de Bienfaisance Mutuelle de Los Angeles.

Le 1ᵉʳ mars 1860, une trentaine de résidents français de Los Angeles fondèrent cette Société.

Grâce à une administration habile et dévouée, l'association réunissait au bout de neuf ans, 300 adhérents avec un capital de $10,000. Elle employa cette somme à acheter un vaste terrain et y fit construire une Maison de Santé. La pose de la première pierre eut lieu solennellement le 24 octobre 1869, et l'édifice fut terminé au mois d'avril 1870.

La Société n'a cessé de prospérer depuis cette époque. Au 15 février 1884, elle se composait de 551 membres, et avait en caisse $6,888,01.

Dans le courant de la dernière année, les recettes se sont élevées à $7,559 et les dépenses à $5,948. Pendant la même période, 246 malades ont été traités en ville et 61 à l'Hôpital.

Les médecins, attachés à l'institution, sont : MM. Nadeau et Charles A. H. de Szigethy.

Le premier comité se composait de MM. Moerenhout, président; C. Souza, vice-président; J. L. Sainsevain, trésorier; L. V. Prudhomme, secrétaire — Commissaires : MM. F. Guiol, H. Pénélon, A. Poulain, A. Labory et G. Laché.

L'administration actuelle est formée de MM. J. L.

Sainsevain, président; W. Declez, vice-président; J. Sentous, trésorier; A. Charruau, secrétaire — Commissaires : MM. P. Ballade, Em. Eyraud, Ed. Roth, J. Bobenreith et G. Pélissier.

Compagnie Lafayette des Echelles et Crochets,
No. 2.

Le 19 septembre 1853, fut organisée à San Francisco la compagnie de ce nom. Elle était composée de volontaires comme, du reste, tout le Département du feu à cette époque. Elle n'avait pas de pompe à incendie, mais se servait d'échelles munies au bout de crochets qu'elle chargeait sur un long chariot et qu'au premier signal, elle transportait, au pas gymnastique, sur le lieu du sinistre. Avec ces instruments, elle se livrait aux plus périlleux exercices de sauvetage. Les hommes dressaient les échelles contre les maisons en flammes pour pénétrer dans l'intérieur par les fenêtres, si les escaliers n'étaient plus accessibles, — afin de sauver les habitants. Pour arriver aux étages supérieurs, on hissait les échelles et on les fixait, au moyen des crochets, sur l'appui des fenêtres qu'il s'agissait d'atteindre. Enfin, perchés sur les toits, ils dirigeaient les tuyaux des pompes sur les points embrasés. On pouvait donc considérer la compagnie française comme l'avant-garde des sapeurs-pompiers de San Francisco. M. Richet en fut le commandant provisoire. Elle se composait de soixante-quatre hommes et avait son siége rue Broadway, entre les rues Stockton et Dupont. L'uniforme adopté était celui des pompiers de Paris.

Le 25 octobre 1853, la compagnie se constitua définitivement, et le 2 novembre, elle défila pour la première fois dans les rues de la ville, en grand uniforme.

Voici la composition de son premier Etat-major :

MM. Cobb, commandant; Guilhot, capitaine-adjudant-major; E. Grisar, trésorier; F. Artaud, chirurgien-major; Didier, porte-drapeau: Saint-Denis, capitaine; Sébire, lieutenant; Palliès, sous-lieutenant; Boutin, sergent-major; E. Vignaux, sergent-fourrier; Roch, 1er sergent; Bernard, 2me sergent; Machettau, 3me sergent; Lucien, 4me sergent; A. Ariaud, Moulin, Payen, Echette, Picot, Félix, N. Grenouillet et Valette, caporaux.

En décembre 1856, la Compagnie fut licenciée en même temps que tout le Département, pour faire place au service des pompiers tel qu'il existe actuellement.

Maison d'Asile.

Au mois de mai 1853, quelques Français dévoués ouvrirent une Maison d'Asile à San Francisco, en faveur de ceux de nos compatriotes malades et sans ressources, qui n'avaient point droit à l'assistance de la Société de

Bienfaisance Mutuelle. Elle avait pour directeurs : MM. Driard, J. Vaillant et J. Rueff.

L'Asile, installé dans une baraque en planches, était situé sur les hauteurs de la rue California, non loin du *Camp Français*. Les plus valides des pensionnaires logeaient dans des huttes faites de branchages, élevées par eux-mêmes, autour du bâtiment principal. C'étaient généralement d'anciens *prospecteurs*, dégoûtés des mines, que la nouvelle Société recueillait à leur retour à San Francisco. Plusieurs d'entre eux se firent chiffonniers, ramassant dans les rues tous les objets de rebut qui pouvaient se revendre : bouteilles vides, vieux habits, etc. On prétend que des familles illustres avaient des représentants dans cette humble confrérie.

Jusqu'à la date du 10 juin 1853, l'Asile avait reçu 120 individus ; 75 étaient retournés aux mines, dont 3 avec l'assistance pécuniaire de la Société ; 2 avaient été embarqués pour la France, 2 pour Lima, et 1 pour les îles Sandwich. 15 avaient été placés en ville, 1 s'était fait renvoyer pour cause de mendicité et 6 pour cause de vagabondage ou d'ivrognerie. 19 restaient encore dans l'Asile.

L'établissement possédait 44 lits, dont 30 étaient garnis. Les docteurs Dépierris, Celle et Morin donnaient gratuitement leurs soins aux malades.

La Société eut une courte existence. Il paraît que dans le quartier on se plaignait des mœurs par trop nomades et débraillées de quelques-uns des pauvres gens qu'elle recueillait et que pour cette raison l'Asile fut fermé. On nous assure aussi, que cette modeste institution suggéra à l'administration municipale l'idée d'établir l'*Alms House* dans laquelle plusieurs de nos compatriotes, âgés et malheureux, ont trouvé un refuge.

Société de Rapatriement.

Cette Société fut fondée[1] à l'occasion du départ de M. Dillon. Une partie de la population française avait projeté de lui offrir, comme souvenir, une médaille en or. Mais dans la réunion, qui eut lieu le 18 décembre 1856, et dans laquelle devait se discuter cette question, M. Dillon, tout en remerciant ses amis de leur sympathie, exprima le désir que le montant de la souscription destinée à la médaille, fut divisé en deux parts : l'une pour l'assistance des orphelins, l'autre pour le rapatriement des vieillards et des infirmes. En même temps, il fit don, en faveur de l'œuvre qu'il désirait voir établir, d'une somme de 100 dollars.

L'assemblée, prenant en considération cette généreuse proposition, jeta les premiers fondements de la Société en question. Ainsi que son nom l'indique, elle avait pour but de faciliter le retour en France de nos nationaux âgés ou infirmes, et sans ressources; mais elle envoyait aussi des

---

[1] — Lorsque la localité n'est pas indiquée, il s'agit toujours de San Francisco.

malades pauvres dans des pays voisins, dont le climat pouvait favoriser la guérison.

Les membres du comité fondateur étaient : MM. Touchard, président ; Delafont, vice-président ; Bayerque, trésorier ; Mibielle, secrétaire ; Ponton de Arce, secrétaire adjoint ; Vasselin, Hentsch, Corbinière et Larco, commissaires.

Cette société fut dissoute, le 7 août 1859, en assemblée générale des souscripteurs, et transformée, séance tenante, en

Société de Secours.

Le but de cette œuvre était exposé à peu près dans les termes suivants :

"Secourir les Français et les étrangers pauvres, en Californie. Procurer de l'emploi aux Français et aux étrangers sans travail. Faciliter le rapatriement à ceux qui se trouveraient dans ce pays sans moyens d'existence. Assister les malades, infirmes et gens âgés. En un mot, venir en aide aux Français et aux étrangers sans ressources, de telle sorte qu'ils ne soient pas un fardeau pour le pays qui les a reçus."[1]

Cette nouvelle Société fut dissoute, à son tour, au mois de décembre 1861, et notre colonie resta sans institu-

---

[1] — Le premier comité était composé de M. Gautier, consul de France, président ; MM. G. Touchard et Abel Guy, vice-présidents ; Bayerque, trésorier ; Mibielle, secrétaire. Commissaires : MM. Larco, Delafont, Vasselin. Médecins : les docteurs Dépierris, Morin et Celle.

tion de charité proprement dite, jusqu'au 26 juin 1867, époque à laquelle fut fondée la

Société de Bienfaisance des Dames Françaises.

Les statuts, adoptés à la date ci-dessus, furent modifiés, le 31 août 1868.

Le but de la Société, expliqué par le préambule placé en tête des statuts, est de secourir les familles françaises indigentes.

Voici la composition du comité fondateur :

Mme Sawyer, présidente; Mme Morgenstern, vice-présidente; Mme Berton, trésorière, et Mme Willemet, secrétaire.

Dames commissaires : Mmes Merle, Daney, Planel, Gatinelle, Lefèbre et Hahn.

M. J. B. Stoupe, collecteur.

Il résulte du dernier rapport annuel de la Société, que les recettes de l'exercice 1883-84 ont été de $3,096.94, y compris $200 de dons ; 848.65, produit d'un piquenique, plus $356.54 d'intérêts sur les fonds placés à la Caisse d'Epargnes française, etc.

Les secours accordés se sont élevés à $2,958.75.

L'actif de la Société, à la même date, était de $4,824.38, savoir :

```
Dépôt à la nouvelle Caisse d'Epargnes........$3,537.53
Dépôt à l'ancienne Caisse (valeur prise au pair)... 1,042.85
Chez la Trésorière....................................  244.00
                        Total égal..................$4,824.38
```

En déduisant environ $340, montant présumé de la perte à subir sur le dépôt à l'ancienne Caisse d'Epargnes, on arrive à un fonds disponible de $4,484.38.

Il y avait en tout 141 sociétaires, dont 104 dames et 37 hommes.

Voici la composition du comité actuel :

Mme Constant Meyer, présidente ; Mme A. Edouart, vice-présidente ; Mme H. Kahn, trésorière ; Mlle H. Béer, secrétaire. Dames commissaires : Mmes J. Wolff, H. Videau, M. Sajous, V. Bigné, M. Lacua, A. Strauss.

Les présidentes, qui se sont succédé à la tête des comités, depuis la fondation, sont : Mmes Berton, Emeric, Alex. Weill, Joseph Godchaux, E. Thomas, Bonnat, E. Raas (*par interim*), Constant Meyer.

II

Sociétés Fraternelles, Secrètes et de Secours Mutuels, à San Francisco.

1º La Loge Maçonnique, LA PARFAITE UNION, No. 17, fondée le 7 juin 1851, est l'organisation française la plus ancienne de la Californie.

Premier Vénérable : M. Hubert Kidel. Vénérable actuel : M. Daniel Lévy.

2° Grove Persévérance No. 10, A. O. U. D. (Druides), organisée le 17 octobre 1867. — 180 membres. — Les sociétaires reçoivent $10 par semaine en cas de maladie. — Premier président : M. E. Courvaizier. Président actuel : M. P. Camès.

3° L'Union Laborieuse, Société co-opérative, fondée le 3 août 1868, a existé de quatre à cinq ans. — Président : M. P. F. Clerc. Secrétaire : M. J. R. Lafaix.

4° La Solidarité (assurance sur la vie), incorporée en décembre 1868, s'est dissoute il y a peu d'années. — M. de Kirwan en a été longtemps le président.

5° Loge Franco-Américaine No. 207, I. O. O. F. (Odd Fellows). Instituée le 6 août 1872. — Environ 200 membres. — Premier N. G. : M. P. Théas. N. G. actuel : M. Jules Lambla.

6° Société des Prêts et de Construction, fondée en 1875. — Président, depuis la fondation : M. Em. Raas.

7° Loge Bayard des Chevaliers de Pithias, fondée en juillet 1879. — 150 membres. — Premier Président : M. Voisinet. Président actuel : M. E. Larthe.

8° Société Culinaire Cosmopolite, fondée le 4 septembre 1876. — 34 membres. — Premier président : M. André Le Cante. Président actuel : Ch. Giraud.

9° Société Culinaire Française, créée en 1878. — Président : M. A. Portal. — Cette Société n'existe plus.

10° Société des Maitres d'Hotel et Garçons de Salle, fondée en 1880 (Bureau de renseignements). — Président : M. Ch. Pinaud.

11° L'Union Franco-Américaine des Amis Choisis No. 10, O. I. — Fondée en 1880. — 100 membres. — Premier président : M. E. Robinet. Président actuel : M. Clerc de Landresse.

12° Union des Fils d'Hiram, incorporée le 23 mars 1882. — Président : M. Clerc.

13° Société des Red Men (Hommes Rouges). — Établie en juillet 1883. — 112 membres. — Premier président : M. L. Bertin. Président actuel : M. J. Rech.

Il y a, en outre, 55 jeunes Français admis parmi les Native Sons of California, ordre secret, fondé en 1875, et qui compte près de 2,000 membres. Cette Société se compose exclusivement de jeunes gens nés dans le pays.

III

Compagnies Militaires.

1° Bataillon Français — Les Français, en immense majorité, s'étaient montrés les partisans déterminés du Comité de Vigilance établi en 1856. A cette occasion, ils organisèrent un bataillon de 300 hommes environ, formant les deux compagnies 25 et 28 du 4ᵐᵉ régiment, colonel J. F. Lippit. Commandés par M. Villacèque, ils rendirent, dans cette circonstance, de grands services à la cause populaire. Le bataillon fut dissous en même temps que le Comité.

2° LES FRENCH GUARDS, — président, M. E. Dupré et capitaine, M. Villacèque, — furent organisés en 1860, par d'anciens membres du bataillon français dont nous venons de parler. Les fonds, qui étaient restés disponibles, furent affectés aux premiers frais d'établissement de la nouvelle Compagnie.

En 1862, s'organisa la COMPAGNIE DES CARABINIERS, capitaine Michel Lebatard.

L'année suivante, les deux compagnies fusionnèrent sous le nom de FRENCH GUARDS, capitaine Mitchel.

Comme on était alors en pleine guerre de sécession, et que la milice pouvait, d'un moment à l'autre, être appelée à prendre part à la lutte, M. Forest, gérant du consulat de France, fit comprendre aux officiers de la Compagnie, qu'ils perdraient leur qualité de Français en prêtant serment de fidélité au gouvernement fédéral. Ces messieurs, tenant à conserver leur nationalité, la Compagnie fut dissoute.

3° GARDES LAFAYETTE — C'est le 1ᵉʳ juin 1868, dans un banquet des anciens membres de la Compagnie Lafayette des Echelles et Crochets, que fut décidée la formation de la Compagnie militaire des "Gardes Lafayette." Le général Cazeneau, commandant la milice de Californie, et M. de Cazotte, consul de France, avaient vivement encouragé nos compatriotes dans cette entreprise.

Le général mit à leur disposition le local, les armes, ainsi que tout le matériel des Gardes Mac-Mahon, pour faire leurs exercices. Leur uniforme était celui des anciens Grenadiers de la Garde.

Aux élections de la Compagnie, le 1er octobre 1868, furent nommés: président, M. Henri Videau; vice-président, M. A. de Surville; trésorier, M. P. Huant; capitaine, M. H^{te} Perrier.

La Compagnie offrit au général Cazeneau une magnifique croix, en reconnaissance de ses bons et nombreux services.

En 1870 et 1872, pendant la durée des Foires organisées au profit des blessés, les Gardes Lafayette envoyaient tous les soirs une délégation, chargée de se mettre à la disposition du comité de la souscription nationale.

Le 5 mai 1871, M. Perrier, capitaine, annonça par la voie des journaux, que la Compagnie, alors formée en grande partie de Français originaires des départements annexés à l'Allemagne, avaient décidé que les mots *Alsace* et *Lorraine* seraient ajoutés en lettres d'or sur son drapeau français, comme marque d'attachement à la mère-patrie.

En 1876, à l'occasion du centenaire américain, les Gardes Lafayette firent leur première sortie dans leur nouvel uniforme (infanterie française). Enfin, à l'occasion de la fête du 14 juillet 1882, un grand nombre de nos compatriotes leur offrirent un superbe drapeau tricolore.

En toutes circonstances, ces soldats-citoyens donnent des preuves de leur attachement à la France et de leur dévouement à la colonie.

La Compagnie possède une relique précieuse : c'est un buste de son illustre patron, le général Lafayette, provenant du *Cadmus*, navire qui amena le grand ami de Washington aux Etats-Unis, en 1824.

Président honoraire : M. de Jouffroy d'Abbans,
Président éffectif : M. I. Boudin,
Capitaine : E. Luttringer,

M. Salomon Reiss, remplit les fonctions de trésorier, presque depuis la fondation.

La Compagnie se compose d'environ 95 membres.

4° LES FRENCH ZOUAVES — Cette Compagnie fut organisée en 1870, et incorporée, comme Société mutuelle, le 6 février 1877. En cas de maladie, les membres actifs reçoivent $10 par semaine et les membres honoraires $7.

Premier président : M. R. Lavigne,
Premier capitaine : M. E. Buffandeau,
Président actuel : M. F. Berton,
Capitaine actuel : M. Boutes.

La Compagnie compte 180 membres. Comme les Lafayette, les French Zouaves contribuent par leur aspect militaire à nous donner, dans nos grandes solennités natiomales, la douce et chère illusion de la patrie absente. Comme eux aussi, ils sont toujours prêts à répondre à tout appel fait dans l'intérêt de la colonie française.

IV

Sociétés Chorales et Artistiques.

1° Dans une autre partie de ce livre, nous avons mentionné les efforts tentés par nos premiers émigrants, pour établir une société de chant en 1852. Trois ans plus tard, se fonda la Société des ENFANTS DE PARIS : Président M. Boverat.

2° SOCIÉTÉ PHILHARMONIQUE LAFAYETTE No. 2 — En 1866, quelques mois avant le licenciement des sapeurs-pompiers volontaires, fut organisée la FANFARE de la Compagnie Lafayette des Echelles et Crochets No. 2, sous la présidence de Pierre Bideau jeune, et sous la direction de M. A. Ponti, professeur de musique.

Après le licenciement (décembre 1866), la "Fanfare" se transforma en "Société Philarmonique Lafayette No. 2." Son but était d'enseigner à ses membres la musique instrumentrale, par les soins de M. Ponti, et la musique vocale, par ceux de M. P. A. Garin. Deux ans après sa création, elle comptait de 300 à 400 adhérents, et s'était rendue très populaire par les fêtes, bals et concerts, auxquels elle invitait la colonie. Mais peu à peu, pour des causes diverses, elle perdit une grande partie de ses membres, et en 1880, après le départ de son chef de musique, M. Victor Hue Paris, elle disparut.

La Société de "Fanfare" actuelle, portant le même nom, se compose d'un certain nombre d'élèves formés par sa devancière.

3° ORPHÉON FRANÇAIS, — fondé en 1875. Dissous il y a environ trois ans. Premier président : M. E. Raas ; dernier président : M. Balny; Directeur: M. Reiter. La somme, qui restait en caisse au moment de la dissolution, fut versée à la caisse de la Bibliothèque de la Ligue nationale française.

4° Vers la même époque fut organisée la SOCIÉTÉ ARTISTIQUE D'AMATEURS FRANÇAIS (janvier 1875) — Premier président : M. A. Schröder; dernier président : M. Robert Roy. Dissoute le 26 décembre 1876. Les fonds restant en caisse furent offerts à la Société de Bienfaisance des Dames Françaises.

Ces deux Sociétés donnaient des représentations dramatiques au profit de nos institutions.

5° LYRE FRANÇAISE, — fondée en janvier 1881. 40 membres actifs et honoraires. Premier président: M. V. Marchebout; Président actuel : M. Alexandre; directeur musical : M. Th. Gay. Cette Société prête son concours aux fêtes nationales et à des représentations dramatiques ayant un but de bienfaisance.

V

Caisse d'Epargnes.

La Société française d'Epargnes et de Prévoyance mutuelle fut fondée le 1ᵉʳ février 1860. Directeur: M. G. Mahé. Cet établissement, dans lequel la plupart de nos compatriotes avaient placé leurs économies, paraissait être en pleine prospérité, ayant en dépôt près de six millions de dollars; mais au mois de septembre 1878, les *Bank commissioners*, nommés par l'Etat pour examiner les livres de tous les établissements financiers en Californie, signalèrent des irrégularités graves dans la comptabilité de la Caisse. De nouvelles investigations établirent que le directeur s'était rendu coupable de malversation pour des sommes très considérables. M. Mahé, ne voulant point survivre à son déshonneur, se donna la mort le 17 septembre. La Caisse d'Epargnes fut mise en sequestre et M. F. F. Low nommé *receiver* ou administrateur par le juge Dwinelle. Les déposants, réunis en assemblée générale, protestèrent aussitôt avec la plus grande énergie contre cette décision. La Cour Suprême de Californie leur donna raison, et confia la liquidation des affaires à un comité nommé par les sociétaires eux-mêmes. A force d'activité et de dévouement, le nouveau comité parvint à réorganiser la Société. La nouvelle Caisse commença ses opérations le 21 janvier 1879. Le 1ᵉʳ juillet 1884, elle avait en dépôt $2,122,920.66. La perte, subie par les anciens déposants, s'élèvera très probablement à 28 pour cent du montant des fonds déposés.

Premier président de la nouvelle Société : M. Gustave Touchard.

Le comité des directeurs est actuellement composé de MM. Landry C. Babin, président; J. C. Sala, vice-président; et de MM. Touchard, H. Barroilhet, A. Comte Jr., P. Fleury, P. V. Merle, E. J. Lebreton et A. Pissis.

M. A. Brand, secrétaire — J. A. Stanley, attorney.

VI

Cercles Français.

A San Francisco, il existait en 1856, un *Cercle démocratique*, sous la présidence de M. L. Albin.

Peu de temps avant la guerre franco-allemande de 1870, il s'était formé un club du même genre, appelé Cercle Napoléon. Il n'eut qu'une courte durée.

Après la guerre, une nouvelle tentative eut lieu. Quelques jeunes gens organisèrent le Cercle de l'Avenir; mais sans grand succès. Enfin le 3 février 1884, dans une réunion, tenue à la Bibliothèque française, on décida la fondation d'un *Cercle Français*. Ce cercle, installé dans l'ancien local de la Cour Suprême, au coin des rues Stockton et O'Farrell, fut inauguré le 12 avril suivant. Il compte 125 membres.

Président, M. E. Dubédat; vice-président, M. Jules Kahn; trésorier, M. Eugène Thomas; secrétaire, M. Edmond Godchaux. Directeurs : MM. Isidore W. Lévy, P. Fleury, A. Cailleau, E. Meyer, Léon Weill. Gérant: M. D. G. Lucien.

Club Français à San José.

Aux approches du 14 juillet 1882, une souscription avait été ouverte, parmi les Français de cette ville, en vue de confectionner un drapeau tricolore, qu'on désirait faire figurer à la fête nationale. Les personnes, qui avaient pris l'initiative de cette démonstration patriotique, saisirent l'occasion pour fonder un *Club* ou *Cercle*, destiné à cimenter les sentiments d'amitié qui unissent les membres de la colonie locale, et nommèrent un comité chargé de mettre le projet à exécution. Le comité se composait de MM. Brassy, président; L. Machefert, vice-président; P. Etchebarne, trésorier, et J. Chamon S\^t Hubert, secrétaire.

Le Cercle, définitivement organisé le 28 juillet de la

même année, compte aujourd'hui une cinquantaine de membres, et est administré par MM. L. Machefert, président ; J. Savidan, vice-président ; O. Promis, trésorier, et Ch. Benoît, secrétaire.

Cercle Français à Los Angeles.

Le 6 avril 1884, quelques Français de cette ville se réunirent dans les ateliers de M. Declez, et décidérent de fonder un Cercle. M. G. d'Artois en fut nommé président, et M. A. Charruau, secrétaire. Le 17 du même mois on adopta les statuts, et le 5 mai, eut lieu l'élection des membres du comité définitif.

Le bureau est composé de MM. G. d'Artois, président; J. Santous, vice-président; Ed. Blum, secrétaire; et P. Ballade, trésorier.

Le Cercle compte environ 70 membres, et occupe un très beau local situé dans la rue principale de la ville.

CINQUIÈME PARTIE

Souscription Nationale

1870-1871

OFFRANDES A LA PATRIE

Histoire d'un petit tableau — La guerre — Elan général — La presse américaine et les Irlandais — Réunions publiques — Le comité central — Souscriptions pour les familles des soldats tués et blessés — Souscriptions mensuelles — Encan — Le livret de M. de Kirwan — Singuliers paris — Sedan — Empire et République — Adresses d'adhésion au gouvernement de la Défense Nationale — Départ de jeunes volontaires — Mme Mezzara — La Foire — Incidents divers — Déjeuners mémorables — Souscription pour la défense nationale — Un don splendide — Sympathies américaines — Capitulation de Metz — Première dépêche de Gambetta — Mort de M. Élie Alexandre — Etrennes à la Patrie — Offrandes des boulangers — Rapport du Comité — Dépêche à Gambetta, réponse — Capitulation de Paris — *French Relief Fund* — Envoi de fonds pour les victimes des départements envahis — Lettre de Jules Favre — Mort de M. Sylvain Cahn — Pétition en faveur de Rossel — Compte-rendu général du Comité — La Paix et les Alsaciens.

En visitant la Bibliothèque de la Ligue Nationale Française, à San Francisco, on remarque dans la petite salle, suspendu au-dessous des portraits de Lesseps, Thiers et Lafayette, — les deux premiers offerts à la Ligue avec leur autographe par les illustres personnages qu'ils représentent, — un petit tableau simplement encadré de bois peint en noir, orné de deux minuscules drapeaux tricolores, et portant l'inscription suivante :[1]

Ce petit tableau a une histoire, et c'est cette histoire que nous nous proposons de faire connaître à nos lecteurs. Elle nous semble intéressante et instructive. Elle prouve que, si le Français n'emporte pas sa patrie à la semelle de ses souliers — selon l'énergique et pittoresque expres-

---

[1] — La somme indiquée ci-dessus n'est pas tout-à-fait exacte. Le montant total des souscriptions publiques, expédié en France, est de $301,210.94, soit 1,606,585 fr. 39 cent., ainsi qu'il sera démontré plus loin.

sion de Danton — du moins, il en conserve, intacte et sacrée, l'image auguste dans le fond de son cœur, partout où le mène sa destinée.

Nous ne craignons pas d'affirmer que l'élan patriotique des Français de ce pays, élan provoqué par nos désastres pendant la dernière guerre, est un des faits les plus honorables de l'histoire de nos nationaux établis à l'étranger.

Ce n'est pas que, dès leur arrivée en Californie, les Français ne se soient montrés bons patriotes ; mais les malheurs si imprévus, si terribles de l'année néfaste, ont eu pour effet de remuer violemment leurs cœurs, et d'exalter au suprême degré leur amour de la mère-patrie.

Rien de plus poignant que la lecture du *Courrier* de cette époque.[1] On y peut suivre, au jour le jour, les impressions profondes et diverses, produites par les dépêches arrivées d'Europe, au fur et à mesure des événements.

La nouvelle de la déclaration de la guerre a été connue à San Francisco, grâce à la différence des heures, dans la matinée même du jour où elle a été portée à la tribune du corps législatif par le duc de Gramont (15 juillet 1870).

Dès le lendemain, le journal publie une lettre de M. Joseph Emeric, de San Francisco, contenant un chèque de 2,500 francs, destinés "au soldat français qui prendra le premier drapeau prussien sur le champ de bataille".[2]

---

(1) — Le journal avait alors pour rédacteur, M. E. Marque.
(2) — Le *Courrier* du 30 septempbre 1871 contient l'entrefilet suivant emprunté au *Peuple Breton*: On annonce que c'est un jeune homme de la commune de Saint Pôl-de-Léon, soldat au 72e de ligne, qui a pris un étendard dans la bataille du 16. C'est donc un Breton qui aura les 2,500 francs promis par M. Emeric, de San Francisco."
Nous croyons savoir que la somme en question se trouve encore disponible à la Caisse des Dépôts et Consignations.

Le *Courrier* annonce, en même temps, qu'une souscription allait s'ouvrir pour les soldats blessés et leurs familles. En effet, plusieurs de nos compatriotes s'étaient réunis dans les bureaux de MM. Lazard frères, et, après avoir constitué un comité provisoire, avaient décidé de prendre en main cette œuvre de patriotisme et d'humanité.

Le comité provisoire se composait de MM. E. Breuil, Consul général, président honoraire; G. Touchard, président; G. Mahé, trésorier; A. L. Nolf, secrétaire, et des membres suivants : MM. F. L. Pioche, Alex. Weill, H. Perrier, E. Dubédat, A. Dolet, L. Scellier, G. Dussol, Ch. Schmitt, E. Marque, E. Expert, B. Buffandeau, Th. Leroy, E. G. Lyons et E. Maubec.

MM. J. Pinet et Sylvain Cahn furent ultérieurement adjoints au Comité.

Ces messieurs appartenaient aux diverses opinions qui divisaient alors la France; mais laissant de côté toute question politique, ils ne songeaient qu'aux victimes de la guerre.

La passion ou haine nationale n'existait, au début, ni chez les Français, ni chez les Allemands. Dans une réunion, tenue par ces derniers, les orateurs, au dire du *Courrier* même, se sont montrés animés d'un véritable esprit de modération et ont engagé leurs auditeurs "à s'abstenir de querelles qui ne peuvent influer en rien sur la marche des événements." Le journal français recommande à nos nationaux la même règle de conduite à l'égard des Allemands.

Mais le caractère d'implacable animosité, imprimé à

la guerre par nos ennemis, n'a pas laissé à cette trêve locale une longue durée. Ce qui n'a pas peu contribué à soulever le sentiment français, c'était la flagrante malveillance de la presse américaine qui, à peu d'exceptions près, s'est montrée systématiquement hostile à la France impériale d'abord, et ensuite, à la France républicaine. Le *Monitor*, journal catholique irlandais, a vivement protesté contre l'injustice et l'ingratitude de ses confrères américains.

Les sympathies des Irlandais pour la France, éclataient de toutes parts et sous toutes les formes :

Le colonel Walsh annonce qu'il va donner une conférence, dont le produit sera versé dans la Caisse du comité de la souscription.

Dans l'*Alta*, un autre Irlandais demande un meeting public et l'organisation d'une souscription.

Dans la boîte du *Courrier*, on trouve une lettre, signée "Un Irlandais," qui déclare que la France n'a qu'un mot à dire pour avoir 3, 4 et peut-être 500,000 Irlandais prêts à combattre dans ses rangs, à la condition que si la guerre lui était favorable, elle leur prêterait ensuite son appui pour les délivrer du joug anglais.[1]

Des Irlandais assistaient aux nombreuses réunions françaises, et inscrivaient leurs noms sur les listes de souscription.

---

[1] — C'est peut-être cette lettre anonyme qui a donné naissance au canard qui, à cette époque, s'envola jusqu'en France, sous forme de dépêche, annonçant que l'Amérique républicaine allait envoyer une armée de cinq cent mille hommes au secours de sa jeune sœur, la République française, si l'Allemagne refusait d'évacuer le territoire envahi.

Enfin le Rev. Père Prendergast, aujourd'hui vicaire général de San Francisco, fait une conférence remarquable dans laquelle il expose la cause de ces sentiments de bienveillance. La communauté de religion n'y est que pour une faible part, dit-il ; mais la France a rendu dans le passé d'inoubliables services à l'Irlande, et elle est toujours, comme celle-ci, l'ennemie héréditaire de l'Angleterre. N'y eût-il pas d'autre raison, elle suffirait à justifier les sympathies de ses compatriotes. Et il ajoute : "Si l'Allemagne était en guerre avec l'Angleterre, l'Allemagne aurait l'Irlande de son côté."

Revenons à la colonie française.

Le comité provisoire n'avait pas encore lancé son appel, que déjà les dons affluaient de toutes parts. L'empressement des souscripteurs est tel que, dès le 24 juillet, le montant des sommes, spontanément souscrites, atteint $5,738.75.

Des réunions ont lieu partout où résident des Français, à San José, Virginia City, Sacramento, Los Angeles, etc., etc.

A San Francisco, le 8 août, dans un meeting, tenu dans la salle des Lafayette, on examine les deux questions suivantes : 1° Moyens de se procurer des dépêches exactes, moins entachées de partialité évidente que celles fournies par l'association de la presse américaine. L'assemblée reconnaît l'impossibilité d'organiser un service spécial de dépêches. 2° Moyens de former une *légion californienne* avec le grand nombre de Français qui, de divers côtés, demandent à s'engager comme volontaires. Là encore, l'assemblée se voit dans l'impossibilité de donner satisfaction aux vœux qui lui sont adressés, les lois des Etats-Unis s'opposant à toute organisation de ce genre. Mais comme les plus ardents ne se tiennent pas pour battus, le comité promet d'en référer au gouvernement de la Défense Nationale.

Le 9 août, M. Touchard, au nom du comité central, fait un pressant appel au concours des Français de Californie, et annonce, en même temps, un premier envoi de 50,000 francs au ministre des affaires étrangères.

Cet appel reçoit partout un accueil enthousiaste. Des moindres villages, comme des centres les plus importants, arrivent des témoignages d'un attachement passionné à la mère-patrie. Hommes, femmes et enfants rivalisent d'ardeur et de dévouement.

Une femme, qui désire garder l'anonyme, envoie sa montre en or, pour être vendue au profit de la souscription. Une autre envoie une machine à coudre, son gagne-pain! M. Ellesler, de Mayfield, offre une paire de boutons en mosaïque. M. Félix Féraud, de San Francisco, une montre en argent et une chaîne en or. M. L. M. Gautier, blanchisseur, donne dix dollars avec promesse de verser cinq dollars par mois pendant toute la durée de la guerre. M. Louis Daragnez, de Stockton, et M. Joseph Trupin, s'offrent comme volontaires. Los Angeles envoie, par l'entremise de M. Eugène Meyer, $1,000; Sacramento, par M. Lobe, $350; San José, par M. de Saisset $667,50 (2me liste); Nevada City, par M. Isoard, $140; Downieville, par M.

Barada, $49; Sonoma, par M. Robin, $28,74; Napa, par M. Van Bever, $23; Winnamucca, par M. Lay, $70; Yreka, $30; West Point, $15; Mosquito Gulch, $40,50; Marysville, par M. Mayou $61,50; Portland, par M. Labbé, $300; San Luis Obispo, par E. Cerf, $134,50; Benicia, $34,50; Monterey, $62; Mountain View, $27; French Corral, $62; Santa Clara, par M. Gairaud (2me liste) $35,50; French Town, $16; Oak Valley, $60; Gold Hill, $133,50; Hamilton City, par M. Haas, $360; Stockton, par M. Barada, $202; Long Bar, par M. Pélisson, $43,50; Virginia City, par M. Carré, $184,50; Santa Clara, (2me liste) $54; New Almaden, $65,50; Lagrange, $18,50; Indian Creek, $20,50; Petaluma, par M. Achille Kahn, $70; Camptonville, des sommes diverses; Austin, par M. E. A. Vorbe, $154; Watsonville, par M. d'Avila, $43; Truckee, par M. Vignotte, $10.[1]

A Sacramento, le comité se compose de MM. J. Routier, président; L. Goldsmith, vice-président; F. Chevalier, trésorier; A. Lobe, secrétaire.

Pierre Cauwet, publie dans le *Courrier*, des poésies et des articles pleins de verve et d'enthousiasme pour stimuler le zèle des souscripteurs.

Chacun espère pouvoir, à force de sacrifices, conjurer la mauvaise fortune qui poursuit nos armes.

Jusqu'alors, les souscriptions n'engageaient personne

---

[1] — Nous donnons les noms des intermédiaires que nous avons pu trouver dans le *Courrier* ou dans les archives du comité central. C'est aussi à ces deux sources que nous avons puisé la plus grande partie des détails que nous publions sur les deux grandes souscriptions nationales.

pour l'avenir, à l'exception de M. Gautier nommé plus haut. Mais à la nouvelle des grandes et désastreuses batailles livrées sous Metz, qui faisaient présager une lutte acharnée se prolongeant jusqu'en plein hiver, le comité décide de donner à la souscription un caractère de permanence. A cet effet, il convoque la population française pour le 22 août, à la salle Mozart.

Nous voudrions reproduire la physionomie de cette réunion mémorable et en rappeler les incidents touchants; mais nous sommes obligés de nous borner. M. Touchard préside. Dans un discours qui remue vivement l'âme de ses auditeurs, il retrace les diverses péripéties de la campagne qui vient de commencer d'une manière si lamentable. Trop éloignés, dit-il, pour prendre part à cette guerre de géants, notre devoir est de venir en aide aux familles de ceux qui meurent pour la patrie. La lutte sera longue peut-être, et l'hiver s'approche...... Il faut organiser une souscription mensuelle qui restera ouverte pendant toute la durée de la guerre. Déjà un patriote a fait l'offre au Comité de souscrire pour cent dollars par mois, jusqu'au rétablissement de la paix. "C'est là, messieurs, dit le président en terminant, une noble et généreuse pensée: adoptons-la; imitons l'exemple de ce vrai patriote. Et une fois de plus, prouvons ainsi à la France, prouvons au monde entier que, quelque éloignés qu'ils soient de leur patrie, les Français ne se séparent jamais d'elle, et que, si à l'heure du triomphe, ils s'associent à sa gloire, cette gloire que des revers passagers ne sauraient ternir, ils sont aussi avec elle et plus que jamais avec elle, au moment du danger. Vive la France!"

M. Touchard, invite ensuite les personnes qui ont des observations à présenter, à prendre la parole. Personne ne répond. Au bout d'un court silence, M. Schemmel se lève et dit: "monsieur le président, je m'inscris pour dix dollars par mois". Ces simples paroles sont comme le signal d'un assaut général de générosité. Des voix retentissent de tous côtés, lançant des noms et des chiffres. Le comité réclame l'honneur de figurer en tête de la liste. 883 personnes viennent s'inscrire à sa suite; plusieurs pour 200 dollars par mois. La moindre somme est 50 cents. Beaucoup souscrivent en leur nom, et au nom de leurs femmes et de leurs enfants. Des étrangers, présents à la réunion, se font également inscrire: un Wurtembergeois pour 20 dollars par mois, un Bavarois pour $1, et un Irlandais, M. Oullahon, pour $10. Le total des souscriptions mensuelles recueillies pendant la soirée est de $4,360.

Dans le cours de la séance, plusieurs propositions sont faites, afin de grossir la souscription mensuelle qui doit marcher parallèlement avec la souscription générale. M. Renaud demande qu'on s'entende avec les correspondants du consulat pour faire de la propagande dans les localités de l'intérieur. M. Alexandre Weill propose, au nom des dames françaises, l'organisation d'une *Foire* ou Bazar. M. Pioche émet l'idée d'une représentation théâtrale. M. Franconi, enfin, demande qu'une quête soit faite, séance tenante. Toutes ces propositions sont adoptées, l'une après l'autre, par acclamation.

Pour clore la soirée, M. Bonnet chante la *Marseillaise* que les assistants répètent en chœur.

Les dames françaises, sous la présidence de Mme Emeric, se mettent immédiatement à l'œuvre pour organiser la Foire projetée. Quant à la représentation, elle se borne à un simple concert, et a lieu à *Metropolitan Théâtre*. A vrai dire, elle n'a été imaginée que pour servir d'introduction ou de lever de rideau à l'*encan*, qui doit être le véritable *clou* de la soirée. Ces dames avaient reçu une masse d'objets de valeur pour être vendus aux enchères. Ils consistaient en chaînes, bagues, colliers, éventails, caisses d'eau de Vichy, plantes rares, tableaux, photographies, pendules, volumes précieux etc. Il y avait même un vélocipède.

Ces objets mis à l'encan, rapportent des prix insensés.

Citons, comme exemple, le passage suivant du compte-rendu de la vente.

10. bis — Une bouteille d'eau de noyaux de Phalsbourg, offerte par M. Léon Weill, Phalsbourgeois; achetée par M. Sylvain Cahn, $125; remise en vente par l'acquéreur, achetée par Mme Alexandre Weill, $60; remise en vente par l'acquéreur, achetée par M. Grisar, consul de Belgique, $60; offerte, par l'acquéreur, à M. Léon Weill, qui la remet en vente, achetée par M. Aron $60; remise en vente par l'acquéreur, achetée par M. Emeric, $60.

On vend jusqu'au marteau de l'encanteur, que M. Pioche achète moyennant 50 dollars, et qu'il offre à M. Schwob qui avait bien voulu accepter l'emploi de commissaire-priseur.

Les enchères produisent la somme de $5,379, à laquelle il faut ajouter $655.70, bénéfices du concert.

On ne s'arrête pas là. Chacun continue à chercher les moyens les plus ingénieux pour augmenter le chiffre de la souscription. Une personne, signant *Honneur et Patrie*, offre, sous pli cacheté, un livret de Caisse d'Epargnes, représentant un peu plus de 300 dollars, pour être mis en loterie. Cette loterie produit 1,160 dollars. Nom du généreux donateur : M. Marc de Kirwan.

Le 2 septembre, un habitant de San José propose de parier 200 vaches de prix contre 8,000 dollars, que les Prussiens seront, sous peu de jours, battus et chassés de France.[1]

Le 3 septembre, le *Courrier* publie ce pari et le lendemain 4, — épouvantable ironie du destin — tous les journaux font paraître un supplément avec la dépêche suivante :

"New-York, 2 septembre. Le roi Guillaume annonce que l'empereur Louis Napoléon s'est rendu hier."

"Mac Mahon est blessé."

La nouvelle paraît d'abord si extraordinaire, que personne n'y veut ajouter foi, mais bientôt forcé de se rendre à l'évidence, on se sent comme écrasé par la foudre! Pourtant, peu à peu, on se reprend à espérer, et c'est la nouvelle de la proclamation de la république qui relève les courages.

Expliquons-nous.

A l'étranger, les Français, en général, ne font pas de

---

[1] — C'est par voie d'affiches placardées, à José et à San Francisco, que cette offre a été faite.

politique de parti. Par patriotisme, ils s'attachent au gouvernement établi. C'est ainsi qu'en Californie, sans être impérialistes de conviction, ils s'étaient ralliés, en grande majorité à l'empire. A défaut de liberté, ils voyaient dans ce régime, illustré par la brillante épopée de Napoléon I, une garantie de la grandeur nationale. Mais lorsqu'arriva le moment des épreuves; lorsqu'on vit que le colosse n'avait que des pieds d'argile et croulait sous le poids écrasant de ses fautes et de ses crimes; lorsque surtout on apprit la conduite si peu digne et si peu héroïque de Louis-Napoléon, en face de son vainqueur à Sedan; alors la vérité éclata, sombre et désolante, aux yeux des impérialistes les plus obstinés, et il se fit dans leurs âmes comme un déchirement. Avec la proclamation de la république une nouvelle lueur d'espérance vint éclairer l'horizon. La république avait, elle aussi, sa légende glorieuse. Attaquée, en 1792, par l'Europe coalisée, elle avait trouvé dans le patriotisme de ses enfants, dans l'intrépide dévouement de ses volontaires, dans le génie organisateur de Carnot les moyens de vaincre avec éclat. Pourquoi n'en serait-il pas de même de la nouvelle République ?......

Voilà le travail intellectuel, ou, si l'on veut, le phénomène psychologique qui s'accomplit au sein de notre colonie. C'est par patriotisme qu'elle était, en grande partie, impérialiste, c'est encore par patriotisme qu'elle est devenue sincèrement républicaine.

Voici, du reste, comment s'exprime, à ce sujet, le *Courrier*, qui avait toujours été un ferme soutien de l'empire.

"Ce que nous avons dit, au début de la guerre, nous le répétons aujourd'hui. Quand l'ennemi est à nos portes, toute provocation à des discussions intérieures est un crime. Ce que nous demandions à nos adversaires politiques, nous sommes décidés à le faire à notre tour. Notre concours est acquis d'avance au gouvernement, quel qu'il soit, qui tient, en face de l'étranger, le drapeau de la France....

"Si la République doit sauver la France, tous tant que nous sommes, orléanistes, légitimistes ou bonapartistes, marchons avec la République, et après, quand le danger sera passé.... eh bien! nous travaillerons à la consolider sur des bases durables."

Les adhésions au nouveau gouvernement arrivent de tous côtés.

Le poète-ouvrier Cauwet, impérialiste enthousiaste, publie une lettre dont voici un passage :

"Marchander son concours au gouvernement, né de l'immense malheur de la France, est un crime.

"Il faut se rallier à lui, même les yeux pleins de larmes que donnent la honte et le désespoir.

"En jetant son épée sous les pieds d'Attila II, l'empereur nous a dégagés de cette fidélité sans serment que nous, Napoléoniens, tenions à honneur de lui garder dans les défaites.

"Aujourd'hui, si humbles que nous soyons, ce Waterloo déshonoré, ce Poitiers, moins la bravoure du roi, nous a fait libres.

"Les dynasties sont des choses mortes. — La France seule survit. — Ni Bonaparte, — ni Chambord, — ni d'Orléans! Je me rallie à la République et je m'incline devant elle."

Le comité de la souscription ne prit pas l'initiative du mouvement qui porta la population française à se déclarer en faveur du gouvernement de la république. Se tenant en dehors et au-dessus des divisions d'opinions, fidèle d'ailleurs à l'admirable devise : TOUT POUR LA PATRIE, qu'il avait adoptée, il représentait, avant tout, l'unanimité du patriotisme. Aussi laissa-t-il, avec raison, les initiatives politiques à la colonie elle-même.

Il y eut deux groupes de manifestants : Au Mechanics' Institute, se réunirent, le 11 septembre, un certain nombre de républicains de la veille, sous la présidence de M. Lafaix. On y discuta un projet d'adresse au gouvernement de la Défense Nationale. Ce projet ne fut adopté que quelques jours plus tard. Il exprimait, dans les termes les plus chaleureux, les sentiments de dévouement des signataires, au nouvel ordre établi. L'assemblée vota aussi des remercîments au président des Etats-Unis, pour avoir reconnu si promptement et si cordialement, le gouvernement provisoire de la République française.

Le 15 septembre, paraît un appel adressé aux *Patriotes Français* : "à ceux qui, ne pouvant verser leur sang pour la France, ont ouvert leurs bourses pour ses blessés, à ceux qui sont Français avant d'être hommes de parti, aux républicains de la veille comme aux républicains du lendemain ; — tous sont conviés à se grouper autour du gouvernement nouveau."

L'appel est signé des noms suivants : A. Nolf, A. Bourgoing, E. Thomas, A Schröder, A. des Farges, J. Emeric, E. Dubédat, H. Videau, P. A. Laroche, P. Roth, Jules Mayer, J. Pinet, E. G. Lyons, M. de Kirwan, H.

Payot, E. Marque, J. Roth, Robert Roy, Ch. Potron, A. Schwob, Prosper May, S. Lion.

La réunion, annoncée dans cet appel, a lieu à la salle des Gardes Lafayette, le samedi soir, 17 septembre, sous la présidence de M. Pinet. Plusieurs discours patriotiques y sont prononcés, tous très modérés de ton au point de vue politique. Les orateurs, en général, rappellent nos gloires passées pour y puiser des espérances dans l'avenir. Le sentiment commun à tous, peut se résumer ainsi : "Vive la France !" d'abord, puis, "Vive la République !" Un Lorrain, ancien républicain, a des paroles amères contre l'empire qui vient de tomber si honteusement; il voudrait arracher de notre histoire la page infâme consacrée à ce règne. Un autre orateur proteste contre ces expressions ; il trouve qu'il y a de bonnes et belles choses à mettre en regard des mauvaises. Il proteste surtout, au nom de notre armée, qui s'est couverte de gloire en Crimée et en Italie.

L'assemblée vote la dépêche suivante pour être transmise, par le câble, au gouvernement de la Défense Nationale :

"Les Français de Californie vous admirent, ils ont foi en vous, sauvez la France !"

Une collecte faite parmi les assistants produit $468.

L'arrivée au pouvoir des hommes qui, jusqu'au dernier moment, s'étaient opposés à la guerre, avait fait espérer une paix prochaine et honorable ; mais les exigences outrées du vainqueur rendant tout accord impossible, on comprit qu'il s'agissait de lutter maintenant pour l'intégrité et l'honneur même de la patrie. La guerre allait donc se poursuivre plus acharnée que jamais. Les Français-californiens qui voulaient s'engager comme volontaires, pressèrent de nouveau le comité de leur en fournir les moyens. En attendant une décision à cet égard, plusieurs jeunes gens partirent à leurs propres frais.[1] MM. Gaston Verdier, Parisien, et Léon Weill, Phalsbourgeois, s'embarquent dans les premiers jours de septembre. M. Baudry, ancien sous-officier, les suit quelques jours plus tard. M. Victor Mathieu, de la compagnie Lafayette, vend son établissement de mécanicien pour se procurer l'argent nécessaire à son voyage. Puis, c'est un Breton, M. Antoine Lainé, de Paimpol (Côtes-du-Nord), dont on annonce le départ. Sa mère lui avait écrit cette lettre digne d'une Romaine : "Tes trois frères m'ont quittée, ils se sont engagés et vont combattre les Prussiens. J'espère que tu feras comme eux."

M. Cauwet part, à son tour, adressant une lettre très touchante à ses amis de Californie. En voici un passage qui la résume :

"O Californie ! Profond et doux attachement ! Au revoir ou adieu, moitié de mon cœur ! Où vais-je ? Goutte d'eau, je retourne à l'Océan. Fils perdu, je retourne à ma mère Soldat désillusionné d'un Empire déshonoré, je vais servir la République.

"Sedan a été le châtiment de ceux qui ont aimé l'homme. A chacun de prendre sa part dans l'expiation.

"O Californie, vaillante et adorée ! O cœurs pétris, comme ta terre, avec de l'or, au revoir ou adieu !"

---

[1] — Nous citons les noms de ceux qui nous ont été signalés.

Nous trouvons aussi, sur la liste des partants, les noms de MM. Michel Moritz et F. Lautheaume ; mais nous devons une mention toute spéciale à un autre volontaire, dont la presse parisienne s'est occupée.

Dans la *République Française* du 4 février 1873, on lit, en effet, la lettre suivante :

" Monsieur,

" M. d'Audriffret-Pasquier, dans la dernière séance de l'Assemblée de Versailles, a exalté la conduite de l'un des membres de la famille d'Orléans pendant la guerre de la Défense Nationale. Veuillez, par contre, à l'honneur des gens de peu, opposer la simple histoire d'un cuisinier à celle de Robert-le-Fort.

" Victor Thomas, Français habitant San Francisco, où il gagnait 100 dollars par mois, quitte cette ville à la nouvelle de nos désastres, débarque au Hâvre d'où il se dirige sur Valenciennes, et s'y engage dans le 65e, après avoir remis entre mes mains sa petite fortune et ses dernières volontés.

" Il n'avait jamais manié un fusil, mais son zèle et son courage le font bientôt distinguer. Il est nommé caporal, puis sergent, fait la campagne de Picardie et reçoit, dans le ventre, à la bataille de Saint-Quentin, une balle qu'on ne peut extraire.

" Il guérit cependant, et la guerre terminée, revient à Valenciennes, retire son dépôt et me dit adieu. Puis, sans plus de bruit, se rembarque pour la Californie, emportant de France, en échange de plus de 4,000 francs qu'il avait perdus, sa capote militaire reprisée au trou de la balle et la balle aussi.

" Agréez, etc.

" Dufont,

" Ex-président de la Commission municipale de Valenciennes."

Dans le courant du mois de septembre, une de nos aimables compatriotes, madame Amélie Mezzara, femme du sculpteur de ce nom, partit pour offrir ses services aux blessés. Déjà, pendant la guerre de sécession, elle avait accompli la même tâche de dévouement dans les ambulances américaines. En récompense de son généreux courage, elle reçut après la guerre, une croix de bronze de la Société de Secours aux blessés, une médaille en or des Dames de la Société de la Crèche française, et une autre médaille en or du gouvernement français.

LA FOIRE

FÊTE DES BLESSÉS.

Pendant que les hommes cherchent à cimenter leur union sur le terrain commun du patriotisme, les dames se mettent résolument à l'œuvre généreuse qu'elles ont acceptée.

Elles se réunissent, le 15 septembre, à la salle des Gardes Lafayette. Une cinquantaine d'hommes assistent à la réunion. On décide d'ouvrir, à partir du 22 septembre et et pour une durée de cinq jours, une foire ou bazar dans l'immense pavillon qui s'élevait alors sur la Union Plaza. On nomme un comité de Dames directrices, composé de Mesdames Emeric, présidente ; Alex. Weill, vice-présidente ; A. Blochman, trésorière ; et M. Nolf, secrétaire.

On organise aussi des commissions spéciales sous les titres suivants : finances, réceptions, buffet, décors, enchères et loteries, fleurs et musique. Un comité d'hommes est adjoint aux dames.

Enfin on fixe le prix des billets d'entrée à 50 cents pour les grandes personnes, et à 25 pour les enfants.

Le 22 septembre, au soir, le Pavillon, élégamment décoré, s'ouvre au public.

A l'entrée de la salle, on a établi un bureau de poste et de télégraphe, dirigé par Mme Sorbier et Mlle Dolet, assistées de M. Stoupe. Plusieurs jeunes filles y sont attachées comme messagères et portent des lettres, des dépêches, voire même d'anonymes billets doux aux messieurs qui se promènent dans le pavillon. Le port est de cinquante cents au profit des blessés.

A côté de ce bureau, se trouve un *grab box*, panier ouvert qui contient de petits carrés de papier numérotés. Chaque numéro correspond à un numéro semblable que porte un des objets déposés dans la stalle. Le numéro qu'on retire du panier, fait gagner un des objets à l'étalage. Mesdames Bazin et Ebers président à ces opérations.

Plus loin, un magasin de confiserie est tenu par Mme David Cahn. Vient ensuite une cantine placée sous la direction de Mme Melville, assistée de Mlle Elisabeth Lévy, Française, et de Miss Lucy Robinson, Américaine.

En continuant à circuler, on arrive devant un élégant pavillon de verdure, dans lequel on admire un fort joli groupe de jeunes Américaines, dont quelques-unes appartiennent au plus grand monde. — On y vend des bouquets.

Immédiatement après ce temple, plein de parfum,

s'élève un autre temple également consacré à la déesse Flore, et desservi par plusieurs de nos jeunes et gracieuses compatriotes. Mesdames Merle et Lion y veillent à la direction des affaires.

Un peu plus loin, Mlle Hallier, artiste lyrique, de passage à San Francisco, tient une vitrine de bijouterie.

Plus loin, on voit le bazar de M. Schwob. Des objets de prix y sont entassés et attendent d'être mis aux enchères.

Au centre de la salle, s'élève une fontaine.

En avant de cette fontaine, sont placées quatre vitrines contenant des bijoux, destinés à être gagnés en loterie. On y remarque deux montres : l'une y a été déposée par un Français, et l'autre, enrichie de diamants, par un Américain. Les deux donateurs ont voulu garder l'anonyme. Mesdames Alexandre Weill et Joseph Aron, sont les gardiennes de ces trésors.

Au fond de la salle, à gauche, se trouve un autre bazar, et tout à côté, un petit stand de cigares tenu par Mlle Mathilde Blum; puis successivement, on voit une table, dite *Phalsbourg et Liberté*, présidée par Mme Emeric; une table de *soda water* tenue par Mme A. Gros; une table de roulette, par Mme E. Raas et Mlle C. Lévy; une table des photographies de Strasbourg, par Mlles Hortense Blum et autres; des Billiards confiés à la direction de M. J. Aron.

Enfin vient le restaurant, desservi par vingt-deux dames ou jeunes filles, assistées d'un grand nombre de jeunes gens. Seize ou dix-huit tables, sont dressées là, couvertes de victuailles, de glaces, de bouteilles de vins fins et de liqueurs de choix. Le service se fait avec un ordre et un entrain remarquable sous la direction de Mmes Léopold Cahn et Dubédat.

L'orchestre, dirigé par M. Reiter, et composé de 60 musiciens, occupe une estrade au fond de la salle.

La soirée est ouverte par la *Marche Nuptiale* de Mendelssohn. Puis commence le cours des opérations sérieuses de la Foire, c'est-à-dire, la vente. D'intervalle en intervalle, celle-ci est interrompue par l'exécution des diverses parties du programme de la soirée: discours, récitations, chants patriotiques.

La salle est excessivement animée. Il n'y a pas là que des Français. Des étrangers de toute nationalité s'y sont donné rendez-vous, les uns attirés par la curiosité, les autres par la sympathie.

Entre autres objets destinés à être vendus aux enchères, nous aimons à en signaler deux, qui nous paraissent avoir un intérêt particulier. Une superbe canne à pomme d'or, offerte par l'honorable Philip A. Roach, homme politique bien connu à San Francisco, et Irlandais de naissance. Cette canne avait été faite avec le bois du navire *Cadmus*, sur lequel Lafayette était arrivé à New-York, le 15 août 1824.

Un bouton d'or, offrande d'un pauvre Français, ancien soldat et malade à la Maison de Santé. Ce modeste bijou avait été acheté, au précédent encan, par M. de Kirwan avec l'intention de le rendre au vieux brave. Malheureusement celui-ci mourut dans l'intervalle. M. de Kirwan, sincèrement affligé, écrit alors au comité une lettre très touchante qu'il termine par ces mots:

"Ne voudriez-vous pas me consoler un peu? Vous pouvez le faire en mettant de nouveau en vente le pauvre petit bouton d'or dont, à mon tour, comme héritier, je fais l'offrande, dans la pensée de donner ainsi, par le résultat que j'espère voir obtenir, une consolation d'outre-tombe à l'âme immortelle du bon patriote décédé."

Remis en vente, le bouton est adjugé au prix de *deux cents dollars* à M. G. Dussol.

Si, pendant les soirées, on s'efforce de réunir le plus de fonds possible par des moyens aussi ingénieux les uns que les autres, les matinées ne sont pas non plus infructueuses. Le buffet, restant ouvert en permanence, les membres du comité y viennent prendre leur *lunch* avec leurs amis. C'est ainsi que le 24 septembre, ils se trouvent réunis, au nombre de douze, à déjeuner au Pavillon. Au dessert, l'un d'eux propose d'affirmer, par un acte substantiel, les sympathies des convives pour le nouveau gouvernement français. Chacun comprend à demi-mot; on s'empresse d'écrire un chiffre sur un bout de papier, et on le jette dans un chapeau que l'auteur fait circuler autour de la table. Résultat de cette petite manifestation : 12,000 dollars. Nous disons : douze mille dollars, ou plus de *soixante mille francs!*

Aussitôt on envoie la dépêche suivante :

"AU GOUVERNEMENT PROVISOIRE, TOURS, FRANCE.

"L'énergie seule peut sauver la France. Recevez un envoi de 60,000 francs pour continuer à défendre l'honneur national. A bientôt d'autres sommes.

"Vive la France !

"LES FRANÇAIS DE CALIFORNIE."

Deux jours après on reçoit la réponse que voici :

" *Le Gouvernement Français aux Français de Californie.*

"La France reconnaissante, vous remercie de votre don patriotique.
"Tours, 25 septembre 1870."

Nous croyons devoir dès à présent, appeler, l'attention des lecteurs sur la dépêche du comité, qui indique que la somme de 12,000 dollars recueillie pendant le déjeuner n'était plus destinée aux familles des soldats tués ou blessés, mais bien à la défense nationale. C'est le point de départ d'une nouvelle manifestation patriotique.

Le 27 septembre, autre épisode du même genre :

Dix ou douze Français, les mêmes sans doute, déjeunaient encore au Pavillon. Au dessert,—c'est toujours en ce moment que les grandes idées surgissent avec ou sans toasts,—quelqu'un propose d'imposer $50 dollars d'amende au profit du fonds des blessés, à quiconque essaiera de faire un *speech*. Résultat de la proposition : $1,050.

Si nous ne donnons pas les noms des convives, c'est qu'ils n'ont point voulu les laisser publier.

D'après le rapport officiel de la trésorière du comité, Mme Mathilde Blochman, le produit net de la Foire s'est élevé à $51,034.50, y compris $17,453 provenant des ventes aux enchères.

Ces $51,034.50 furent immédiatement envoyés en France, au nom des dames françaises, pour les familles des soldats tués ou blessés. Jusqu'alors, à l'exception des $12,000 du déjeuner, toutes les remises faites par le comité, avaient eu cette destination. Par égard pour le pays neutre qui leur accordait l'hospitalité, nos compatriotes s'étaient efforcés de se tenir, dans leurs manifestations nationales, sur un terrain purement humanitaire. Mais, lorsqu'on apprit que l'ennemi, implacable dans ses exigences, refusait à la République des conditions de paix honorables, on se dégagea de cette réserve et on décida la création d'un nouveau fonds, celui de la guerre ou de la défense nationale. Le déjeûner, dont nous avons parlé, en fournit l'occasion et les premiers moyens.

Afin de stimuler le zèle de la population, en faveur de cette souscription, M. Touchard publia le 2 octobre, un appel dont voici la conclusion et le résumé:

"La Patrie est en danger! C'est elle qui, par la bouche de Jules Favre, vous adresse ces simples et touchantes paroles: La France accepte la lutte, elle compte sur ses enfants!"

Déjà, quelques jours auparavant, une dame qui voulait couvrir sa belle action du voile discret de l'anonyme, avait écrit au comité la lettre suivante:

" San Francisco, 30 septembre 1870.

"Messieurs,

"J'ai l'honneur de vous adresser, ci-joint, une parure de valeur dont je vous prie de disposer à votre convenance, au profit de votre caisse pour la défense.

"Je me permets de vous suggérer l'idée d'une loterie qui, je crois, produirait le résultat le plus désirable.

"Je me sépare d'un souvenir bien cher, mais ce sacrifice, relativement si petit, je le fais sans regret, puisqu'il s'agit de contribuer à la défense de l'honneur de mon pays.

"Que puis-je faire plus encore! Ne sont-elles pas dignes d'envie, celles de nos sœurs en France, dont le dévouement soulage tant de misères, guérit tant de blessures!

"Ici, du moins, faisons ce que nous pouvons, ne reculons devant aucun effort, pour remplir notre devoir envers notre patrie bien aimée.

"Nous tous, Messieurs, nous apprécions votre patriotique initiative, et nous espérons que votre noble exemple donnera un nouvel élan aux sentiments généreux de nos compatriotes.

"UNE FRANÇAISE."

Cette lettre était accompagnée d'une magnifique parure, montée en diamants et en perles, d'un prix considérable. Mise en loterie, elle produisit $3,000.

Racine a dit:

"Il n'est point de secret que le temps ne révèle."

Eh bien, le temps a fait son œuvre et nous ne croyons pas commettre d'indiscrétion, quatorze ans après l'événement, en disant que cette généreuse *Française* qui a laissé tant de bons et beaux souvenirs dans notre colonie, est Madame Alexandre Weill.

De toutes parts, arrivent aussitôt des encouragements et des promesses de concours. De Brighton, Mme Routier écrit une lettre remplie des sentiments du plus ardent patriotisme.

L'avocat américain, M. John B. Felton s'inscrit pour une somme mensuelle de $250 pendant quatre mois.

Les deux souscriptions, du reste, marchent de pair. A Sacramento, nos compatriotes organisent une Foire, à l'exemple de San Francisco. Le comité, nommé à cette occasion, se compose de MM. B. Dennery, président; F.

Chevalier et W. P. Cofferty, vice-présidents; A. Lobe, secrétaire, et Thomas Guineau, trésorier. A ces messieurs, on adjoint un comité de dames dont plusieurs sont américaines.

On peut voir par les nombreux faits, cités dans ce récit, que si les journaux du pays étaient presque unanimement hostiles à la France, il n'en était pas tout-à-fait ainsi des Américains eux-mêmes. Ceux-ci se montraient généreux en maintes circonstances, et quelques-uns témoignaient hautement de leurs sympathies pour notre cause. Nous avons même remarqué que dans les petites localités, ces sentiments de vieille amitié pour notre pays étaient plus répandus que dans les grandes villes. Ainsi, à Vallejo, les Américains, réunis en assemblée publique, adoptèrent les résolutions suivantes :

"Il est résolu que nous considérons les membres de la République française comme nos frères, que nous nous engageons à lui donner notre appui de tout notre cœur, que nous approuvons l'action de notre gouvernement en reconnaissant promptement la République.

"De plus, nous nous engageons, nous, nos fortunes et notre honneur sacré, à soutenir notre gouvernement dans chaque effort qu'il fera pour maintenir la cause du gouvernement républicain."

A San Francisco, les propriétaires du Lick House, MM. Lawlor et Cie, en apprenant l'arrivée prochaine des dames de Sacramento, déléguées par le comité de la Foire, leur offrent gracieusement l'hospitalité pour toute la durée de leur séjour en ville.

M. John Shannon, de Folsom, homme politique influent, annonce aux dames françaises de Sacramento, que lui et ses amis de sa localité, désirant donner une marque de sympathie à leur noble entreprise, se proposent de prendre un train spécial et de se rendre en masse à la Foire, samedi 29 octobre.

Un incident de ce Bazar :

Parmi les objets offerts pour être vendus aux enchères, se trouve un portrait de Bazaine dont on vient d'apprendre la trahison. Mme B. Dennery, présidente, — Française de cœur, sinon de naissance — se saisit du portrait en s'écriant : "Il ne vaut rien ici, il s'est vendu assez cher à Metz !" et déchirant l'image, elle en jette les morceaux à terre et les piétine aux applaudissements de la foule.

La Foire de Sacramento rapporte $5,000.

Des artistes français, de Détroit (Michigan), envoient au comité de San Francisco deux portraits, l'un à l'huile et l'autre à l'aquarelle,[1] pour être vendus à cent dollars pièce, au profit de la souscription. Noms des artistes : Paul Louvrier et M. Gambier.

Nos compatriotes, établis dans l'Etat de Nevada, suivent l'exemple des Californiens. Les dames de Grass Valley donnent un bal qui produit net $850. Richfield (Cariboo) envoie $953. La petite ville d'Austin, $420 en deux listes; des personnes de toutes les nationalités y ont contribué, même des Allemands.

---

[1] — Les portraits étaient ceux de Gambetta et de Jules Favre. Le premier a été acquis par M. Alexandre Weill et l'autre décore la salle de réunions du Comité de la Société Française de Bienfaisance Mutuelle.

On a aussi des nouvelles du Mexique et de Panama. Partout les Français font leur devoir.

Le *Courrier* publie une lettre de MM. Léon Weill et Gaston Verdier, datée du Mans. "Les soldats, disent-ils entre autre choses. n'ont pas de haine contre les Prussiens...... Il est même incroyable qu'il n'y ait pas plus d'animosité contre des troupes qui, tous les jours, commettent des excès sans nombre."

Capitulation de Metz.[1]

La capitulation de Metz, accomplie dans des circonstances faites pour détruire les plus robustes espérances, n'arrête point l'élan patriotique en Californie.

Une réunion, présidée par M. Pinet, a lieu le 30 octobre. Les orateurs discutent la situation de la France, privée de sa dernière armée, et avant de savoir que Gambetta avait flétri Bazaine dans une proclamation immortelle, ils déclarent l'homme de Metz, traître à la patrie. Après les discours, on rédige une adresse au gouvernement, dans laquelle on lit ces mots: "Un maréchal de l'empire n'est ni l'armée ni la nation, la République sauvera la France!"

Une quête termine la soirée, et produit $1,632.

Entre temps, les souscriptions poursuivent leur cours sans interruption. A San Francisco, l'église française fait, à chaque office, des collectes lucratives.

---

[1]—27 octobre 1870.

La petite ville de Nevada organise un bal, une représentation et une tombola, sous les auspices des dames françaises. Résultat : 2,300 dollars, envoyés par M. Félix Gillet, au comité central de San Francisco.

La petite ville de Sonora donne une soirée qui rapporte $725. Ce sont les Américains qui contribuent le plus à ce résultat, les Français étant peu nombreux.

De leur côté, un grand nombre de jeunes patriotes reviennent à l'idée de rentrer en France, comme volontaires. Le *Courrier* fait à ce sujet l'observation suivante :

"Ce ne sont pas les hommes qui doivent manquer en France. Avec dix mille dollars, qu'il nous faudrait pour expédier cent volontaires, par exemple, le gouvernement armera cinq cents et peut-être mille concrits, qui n'attendent que des fusils pour marcher."

Ce langage sensé irrite l'ardeur généreuse des jeunes patriotes. Ils ne demandent de secours disent-ils, que pour se rendre à New-York; de là, le consul les rapatriera.

Le comité soumet la question, par dépêche, au gouvernement de Tours, et reçoit la réponse suivante, qu'on peut lire, exposée dans un cadre, à la Bibliothèque française :

"Tours, 13 novembre 1870.

"Aux Français de Californie,

"*Gambetta, ministre de l'Intérieur et de la Guerre, membre du gouvernement de la République française, au Comité Central de Californie, à San Francisco.*

"Salut et Fraternité!"

"Je vous remercie, citoyens, pour votre généreux don de cinquante mille francs offerts à la République.[1] Nous

---

(1) — Le Comité faisait des remises de 50 à 60.000 francs, au fur et à mesure que les fonds de la souscription rentraient dans la caisse du trésorier.

accepterions volontiers votre offre de volontaires, mais j'ai la satisfaction de vous annoncer que l'élan patriotique est assez grand chez nous, pour que nous n'ayons pas besoin d'hommes; les secours en argent seront toujours bien accueillis, surtout quand ils viennent d'Amérique."

"Gambetta."

Cette dépêche, publiée le 15 novembre, tranche la question des volontaires, mais le comité s'en sert aussi pour stimuler le zèle des souscripteurs, dans l'intérêt des *fonds affectés à la défense nationale.*

Ce même jour, meurt à San Francisco un vieux brave, âgée de 85 ans, M. Elie Alexandre, Alsacien, médaillé de Ste Hélène, lieutenant des Gardes Lafayette, qui avait été promu officier à la fin de la campagne de France en 1815.

Les obsèques du vénérable vétéran sont l'occasion d'une grande démonstration patriotique. Sur sa tombe, le rabbin, M. Elkan Cohn, Allemand de naissance, prononce un discours en français duquel nous croyons devoir détacher ce court passage: "M. Alexandre était non seulement un honnête homme, dans toute l'acception du mot; mais il était, en même temps, un grand patriote. Il eut la douleur d'apprendre les malheurs qui accablent aujourd'hui sa patrie, et la mort l'a frappé trop tôt, pour qu'il puisse voir la France reprendre le rang qu'elle mérite d'occuper, à tant de titres, parmi les nations de l'Europe."

Le consul-général de France, M. Breuil, rend également hommage à la mémoire du vieux soldat. Après avoir rappelé ses états de services, il raconte qu'il avait demandé pour lui la croix de la légion d'honneur, mais que sa demande n'a pu aboutir à cause des événements si douloureux amenés par la guerre.

Les offrandes à la patrie continuent d'affluer de toutes parts.

A Denver (Colorado), les quelques Français de cette ville ont organisé une Foire qui produit 1,300 dollars. Tous les habitants se sont fait un plaisir de contribuer au succès de l'œuvre.

M. Etienne Michel, de San José, envoie au comité 50 dollars gagnés à un Prussien qui avait parié que Paris serait pris le 20 novembre.

MM. Delmas et Sourisseau, de la même ville, envoient aussi, chacun, une somme égale, provenant d'une source semblable.

Mazatlan (Mexique) réunit $1,133.63.

La compagnie italienne, Garibaldina, offre au comité $136, tiers du produit net d'un festival, et destinés aux blessés.

Honolulu envoie $400. Ce n'est pas sa première remise. Comme il n'y avait, à cette époque, qu'une vingtaine de Français aux îles Sandwich, il convient d'attribuer à la générosité des étrangers, une bonne partie des offrandes.

Revenons à la dépêche de Gambetta.

Nous avons dit que le comité avait décidé de s'en servir pour donner une nouvelle impulsion à la souscription. Cette tâche lui fut rendue d'autant plus facile que la teneur de la dépêche avait relevé bien des courages. Elle attestait, en effet, que la situation n'était point désespérée, que le gouvernement était résolu à poursuivre énergiquement la lutte et que, si l'argent lui faisait défaut, les hommes ne manquaient pas. C'est donc de l'argent qu'il fallait se procurer. Aussi le comité se mit-il aussitôt à l'œuvre avec une ardeur nouvelle.[1]

Le 25 novembre, M. Belcour, chancelier du consulat de France, met à la disposition du comité une somme de 830 dollars, provenant d'une petite propriété qu'il vient de vendre. C'est le premier fruit porté par la dépêche de Gambetta; mais cette dépêche avait fait germer dans un cœur généreux une idée qui allait produire une riche moisson.

Étrennes à la Patrie.

Le 16 décembre, le *Courrier* publie un article adressé à M. Emile Marque, rédacteur du journal et membre du Comité Central. Cet article est signé : Un Enfant de la Gironde.

Dans un langage plein de cœur, l'auteur anonyme rappelle qu'il "est d'usage immémorial, à l'occasion du renouvellement de l'année, de laisser, coûte que coûte, un libre cours à notre générosité, pour donner sous forme de présents, à tous ceux qui nous sont chers, des témoignages de notre affection et de notre estime. Eh bien! ne pourrions-nous, dit-il, comme preuve de notre dévouement à

---

[1] — Jusqu'alors le Comité n'avait, pour ainsi dire, qu'une existence provisoire. Le 19 novembre 1870, il procède à sa constitution définitive, sous le nom de Comité Central de la Souscription Nationale. Le nouveau bureau fut composé ainsi qu'il suit : MM. Touchard, président; Ploche et Alex. Weill, vice-présidents; Mahé, trésorier; L. Nolf et E. Marque, secrétaires.

notre mère-patrie, qui doit, certes, primer toute autre affection dans nos cœurs, détourner à son profit, sinon en totalité, au moins en partie, le cours de cette générosité ?"…. Et l'auteur propose d'ouvrir une nouvelle souscription pour le fonds de la guerre, sous le titre : Étrennes a la Patrie ! En même temps, il prie M. Marque de remettre au comité la somme de cent dollars, jointe à la lettre, pour être inscrite sur cette liste spéciale.

Ici encore, nous nous permettrons d'invoquer le fameux vers de Racine. Du reste, tout le monde, à San Francisco, sait aujourd'hui que l' "Enfant de la Gironde" n'est autre que M. Marc de Kirwan.

Son idée fait fortune. De toutes parts pleuvent les adhésions.

Une personne, signant Un Français de cœur, écrit au *Courrier*, pour déclarer qu'elle s'associe aux sentiments généreux du promoteur des Étrennes à la Patrie, et elle envoie $20.

M. Narjot, artiste, adresse au comité un bon pour un portrait en buste, à condition que le prix fixé par la personne à peindre sera versé au fonds de la Défense Nationale. Le comité accepte pour son compte le bon, et décide de faire faire le portrait de son président.

Une Française, dont nous regrettons de ne pouvoir révéler le nom, et qui signe : Une Parisienne, offre au comité une parure, "souvenir bien cher, — dit-elle dans sa lettre, — et qui le deviendra bien plus encore, puisque j'ai le bonheur de pouvoir venir en aide à ceux qui souffrent."

Les boulangers français qui ont l'habitude, à l'époque de la Fête des Rois, d'offrir à leurs pratiques le gâteau renfermant la fève traditionnelle, décident que cette année, ils verseront au fonds des blessés ou de la Défense Nationale, la somme destinée aux gâteaux en question. Ils fixent cette somme, pour chacun d'eux, à 50 dollars.

Les signataires de cet engagement sont : MM. Grenouilleau frères, F. Guéniu, J. Maillies et Cie, André Hourgassan, François Jallu, B. Duterte, Boudin et Cie, E. Cardinet, Béraud, Félix Férot.

Mais le comité, lui aussi, saisit la balle au bond. Il convoque la population pour le 31 décembre, à Mozart Hall, rue Post.

M. Touchard, qui préside la réunion, donne d'abord lecture du compte-rendu des sommes encaissées par le trésorier jusqu'à cette époque. Puis, il ajoute :

"Les remises ont été faites au ministre des affaires étrangères, quand il s'est agi de secours à faire parvenir aux familles des soldats tués ou blessés sur le champ de bataille ; et au ministre de la guerre, quand il s'est agi de la défense nationale. Chaque envoi a été précédé d'un télégramme adressé à l'un ou à l'autre ministre, et si le coût du télégramme ne figure point dans les comptes qui vous ont été présentés aujourd'hui, c'est que cette dépense a été couverte par les membres du Comité, qui en ont fait leur affaire personnelle, désireux qu'ils étaient que les fonds parvinssent intacts à leur destination respective."

Ces explications données, M. Touchard arrive à l'objet principal de la réunion. Dans une chaleureuse allocution, il développe la belle et généreuse pensée émise par un "Enfant de la Gironde."

"Ne craignez pas, dit-il, d'annoncer à vos parents, à vos amis qu'ils n'ont pas d'étrennes à attendre de vous cette année....

"Et vos enfants! Ah! ne négligez pas cette occasion de déposer dans leurs cœurs le germe de l'amour de la patrie ; bénissez-les, ces êtres chéris, laissez-les s'abreuver dès leurs plus tendres années à la coupe sacrée du patriotisme."

C'est sous l'impression de ce discours, que la souscription s'est ouverte. Elle produit, séance tenante, $20,023.25. La moitié en a été souscrite par une douzaine de nos compatriotes, les mêmes, probablement, qui avaient pris part aux mémorables déjeuners du Pavillon. Mais, dans cette circonstance encore, par un honorable sentiment de délicatesse, ils décident que le journal, tout en publiant les noms des souscripteurs aux Étrennes, s'interdira de mentionner le montant de la somme souscrite par chacun individuellement.

Close le 14 janvier, la souscription aux Étrennes produit $23,698.10.

Dépêche du comité au ministre de la guerre à Bordeaux :

"30 Décembre.

"ÉTRENNES DES FRANÇAIS DE CALIFORNIE

"A LA FRANCE.

"*Cent mille francs pour la Défense Nationale.*

"Vive la France!

"Vive la République!"

Réponse :[1]

Gambetta à G. Touchard,
COMITÉ CENTRAL,
SAN FRANCISCO.

"Au nom de la France, de la République, de notre héroïque Paris, merci à nos frères d'outre-mer! Salut à vous tous, qui veillez et agissez incessamment pour le salut de la Patrie! L'année qui se lève, ouvre l'ère définitive de la liberté et de la grandeur nationale. Que d'un bout à l'autre de l'univers, toute bouche française acclame cette renaissance!

"Vive la République!
"Salut et Fraternité.

"BORDEAUX. "LÉON GAMBETTA."

13 JANVIER — Frank Pixley, directeur de l'*Argonaut*, écrit de Bruxelles, d'où il suivait le cours des événements, une série de lettres publiées à San Francisco, et très sympathiques aux Français.

17 JANVIER — Un Phalsbourgeois, habitant San Francisco, gagne à un Prussien un panier de vin de Champagne. Il le met en vente au profit des victimes du bombardement de sa ville natale. Le Prussien avait parié que Paris serait pris avant le premier janvier. La vente à l'encan de ce vin, faite au Café Français, rapporte $504.75.

En outre, une souscription particulière est ouverte chez M. Alex. Weill, en faveur de Phalsbourg.

20 JANVIER — M. Tony Gordon, qui vient d'arriver

---

[1] — Arrivée à San Francisco le 31 décembre 1870, à 9 heures 15 minutes du matin.

de France, a l'idée d'installer dans trois maisons un tronc destiné à recevoir des offrandes pour la défense nationale.

28 Janvier — On apprend qu'à Guatemala, où se trouvent une quarantaine de Français, deux souscriptions ont produit ensemble $2,897. Des Belges et des Suisses y ont contribué.

29 Janvier — Un cigare, mis aux enchères dans un dîner d'amis au Restaurant de Paris, à San Francisco, rapporte $32.50.

Fin Janvier — M. Constant Meyer, de Los Angeles, envoie une nouvelle somme de $161, recueillie dans cette ville ; $101 proviennent de la loterie d'un fusil de chasse donné par M. L. Loeb, Strasbourgeois.

Le *Courrier* publie une lettre arrivée, par ballon, de Paris assiégé, et adressée au Consul de France.

Sur l'adresse, une main inconnue avait écrit en allemand les lignes suivantes, dont nous donnons la traduction :

"Peuples insensés, nous égorgerons-nous toujours pour le plaisir et l'orgueil des rois ?

"Gloire et conquêtes signifient crimes ; défaite signifie haine et désir de vengeance.

"Une seule guerre est juste et sainte : celle de l'Indépendance.

"Paris défie l'ennemi. La France se lève tout entière. Mort aux envahisseurs !"

Capitulation de Paris.[1]

Après sept mois d'investissement, après avoir épuisé toutes ses ressources et mangé son dernier morceau de pain de misère, Paris cède enfin à cet ennemi plus terrible, plus inexorable que les armées les plus puissantes et les plus cruelles : la Faim !

La reddition de Sedan et de Metz n'avait fait qu'exaspérer les courages et exalter les esprits ; mais la chute de Paris, c'était — on le croyait d'abord — l'anéantissement de toutes les espérances !

La fatale nouvelle circula à San Francisco dès le lendemain. Le *Courrier* annonce l'affreux événement dans des termes d'une douleur et d'une amertume extrêmes.

"Quoi ! — s'écrie-t-il — en cinq mois, la France n'a pas réuni assez d'hommes pour chasser 400,000 Allemands ! — Paris a vainement attendu que la province vînt à son secours. Il en fallait un million ! Elle ne s'est pas levée en masse ! "Elle l'eût fait, il y a cinquante ans ; mais aujourd'hui, les vieux n'ont plus assez de force, et les jeunes — c'est la mort dans l'âme que nous le constatons — les jeunes n'ont plus assez de cœur !"

Et un long et morne silence se fait dans le journal et dans la colonie, silence qui trahit d'une manière poignante la désespérance générale.

La France gisait à terre, haletante, épuisée, perdant son sang par mille blessures. La guerre paraissait termi-

---
[1] — 28 janvier 1871.

née. Le monde civilisé pouvait maintenant, sans désobliger la Prusse, parler d'humanité et tendre une main secourable à Paris, blessé et mourant de faim, à la France ravagée, livrée à la merci d'un vainqueur sans pitié.

Les Etats-Unis furent des premiers à envoyer des vivres à Paris et aux départements affamés. A San Francisco, l'*Evening Bulletin* fit, dès les premiers jours de février, un appel en faveur de cette œuvre d'humanité, et la Chambre de commerce, prenant l'affaire en main, nomma un comité de cinq membres, présidé par M. C. A. Low, chargé de recueillir des souscriptions pour le *French Relief Fund.*[1] La souscription, close le 22 avril suivant, atteignit le chiffre de $11,072.[2]

De son côté, la population française ne resta pas inactive. Revenue du morne abattement où l'avait jetée la capitulation de Paris, elle se sentit tressaillir jusqu'au plus profond des entrailles, à l'annonce de l'épouvantable détresse de notre pays natal. Il ne s'agissait plus de lutte désespérée à soutenir — l'armistice était signé, — mais de venir en aide, à ceux qui mouraient de faim là-bas !...... C'est au nom de la fraternité française, que cette fois le comité de la souscription nationale, vient demander à nos compatriotes de nouveaux sacrifices.

Une réunion a lieu, le 14 février, à *Mozart Hall*. Séance tenante, on recueille $12,041. Vu l'urgence du cas, on y

---

[1] — Fonds de secours pour les Français.
[2] — A New York, le 12 mars, les souscriptions pour le *French Relief Fund* s'élevaient à $115,350.

ajoute $8,000 pris sur le fonds des blessés. En même temps, on permet à chaque souscripteur de désigner la ville ou telle partie de la France, à laquelle il désire que son offrande soit envoyée.

Pour distribuer ces secours, on nomme un comité, formé d'anciens résidents français en Californie, alors établis à Paris. Ce comité est composé de MM. Simon Lazard, Gustave Kaindler et le Dr. Celle.

Dépêche adressée à ces messieurs, le 18 février :

"*A M. Lazard, Lime Chambers street, London.*

"Souscription des Français 110,000 francs. Distribuez en France 40,000 francs en secours aux familles pauvres des tués et blessés; 25,000 en provisions, aux nécessiteux; 6,000 fr. en semences aux fermiers; 2,000 à l'ambulance Monod-Mezzara. Attendez lettre pour les 37,000 francs restant.

"G. TOUCHARD, Président."

La lettre, en question, donnait les indications suivantes sur l'emploi à faire des 37,000 francs.

Environs de Paris, 17,000 francs; Paris, 550; environs de Metz, 7,500; Phalsbourg, 2,100; départements des bords de la Loire, 1,000, etc. 500 francs devaient être distribués à des familles désignées par Gambetta.

Le montant total des sommes recueillies parmi les Français-californiens, dans le but spécial que nous venons d'indiquer, a atteint $18,726. San José y a contribué pour $2,300.

Voici le passage d'une dépêche, adressée par le gouvernement au consul-général de France à San Francisco, accusant réception des derniers envois de fonds : [1]

"Versailles, 11 avril 1871.

" Monsieur,

" J'ai reçu la dépêche que vous m'avez fait l'honneur de m'écrire sous le n° 28.... J'ai été profondément touché de la générosité avec laquelle les Français de votre résidence ont répondu au nouvel appel qui leur a été adressé par le comité de souscription nationale. En ajoutant encore aux versements déjà si considérables qu'ils avaient précédemment effectués, nos nationaux se sont acquis les titres les plus honorables à la reconnaissance du pays, et je vous prie de les remercier, au nom du gouvernement, de leur généreuse et patriotique assistance.

"Jules Favre."

Nous sommes arrivé à la fin de la première partie de l'histoire des grandes souscriptions nationales en Californie. Avant d'en reproduire le compte-rendu officiel, il nous reste à citer les quelques faits suivants :

Tout en prodiguant son or à la patrie, notre colonie a généreusement rempli ses devoirs d'humanité envers les incendiés de Chicago, ceux de la Pointe-à-Pitre (Guadeloupe), les familles des martyrs de Bazeilles, les Suisses habitant Paris pendant le siége, etc., pour lesquels des souscriptions spéciales avaient été ouvertes.

Le 6 juillet, la population française de San Francisco a été profondément attristée par la mort de M. Sylvain Cahn, âgé de 34 ans et frère de M. David Cahn. Membre

---

[1] — On peut voir à la Bibliothèque de la Ligue Nationale Française deux tableaux soigneusement dressés par M. de Kirwan, indiquant la date de chaque remise et celle des récépissés.

du comité central de la souscription, il était un de ceux qui avaient le plus largement contribué à toutes les œuvres de patriotisme, et l'on peut dire que les malheurs de son pays ont hâté sa fin prématurée.

Dans la première quinzaine du mois d'août, la colonie adresse une pétition aux membres de la Commission des grâces, à Versailles, en faveur de Rossel, condamné à mort pour participation aux affaires de la Commune.

Les pétitionnaires déclarent s'incliner devant l'autorité de la loi et reconnaître la culpabilité du chef des troupes confédérées ; mais ils invoquent, en sa faveur, sa jeunesse, son patriotisme ardent et l'effroyable désordre moral qui avait égaré tant d'esprits, en France, à la suite de nos nombreuses catastrophes.

La supplique se termine ainsi :

"Ne permettez pas qu'après neuf mois, le souvenir de nos malheureuses discordes civiles se réveille au bruit d'une exécution militaire."

Compte-Rendu du Trésorier de la Souscription Nationale en Californie.

Le 13 octobre 1871, le comité central se réunit pour entendre la lecture du Rapport du Trésorier. Nous en reproduisons la plus grande partie :

"Lorsqu'éclata à Paris l'insurrection qui suivit de si près la ratification, par l'assemblée nationale, des préliminaires du traité de paix, le comité central de la souscription nationale, qui considérait déjà sa mission comme terminée, crut devoir s'ajourner indéfiniment, remettant à un moment plus propice l'envoi des sommes qui restaient au crédit des différentes souscriptions. Il eût été, en effet, imprudent dans l'état de désorganisation où se trouvaient, à cette époque, les pouvoirs constitués, d'expédier de nouveaux fonds, alors qu'on n'avait pas encore reçu de nouvelles du dernier envoi. Aujourd'hui que l'ordre est rétabli, qu'un gouvernment régulier fonctionne en France, le comité central a pensé que les raisons qui l'avaient décidé à ne pas se dessaisir des fonds qu'il avait en main, n'existaient plus, et que le moment était venu de rendre ses comptes à la population."

Voici le relevé des sommes encaissées par le trésorier:

Souscription pour les familles des soldats tués et blessés.[1]

Listes diverses de San Francisco et de l'intérieur..	$44,675 88
Souscriptions mensuelles............................	28,939 25
Ventes aux enchères à la représentation théâtrale.	5,365 00
Bénéfice de la Représentation.....................	655 70
Produit net de la Foire, organisée par les Dames Françaises de San Francisco..................	51,034 50
Produit du bal des Dames Françaises de Grass Valley...	850 00
Loterie d'un livret de la Caisse d'Epargnes.......	1,160 00
Produit d'une soirée patriotique, organisée par les Dames Françaises de Sonora.................	752 10
Produit de la tombola de Nevada.................	2,435 50
" " " Mokelumne Hill........	1,250 00
Solde du produit de la Foire, reçu juqu'à ce jour..	184 05
Total pour les blessés................	$137,301 98

Souscription pour la Défense Nationale.

Listes diverses de San Francisco et de l'intérieur..	$25,378 35
Loterie d'une parure en diamants.................	3,000 00
Etrennes à la Patrie..............................	23,698 10
Total pour la Défense.................	52,076 45
A reporter,	$ 189,378 43

---

[1] — Ce compte-Rendu ne donne pas les sommes envoyées par chaque localité.

Souscription pour les victimes de la guerre.[1]

Report,	$189,378 43
Souscription à San Francisco et dans l'intérieur...$16,426 50	
Produit d'un concert à San José.............. 2,300 00	
Total	18,726 50

Souscription spéciale pour Phalsbourg.

Reçue jusqu'au 13 octobre............................	1,080 00
Total général des sommes encaissées par le trésorier..	$209,184 93
Sommes envoyées en France jusqu'au 13 octobre....	206,214 50
Solde en caisse au 13 octobre 1871........	$ 2,970 43

Cette somme de $2,970.43 se décompose ainsi :

Pour les familles des soldats tués et blessés........	$ 667 48
" les victimes de la guerre (invasion)..........	1,226 50
" la Défense nationale..	1,076 45
Total égal....................	$ 2,970 43

Le comité décide que les $667.48 appartenant aux fonds des familles et les $1,226.50, appartenant à celui des victimes de l'invasion, c'est-à-dire $1,893.98, seraient envoyés immédiatement en France : la première somme au ministre de l'intérieur, et la seconde au comité californien de Paris. Ces deux sommes, ajoutées au grand total $206,214.50 ci-dessus, forme la totalité des remises faites par le comité, soit :

$208,108.48

En ce qui concerne les $1,076.45, formant le reliquat du fonds de la défense nationale, le comité est d'avis de laisser à une assemblée générale des Français, le soin d'en

---

(1) — C'est-à-dire, de l'invasion, par suite de bombardements, requisitions, etc.

désigner l'emploi. Enfin, il décide de faire dresser un inventaire des objets non vendus aux enchères, et puis il s'ajourne indéfiniment.

Ajoutons ce détail, tout en l'honneur du comité, que les dépenses de télégraphes, d'impressions, etc., se montant à la somme de $1,540.75, ont été payées par ses membres individuellement.

Il n'est pas sans intérêt de savoir ce que les Français, dispersés dans différentes parties de l'Amérique, ont fait pour la France à cette époque de terribles épreuves. Les chiffres suivants étaient connus à San Francisco lorsque le comité central a clos ses comptes ; mais ils ne sont pas complets.

D'après le *Trait-d'Union*, journal français de Mexico, le total des sommes versées entre les mains du comité de cette ville, était de $37,029.39 vers le 1er du mois de mars, [1] et la souscription continuait.

Le Bazar, ouvert par les Français de la Nouvelle-Orléans, a produit $63,506.65 ; le chiffre total de la souscription dans la capitale de la Louisiane devait atteindre $100,000.

Le Bazar, organisé à New-York, a rapporté $85,833.45, et l'on pensait pouvoir réunir dans cette ville la somme de $135,000.

Le Bazar de Philadelphie a produit $16,000; celui de Newark 2,000, et continuait ses opérations.

A Washington, un Bazar a été ouvert le 9 janvier.

---

[1] — L'article du *Trait-d'Union* se trouve reproduit dans le *Courrier* du 25 de ce mois.

A Boston, on avait aussi organisé une foire du même genre, mais on n'en connaissait pas encore le résulat.

Faisons remarquer que partout les Françaises, se sont signalées, par leur zèle et leur dévouement, et que partout elles ont trouvé un généreux concours parmi les dames américaines.

Le *Courrier de San Francisco* estime, d'après les renseignements qui lui étaient parvenus, que les dons patriotiques de toute nature, recueillis aux Etats-Unis, pouvaient être évalués à un million de dollars.

A Honolulu, un bazar, avait été ouvert sous la direction de Mme Ballieu, femme du ministre de France, assistée d'un comité de dames presque toutes étrangères, Américaines et Irlandaises, et d'un comité d'hommes, composé du vice-chancelier, du colonel Hartwell et du directeur des douanes.

Le total des sommes recueillies, aux îles Sandwich, a été de 19,411 fr. 25.

La paix et les Alsaciens-Lorrains.

Tant que les armées se disputaient la victoire, on pouvait se faire des illusions sur l'issue de la guerre; mais la paix conclue, au prix qu'on sait, on se laissa aller au découragement.

La nouvelle des conditions imposées à la France jeta la colonie dans la consternation la plus profonde. Les Alsaciens et les Lorrains, assez nombreux à San Francisco, se sentaient particulièrement atteints dans leurs sentiments les plus intimes et les plus patriotiques. En apprenant le sort réservé à leurs provinces natales, ils furent véritablement saisis d'horreur; mais comme ils étaient sincèrement convaincus que le bon droit ne peut manquer de triompher tôt ou tard, si sa cause trouve des défenseurs courageux et persévérants, ils comprirent qu'ils avaient pour le moment un double devoir à remplir : protester et se préparer aux revendications de l'avenir.

Dans une réunion qui eut lieu le 17 juin 1871, ils nommèrent une commission composée moitié d'Alsaciens et moitié de Lorrains, avec mission de rédiger un projet de protestation contre le traité conclu à Francfort, le 10 mai précédent. Ce projet, soumis à une assemblée générale,, présidée par M. Alexandre Weill, (28 du même mois) fut adopté à l'unanimité. En voici les principaux passages:

"Nous soussignés, Alsaciens et Lorrains, résidant en Californie.

"Considérant:

"Que notre sol natal a été violemment arraché à la France, que la responsabilité des événements qui nous ont séparés de la mère-patrie, doit retomber sur ceux-là seuls qui en ont été les instigateurs; que le gouvernement de la République, réduit à l'impuissance par la coupable imprévoyance de l'empire, s'est vu contraint d'accepter des conditions qui lui étaient imposées le couteau sur la gorge;

"Que céder à la force est toujours un acte de nécessité, jamais de volonté;

"Que nés libres, nous avons le droit de disposer de nos destinées;

"Que notre nationalité, étant notre bien naturel, est inaliénable;

"Qu'un gouvernement n'est légitime que par le fait du consentement des gouvernés;

"Que par les voix de leurs représentants élus le 28 février 1871, les Alsaciens et les Lorrains ont proclamé leur résolution de rester Français à tout jamais;

"Que le vote du Parlement de Berlin, incorporant l'Alsace et la Lorraine à l'empire germanique, malgré l'opposition des habitants de ces provinces, est un outrage flagrant à nos sentiments les plus chers et une insulte à la dignité humaine;

"Déclarons solennellement:

"Que nous protestons de toute l'énergie de notre cœur contre le traité de spoliation signé à Francfort le 10 mai 1871.

"Et qu'aujourd'hui, comme hier, comme toujours, nous ne reconnaissons d'autre patrie que la France, notre noble et bien-aimée France.

"Vive la France une et indivisible!

"Vive la République, l'unique salut de la Patrie!"

Beaucoup d'Alsaciens et de Lorrains, établis sur divers points de la Californie, adhérèrent à cette manifestation.

Mais l'assemblée du 28 juin, ne se borna pas à des protestations platoniques; le président donna aussi lecture d'un certain nombre d'articles faisant partie d'un projet d'organisation d'une Société, destinée à affirmer par un acte solennel et durable la résolution de tous de travailler à l'œuvre de revendication des provinces perdues. Ce fut là l'origine de la *Ligue Nationale Française* dont nous raconterons l'histoire dans un chapitre spécial.

SIXIÈME PARTIE

Souscription Nationale

1872

LA LIBÉRATION DU TERRITOIRE

Les femmes d'Alsace et de Lorraine — Premiers incidents de la souscription sur la côte du Pacifique — Le comité central — Une note gaie — Comités à Sacramento, San José et Los Angeles — Menus faits — Les anneaux de fer — La Foire à Union Hall — Aspect de la salle — *La Flore* — Tableaux vivants, scènes et incidents divers — Déjeûner aux truites — Les Alsaciens-Lorrains — *La Rançon de la France* — Un discours de M. Pinet — *M. Choufleuri reste chez lui....* — Pique-nique à Los Angeles — San José fait grand — La souscription doit-elle être continuée? — Compte-rendu — La souscription dans d'autres parties de l'Amérique et dans les îles du Pacifique — Le montant vrai des deux souscriptions nationales en Californie — L'option.

A peine cinq mois s'étaient écoulés depuis la clôture de la souscription dont nous avons exposé les détails, qu'une nouvelle souscription s'ouvrit en Californie. Cette fois le signal du mouvement patriotique était parti de l'Alsace et de la Lorraine.

On sait que le territoire français ne devait être évacué par l'ennemi qu'après le versement des cinq milliards d'indemnité. Or, il fallait des années pour payer cette rançon énorme et pendant ce temps, subir la présence abhorrée de l'envahisseur.

Nos sœurs d'Alsace et de Lorraine conçurent alors l'idée généreuse de provoquer une manifestation nationale, destinée à hâter le moment de la délivrance. Malgré la misère où se trouvait plongé leur pays ravagé par l'ennemi, et malgré les difficultés et les dangers d'une pareille entreprise, des dames de Strasbourg, Mulhouse, Phalsbourg, Bischviller, Sainte-Marie-aux-Mines, etc., réunirent des sommes importantes et, comme on était à la fin de l'année 1871, elles les envoyèrent à Paris, à titre d'étrennes, avec l'expression touchante de leur ardent attachement pour la France.

Un journal prussien, fondé en Alsace, eut l'infamie de baver sur ces nobles femmes les plus brutales et les plus grossières insultes.

L'initiative prise par les Alsaciennes et les Lorraines produisit en France une profonde et universelle sensation, qui se propagea rapidement sur tous les points du globe, habités par des Français.

Le 27 février 1872, le *Courrier*, dans un article intitulé *Denier à la France* annonce que l'œuvre de la souscription des *Femmes de France* est en pleine voix d'organisation; mais le lendemain une dépêche de Paris déclare que le gouvernement, désirant garder sa liberté d'action et faisant d'ailleurs peu de fond sur l'efficacité d'une souscription volontaire, se montre opposé au mouvement.

Cette attitude du gouvernement rend la colonie fort perplexe. Elle attend de nouveaux renseignements; mais un accident, survenu au télégraphe transcontinental, la prive pendant quelque temps, de toute communication rapide avec l'Europe. Enfin à l'arrivée des journaux de Paris, on apprend non-seulement, que la souscription n'est point arrêtée, mais qu'appuyée par la presse et par des hommes influents de tous les partis, elle trouve la plus grande faveur auprès du public.

Ces détails aussitôt connus en ville, une foule de nos compatriotes sollicitent M. Touchard, de "prendre les mesures nécessaires pour l'ouverture d'une souscription analogue à celle dont les nobles filles d'Alsace et de Lorraine ont pris l'initiative."

M. L. M. Gautier écrit pour proposer une souscription à 5 cents par jour, ou $1.50 par mois, soit $18 par an. Il estime qu'on obtiendra ainsi 4,000 signatures en Californie, ce qui ferait $75,000 ou 360,000 francs.

Cette proposition n'a pas de suite; mais le chiffre qu'elle laisse entrevoir, comme résultat, on l'obtiendra par d'autres moyens.

Un vieux Français de Virginia City, M. A. Gavand écrit à M. Touchard :

"Permettez à un ouvrier, qui a plus de soixante ans, de vous remettre deux mois de son travail, pour la délivrance de notre bien aimée patrie.

"Oh! voyez-vous, monsieur, c'est, qu'après le grand Architecte de l'Univers, il n'y a rien au-dessus de la France.

"Ci-joint un chèque de cent dollars sur Wells, Fargo et Cie."

M. Escalier de la même ville, envoie également $158, produit d'une souscription faite à la hâte et qui doit être continuée.

L'ancien comité, prenant en main la direction du mouvement, se réunit le 2 mars et convoque la population pour le 7, à Pacific Hall.

Une invitation spéciale est adressée aux dames.

La réunion a lieu le jour désigné. M. Touchard ouvre la séance. Dans un discours, souvent applaudi, il fait l'historique de la nouvelle souscription qui, commencée en Alsace et en Lorraine, est en train de faire le tour du monde.

Il termine en ces termes :

"O France, notre bonne mère, nous t'avons aimée lorsque tu étais grande et puissante, lorqu'on t'appellait la belle France; aujourd'hui que le vent de l'adversité a soufflé sur toi et t'a fait courber la tête, aujourd'hui qu'aux yeux des indifférents, tu n'es plus que la pauvre France, nous t'aimons encore davantage. Notre amour a grandi avec tes infortunes, et s'il nous était donné de mourir pour prouver notre dévouement à la cause sacrée, le dernier cri qui s'échapperait de notre poitrine, serait encore un cri d'amour pour toi, ô patrie bien aimée!"

M. Touchard, propose aux assistants d'élire un nouveau comité. On nomme l'ancien par acclamation.

Le président donne ensuite lecture des lettres qu'il a reçues de Virginia City; elles produisent une vive impression, et les assistants ont hâte de suivre un si noble exemple. On souscrit, séance tenante, pour $11,464 de dons, plus $2,001 de souscriptions à payer mensuellement pendant six mois; ce qui fait une somme additionnelle de plus de 12,000 dollars. En tout, près de 24,000. En outre, les dames se déclarent prêtes à réorganiser une Foire.

Avant de se séparer, on décide de faire frapper deux médailles en or, et de les envoyer aux présidentes des comités de Strasbourg et de Metz, qui avaient pris l'initiative de cette nouvelle souscription. En un clin d'œil, on réunit, à cet effet, parmi les assistants, la somme de $191.

Le comité se met résolument à l'œuvre. Ayant perdu plusieurs de ses membres, partis ou décédés, il se complète en s'adjoignant MM. Joseph Aron, Pinet, H. Barroilhet, Genève, Fleury, Gensoul et Gautier. M. Scellier est nommé vice-président, en remplacement de M. Pioche.

Des offres de concours arrivent de divers côtés, émanant de nos artistes français : MM. Planel, Touaillon, et le jeune Litchenberg, ce dernier, Polonais d'origine.

M. Grisar, consul de Belgique, écrit au comité : "Permettez à un ami dévoué de la France, d'apporter son obole au rachat de la patrie. Veuillez m'inscrire pour un don de 50 dollars et une souscription mensuelle de $20." Un Irlandais, M. P. A. Canavan envoie 25 dollars.

Le reliquat de la précédente souscription, s'élevant à $1,298.20 est versé dans la caisse de la nouvelle.[1]

Des comités se forment dans les principaux centres du pays.

---

[1] — Notons un incident qui a jeté un éclair de gaîté sur la situation.
Pendant la précédente souscription, il y avait eu comme un assaut de libéralités entre les Français des deux côtés des Montagnes Rocheuses. Pour la souscription actuelle, nos compatriotes des Etats de l'Atlantique avaient pu prendre les devants, grâce à l'accident survenu au télégraphe, dont nous avons parlé.
Le numéro du 12 février 1872, du *Courrier des Etats-Unis*, publié à New-York, et adressé à son correspondant, M. Henry Payot de San Francisco, portait en marge un dessin représentant un bonhomme qui, d'une main faisait le geste bien connu du gamin de Paris, et de l'autre montrait le chiffre de $3,800 déjà souscrits à New-York. Comme légende, on lisait ces mots : *Say, old boy, how is that for high?* "Hé! mon vieux, qu'en dit à vous?"
M. Payot attendit, pour répondre, l'issue de la réunion du 7 mars qui, on le sait, avait produit près de $24,000. Alors il fit exécuter une lithographie, et en expédia 200 exemplaires au *Courrier* de New-York, avec prière de les vendre au profit de la souscription. Cette lithographie représentait la Californie tenant en main une corne d'abondance d'où s'échappaient des flots de pièces d'or, tandis que d'autres pièces se livraient à une danse désordonnée. Comme légende, il y avait ces mots adressés à qui de droit : *Say, youngster, can you do better?..... Try!* "Hé! mon petit, pouvez-vous mieux faire?..... essayez!"

Celui de Sacramento est composé de MM. E. Blum, président; J. Routier et B. Dennery, vice-présidents; A. Dennery, trésorier; A. Lobe, secrétaire. Dans une réunion des Français de la ville, le 17 mars, à Music Hall, on souscrit $500.

A San José, le comité se compose de Mmes John Auzerais, E. Auzerais, Girot, Lelièvre, Waldeufel et L. Lion; — et de MM. A. Lagarde, A. Delmas, John Auzerais, A. Friant, A. Strauss et H. Michel. Dans une réunion générale tenue le 17 mars, les résidents français souscrivent près de $5,000 avec l'espoir d'arriver à doubler cette somme.

Enfin à Los Angeles, un meeting français a lieu à la même date, sur un appel signé : F. A. Mœrenhout, Dominique Maumus, Nathan Cahn, Joseph Rogues, Joseph Coblentz, J. Humbert, Jean-Marie Vignes, Eugène Meyer, X. Behasgue, Aug. Bouelle, F. Guiol, Ed. Cahen, Théoph. Vaché, P. N. Roth, Constant Meyer, Henri Pénélon, L. Loche, L. Loeb, Pierre Clos et A. Lemasne.

Dans cette réunion, on nomme le comité suivant : MM. Mœrenhout, vice-consul, président honoraire; de Cazeaux-Mondran, président; Eugène Meyer, trésorier; P. N. Roth, secrétaire.

Quant à San Francisco, les dames, conformément à la décision prise par l'assemblée générale du 7 mars, se réunissent, le 14, à la salle des Gardes Lafayette. Elles nomment un comité composé de Mme Alexandre Weill, présidente; Mmes Léop. Cahn et Mezzara, vice-présidentes;

Mme Joseph Aron, trésorière, et Mmes E. Raas et F. Godchaux, secrétaires.

Un comité d'hommes est chargé d'assister ces dames. On décide l'ouverture d'un nouveau bazar devant durer cinq jours, à partir du 6 mai. On projette aussi de donner une représentation dramatique, un concert avec tableaux vivants et un bal en calicot (calico ball.)

La représentation a lieu à Maguire's Opera House, le 7 avril. Elle comprend deux pièces : *Le Vicomte de Létorières* et un *Tigre du Bengale*. Le produit net est de $1,200.

De toutes parts, arrivent des offrandes en espèces et en nature, les dernières destinées aux loteries et aux encans de la foire.

Une vieille dame de Stockton, Mme Chicard (Lorraine) envoie, en son nom, une épingle en or, un crêpe de Chine et une seconde épingle en or, au nom de sa petite fille.

M. Gouge, économe à la Maison de Santé, à San Francisco, verse $224, produit d'une souscription faite dans cet établissement. Il donne, en outre, sa montre avec la chaîne, toutes deux en or.

Mme Vignotte, de Truckee, envoie $38 recueillis dans cette localité; les dames françaises de Grass Valley, $120.

M. Menu, de San Francisco, offre un pistolet de cavalerie enlevé à Solférino, par un de ses amis, lieutenant au 2me voltigeurs de la garde.

Mme Joséphine Pinson, de Winnemucca (Nevada) envoie le montant d'une collecte : $180.

M. A. Kahn, réunit à Petaluma, $17. M. Victor Amy, à Snellings, $86.25, et M. Loustalot, à Austin, $363.

Les Français, de Truckee, offrent d'expédier un panier de belles truites du Lac Tahoe, pour le buffet du bazar.

La petite ville de Sonora envoie $665.20 et plusieurs objets pour être utilisés à la Foire. M. Crépin, du même lieu, donne une montre, cinq bagues, une croix, trois paires de boucles d'oreilles, une parure complète, trois broches, un cachet à breloques, etc.

Los Angeles adresse au comité un chèque de $1,929.75. Virginia City envoie deux lingots d'argent valant ensemble $207.18.

M. J. L. Sainsevain, de Los Angeles, fait don de deux caisses de son meilleur vin de Cucamongo.

M. J. F. Ardau, d'Eureka (Nevada) envoie $115.75, montant d'une souscription.

Les Gardes Lafayette donnent, le 21 avril, avec le concours des McMahon Grenadiers, des French Zouaves, et de la Société Philarmonique, une grande fête qui rapporte $1,458.13 au profit de la souscription. M. Canavan, capitaine des Grenadiers, offre, en outre, pour le même objet, une fort belle croix richement ornée.

Dans un but semblable, M. Payot met en vente cinquante exemplaires d'une lithographie interdite en France et représentant *en charge*, l'entrée triomphale de Guillaume à Berlin.

MM. Pinet et Payot s'emparent d'une idée née en Alsace. Là, les femmes ont imaginé de se parer d'un anneau en fer, symbole de deuil, d'oppression et de haine à l'oppresseur.

Ces deux messieurs s'entendent avec quelques amis et font fabriquer 4,000 de ces anneaux commémoratifs qu'ils adressent à la présidente de la Foire. Nous relevons le passage suivant de leur lettre d'envoi :

"Ces anneaux qui n'ont d'autre valeur que celle que nos cœurs français peuvent y attacher, sont en fer. D'un côté, ils portent le mot PATRIE, et de l'autre le millésime 1872.

"L'anneau de fer n'a pas seulement pour but d'accroître la somme des dons à la patrie; mais elle doit surtout fixer la date mémorable où tout un peuple se lève pour la libération de son territoire.

"Puisse ce simple anneau devenir un emblème d'union entre tous les enfants de la France, en leur rappelant sans cesse le sentiment de leur devoir envers elle et les sacrifices spontanés qu'ils se sont imposés pour la rédemption de la patrie."

Madame Weill, dans sa réponse, s'exprime ainsi :

".........Comme vous, Messieurs, nous comprenons qu'il s'agit là, non-seulement de grossir le fonds de la souscription nationale, mais encore et surtout de consacrer, par un signe durable cette époque de désastres, de sacrifices et d'espérances.

"Nous portons déjà à nos doigts une alliance bien chère; désormais nous placerons au-dessus de la bague d'or l'anneau de fer, alliance indissoluble entre tous les hommes et toutes les femmes de France qui ont à cœur de relever notre patrie si souvent outragée depuis ses malheurs.

"Cet anneau sera également comme le symbole du cercle de fer, autour duquel se groupent tous les patriotes animés de la ferme volonté de résister aux ennemis de la France, soit au-dedans, soit au dehors."

La Foire a Union Hall.

Aspect de la salle — Le Pavillon où s'était tenue la première Foire, ayant été démoli, le comité des Dames installe le nouveau Bazar à Union Hall, la plus vaste et la plus belle salle de la ville. MM. Huerne et Mezzara la décorent avec beaucoup de goût. Les murs sont ornés d'attributs peints à fresques. Des drapeaux, des guirlandes de feuillage, des écussons aux couleurs nationales, le tout disposé de la façon la plus ingénieuse, donne à la salle un aspect superbe.

Au-dessus du rideau, qui voile la scène — entre un drapeau français et un drapeau américain — on voit un large écusson au milieu duquel ressort, en lettres d'or, le mot FRANCE. Au-dessus, sur une banderolle, est inscrite en légende, la devise du comité de la souscription nationale :

TOUT POUR LA PATRIE !

A droite et à gauche de ce vaste écusson, on a groupé trois écussons de moindres dimensions, disposés ainsi :

ALSACE	LORRAINE
MULHOUSE, STRASBOURG	METZ, PHALSBOURG

Chacun de ces écussons est entouré d'une guirlande et surmonté d'un crêpe.

Enfin, à l'autre extrémité de la salle, trois petits balcons, qui s'avancent au-dessus du buffet et de la buvette, disparaissent sous trois trophées de drapeaux aux couleurs de toutes les nations, celles de l'Allemagne exceptées.

Les *stands* (stalles ou comptoirs), tenus par les dames,

sont établis des deux côtés de la salle, sous les galeries. Il y en a dix en tout, cinq de chaque côté. Voici l'ordre dans lequel ils sont rangés :

A l'entrée de la salle, un bureau de poste, confié à Mlle L. Haussmann.

A côté, le stand avec les objets destinés à être vendus et ceux composant les lots de la tombola. Mme Pigné Dupuytren y préside, assistée de Mmes Brisac, Shotwell et Mlle Stevens.

Plus loin, une *presse*, manœuvrée par M. P. Chaigneau, avec l'aide de Mlles Chaigneau et Carrau. Elle sert à imprimer des cartes de visite pour les amateurs

Plus loin encore, le stand des bonbons, tenu par Mmes Godchaux et Lévy.

Puis, une vaste table, où se vendent des tableaux, des gravures et des photographies, sous la direction de Mlles Hortense Blum, Meyer, Haussman et Rosa Meyer.

Puis enfin, un pavillon à l'aspect exotique, couvert d'hiéroglyphes, dans lequel Mme P. Masson révèle aux curieux les secrets de l'avenir.

De l'autre côté de la salle, se trouve le comptoir pour les ventes à l'encan. Il est sous l'active surveillance de Mesdames Léopold Cahn, Merle et H. Perrier. Entre autres objets, on y remarque les deux petits lingots d'argent de Virginia et les dix caisses de vin de Cucamongo, envoyées par Mmes Paul et Michel Sainsevain.

Viennent ensuite les deux stands de fleurs, dont l'un est présidé par Mme Huerne et l'autre par Mmes A. Gros et Cobb. Ces dames sont assistées d'un essaim de jolies femmes : Mmes Godchaux, Knox, Chevalier, et Mlles Lawton, Sweeny, Polastri, Manning, Fleury, Cobb, Jones et Branger.

Puis apparaît la Fontaine de Soda, tenue par Mmes Thomas, Lyons et Potron.

Puis enfin le stand des cigares, où Mmes Moïse Cerf et Lewis, Mlles Benjamin et Landis débitent des *puros* à la foule des amateurs.

Au fond de la salle, se trouvent le buffet et la buvette, celle-ci présidée par Mme Dubédat et desservie par Mmes Eger, Bocqueraz, Vve Cahn, et Mlles Boullet, Tridon, Ozanne, Anna Putnam, Bertha Bloch, Léa et Anaïs Hahn.

Le buffet a pour présidentes : Mmes Videau et J. Roth. Ces dames sont secondées par Mmes Jules Meyer, vice-présidente, Mendessole, Sajous, Blaise, Pasquale, Rosine Goldsmith, Mlle Schoemakers, et par MM. Roullier, Fox, Loisot, Good, Cardinett et St-Julien fils. Hommes et dames font aussi le service des deux salons réservés au restaurant, où l'on arrive par un passage ménagé entre le buffet et la buvette.

Les jeunes personnes, attachées au restaurant ou chargées de vendre des fleurs dans la salle, portent généralement le costume pittoresque des Alsaciennes.

Contigu au restaurant, est un vestiaire, confié aux bons soins de Mme Marque et de M. Hippolite Blum.

Une annexe du buffet, hors de la salle principale, sert de fumoir. M. J. Aron y tient, un magnifique assortiment de cigares.

Mais rentrons dans la grande salle.

En avant des stands, du côté gauche est installée une roulette, tenue par Mme Raas, Mlles Lévy et Haydenfeldt. Il y a aussi une petite roulette, dirigée par Mme P. Fleury, assistée de Mme et de Mlle Roullier.

De l'autre côté, lui faisant face, se trouvent le *Puits de Rebecca* avec Mlle Annie Kaiser pour représenter l'héroïne biblique, et le *Grab box*, exploitée par Mmes Ebers, Boullet, Mlles Jennie Sawyer et Laura Gensoul.

A quelques pas de là, Mme Melville débite, dans une tente, de petits verres de Sazerac. Un pas plus loin, Mme Pauline Verdier vend des rosettes et des décorations, et Mlle Pigné-Dupuytren, de petits drapeaux tricolores confectionnés de ses propres mains.

Enfin, près de la scène, au milieu de la salle, se dresse une grande table demi-circulaire, présidée par Mme Alexandre Weill, assistée de Mmes J. Aron et Merle. C'est là que se vendent, à raison de 50 cents pièce les anneaux de fer dont nous avons parlé et les médailles commémoratives offertes par MM. Scellier et Lelièvre.[1]

Dans les espaces, restés libres de l'immense salle, la foule circule, compacte et animée, au milieu d'un bruit incessant de conversations tenues dans tous les idiomes imaginables où, toutefois, domine la langue française. Les hommes s'arrêtent aux différents comptoirs, achètent un peu

---

[1] — Ces médailles étaient en nickel, de la grandeur d'un demi-dollar, mais plus épaisses. D'un côté, était gravée l'effigie de la République française, avec la devise *Tout pour la Patrie* et le millésime 1872. De l'autre, également, en exergue, on lisait les mots: *Souscription nationale* et, entre deux branches de lauriers, l'inscription suivante: *Qui donne à la France prête à Dieu*.

au hasard, des objets qui y sont étalés, causent un instant avec les aimables vendeuses et font place à de nouveaux clients. De temps en temps, ils sont accostés par des jeunes filles, travesties en Alsaciennes, qui leur apportent une lettre, une dépêche d'une personne inconnue, ou bien leur offrent des fleurs ou un cornet de bonbons.

Un soir, une des plus gracieuses d'entre elles présente un bouquet à un gentleman américain qui l'accepte. Mais lorsqu'il veut payer, il s'aperçoit qu'il a dépensé tout le contenu de sa bourse. Un instant il hésite, puis, souriant, il dépose dans la corbeille de la jeune fille sa montre en or avec la chaîne, salue et s'éloigne vivement pour n'avoir pas à donner son nom.

1ère Soirée, 6 Mai — A sept heures et demie, la musique de la Société Philarmonique joue un morceau d'ouverture, puis M. Touchard monte sur la scène et prononce un discours. Prenant pour thème l'amour de la patrie qu'il ne faut pas confondre, dit-il, avec l'amour des conquêtes et de la gloire militaire, il s'écrie : "Ennemi de la liberté, l'amour de la gloire n'a jamais enfanté que le despotisme et l'oppression."

Il jette ensuite un coup d'œil sur la situation de la France "jadis si belle, si fière, si florissante, aujourd'hui dévastée par la guerre, soumise aux humiliations de l'occupation étrangère, et par une brutale et douloureuse humiliation, séparée de ses deux plus belles et fidèles provinces."

Enfin, l'orateur parle de l'anneau de fer. "C'est, dit-il, notre ordre de chevalerie à nous. Qu'il soit le signe de ralliement et de reconnaissance de tous les Français, chez qui l'absence n'a en rien diminué l'attachement pour le sol natal...."

Les intermèdes, annoncés pour cette première soirée, consistent en deux tableaux vivants, un duo de violon et piano par le jeune Litchenberg et le professeur Scott, plus un duo chanté par M. et Mme Bianchi.

Le tableau représente la France, l'Alsace et la Lorraine : La France personnifiée par Mme Joseph Aron, en costume de République, la Lorraine, par Mme Joseph Godchaux et l'Alsace par Mlle Bertha Bloch, toutes deux portant le costume national.

Le second tableau représente un groupe militaire, au centre duquel on voit le maréchal Mac-Mahon, blessé, recevant les soins d'une ambulancière en costume de l'emploi. Mlle Gratz personnifie cette dernière figure.

2ème SOIRÉE, 7 Mai — Le programme comprend une pièce allégorique en vers, intitulée, *France, Alsace et Lorraine*, par M. Aimé Masson. Les rôles sont ainsi distribués: *France*, Mme Armand; *Alsace*, Mlle Elise Schumaker; *Lorraine*, Mlle Bernard. La pièce, imprimée, se vend en grand nombre dans la salle, au profit de la souscription.

Les tableaux vivants ont pour titres, le premier: *Rêve du soldat*, représentant au premier plan un Zouave endormi, et au second plan, en pleine lumière, le rêve: c'est l'épouse qui lit à la vieille mère et à l'enfant une lettre de l'absent.

Le second tableau a un caractère comique, et est intitulé: *Les Droits de la Femme*. Quatre maris s'occupent avec le plus grand sérieux des détails intimes du ménage, tandis que leurs femmes s'amusent à jouer aux cartes, à boire de la bière et à fumer des cigares.

Puis vient un duo de piano par les sœurs Laemlin, et un solo de violon par M. Planel fils.

Dans la matinée de ce jour avait eu lieu au restaurant de l'*Union Hall*, un déjeuner auquel assistaient quelques dames. Au dessert, on eut l'idée de mettre en vente, à la criée, les truites qu'on venait de recevoir des Français de Truckee. Résultat de l'opération : $1.232.50.

A cette somme il faut ajouter environ 400 dollars, provenant de la vente d'une boîte de 25 cigares, offerts par Mme Jules Cerf, plus une certaine somme, montant des amendes imposées aux convives, convaincus d'avoir perpétré un calembour quelconque.

Ce même jour, était entrée en rade la frégate française *La Flore*, portant le pavillon du contre-amiral de Lapelin, qui arrivait avec son état-major général. La frégate, était commandée par le capitaine de vaisseau Juin, et venait de Honolulu. L'équipage se composait de 426 officiers et marins. Cette arrivée fut pour la colonie un sujet de joie patriotique et contribua beaucoup à relever l'éclat de la Foire.

3ème Soirée, 8 Mai — Concert auquel prennent part Mmes Tojetti, Sawyer, Lyons, Turney, Metifio et Schumaker.

4ème Soirée, 8 mai — Mme E. G. Lyons chante le grand air : *Robert, toi que j'aime!* Les Zouaves français, en grande tenue exécutent des exercices militaires. Un tableau vivant, composé par M. Narjot, est mis en scène par M. Charonnat et représente un campement de Bohémiens.

Nouveau déjeuner le matin; il rapporte près de 500 dollars; un autre, qui a lieu le lendemain, en produit de 6 à 700, grâce à quelques paquets de cigarettes, mis aux enchères. L'un de ces paquets, acheté par M. Scellier moyennant 210 dollars, est offert par lui à M. Narjot; celui-ci accepte; mais, comme condition, demande à faire le portrait d'une personne indiquée par l'acheteur. M. Scellier désigne Mme Alexandre Weill, présidente du comité des Dames françaises.

5ème Soirée, 10 Mai — Dans la matinée de ce jour, anniversaire du traité de Francfort, les Alsaciens et les Lorrains font en corps leur déclaration d'option en faveur de la France. Nous donnons plus loin les détails de cette scène poignante et mémorable.

Le soir, à la Foire, à 8 heures et quart, après le morceau d'ouverture joué par la Société Philharmonique, M. A. L. Lelièvre monte sur la plate-forme et récite aux applaudissements de l'assemblée, une pièce de vers de sa composition, intitulée *Avant, Pendant et Après*. Imprimée aux frais de l'auteur, la pièce se vend dans la salle au profit de l'œuvre.

A peine, M. Lelièvre a-t-il terminé sa récitation, qu'un roulement de tambour se fait entendre, et l'on voit entrer dans la salle, marchant deux de front et escortés par les Gardes Lafayette, les Alsaciens et les Lorrains de San Francisco. Ils font le tour de la salle, au milieu de l'émotion de la foule qui éclate en applaudissements, et s'écarte sur leur passage; puis ils montent sur l'estrade où l'auteur de ce livre, récemment revenu de France, prend la parole en leur nom. Nous nous permettons de citer quelques passages de son discours, parcequ'ils nous semblent traduire assez fidèlement les sentiments particuliers qui animaient en ce moment, et qui animeront toujours nos frères d'Alsace et de Lorraine.

"Il y a un an, à pareil jour, quelques diplomates réunis à Francfort, décidaient, au mépris du droit le plus sacré des peuples — celui de s'appartenir — que l'Alsace et une portion de la Lorraine cesseraient d'être françaises et feraient désormais partie du nouvel empire germanique.

"Ce jour là, Messieurs, l'humanité et la civilisation durent se voiler la face, car une nouvelle Vénétie venait de naître.

"Pourtant ne maudissons pas ceux de nos compatriotes qui eurent le triste courage de signer ce traité barbare. Ils obéissaient à une nécessité fatale, et pleuraient, comme nous, sur cet affreux déchirement de la patrie vaincue et humiliée. Mais nous, les plus cruellement atteints, nous, les enfants des deux malheureuses provinces sacrifiées, nous avons bien le droit de venir ici aujourd'hui, 10 mai 1872, protester contre l'horrible marché que cette date néfaste nous rappelle, et déclarer hautement et solennellement que nous ne reconnaissons d'autre drapeau, que le glorieux drapeau de la grande révolution de 1879, d'autre patrie que celle qui a abrité notre enfance et à laquelle nous avons voué un éternel amour.

"Oh! pour comprendre tout ce qu'il y a d'atroce dans cette monstruosité trop glorifiée par l'histoire, et qui a nom conquête, il faut avoir vu les hordes ennemies envahir nos foyers; les populations fuir épouvantées comme à l'approche d'une avalanche; la misère se répandre dans les campagnes épuisées par les réquisitions et les exigences implacables de l'envahisseur; les ruines s'amonceler dans les villes sous l'action foudroyante d'une artillerie irrésistible; les mères trembler pour la vie de leurs fils et l'honneur de leurs filles; et enfin — signe douloureux et particulier de tous les peuples soumis à un joug intolérable — l'émigration, cet exil volontaire ou plutôt forcé des masses, devenir le mot d'ordre de toutes les classes de la société.

"Vous, Français, nos compatriotes et nos frères, qui, au milieu des désastres de la patrie, avez du moins la suprême consolation de savoir que les lieux où vous êtes nés et où respirent les êtres chers à vos cœurs, ne sont point devenus la proie de l'ennemi, jugez de notre désespoir quand nous songeons à nos malheureuses provinces natales.

"Pour nous, hélas! le charme tout puissant qui entourait notre berceau n'existe plus! Ces souvenirs si doux, si émouvants, si sacrés que nous rappellent nos premiers jeux, nos premières affections, nos premiers efforts dans la vie; ces souvenirs pieux auxquels se mêle l'image vénérée et chérie d'un père, d'une mère et de tant d'êtres qui nous ont si profondément aimés; ces souvenirs sont aujourd'hui profanés par l'idée que l'ennemi est là, toujours là, s'imposant partout, bien que partout odieux, partout méprisé.

"Mais détournons nos regards attristés de cette sombre vision. Nous ne voulons pas vous affliger de notre douleur. Nous ne voulons pas abattre vos courages! Non! non! Nous avons confiance dans l'avenir. L'Alsace et la Lorraine ne disent pas comme la Pologne, dont elles partagent aujourd'hui le sort: Dieu est trop haut, et la France est trop loin. Non! non!. la France est tout près de nous, elle nous couve de son œil maternel, et Dieu lui-même sourit à notre bon droit.....

"..... O France! tu sortiras du creuset où tes fautes et tes malheurs t'ont jetée, plus forte, plus belle, plus libre et plus glorieuse que jamais, et nous reverrons ton drapeau sauveur, flotter de nouveau sur les murs de ces deux villes, si grandes par leur patriotisme, si saintes par leur martyre, Metz et Strasbourg, à jamais réunies et unies à leur patrie bien-aimée..... la France!"

Après un intervalle de repos, le rideau de la scène se lève sur un tableau qui a pour titre l'*Espérance de la France*. Il représente la France, personnifiée par Mme J. Aron, courbée sur son épée et regardant un ange, figuré par Mlle Dingeon, qui lui montre du doigt la jeune génération pressée autour d'elle.

Le tableau qui vient ensuite — La Rançon de la France — produit un effet vraiment extraordinaire. C'est un groupe de trois figures. La "France," sous les traits de Mme Aron, est au centre, et tient un drapeau à la main. A ses côtés, l' "Alsace et la Lorraine" — personnifiées par Mme J. Godchaux et Mlle Bertha Bloch — déposent à ses pieds l'offrande qui, dans le monde entier, va être le signal de la souscription nationale.

Autour de ce groupe principal, on voit des marins, des zouaves et des soldats de la ligne, l'arme au bras et dans des attitudes diverses.

A l'aspect de ce tableau qui rappelle d'une manière saisissante l'amour des femmes d'Alsace et de Lorraine pour la France, une émotion indicible s'empare des assistants. Les applaudissements éclatent avec tant d'énergie et de persévérance que l'on est obligé de montrer le tableau une seconde fois.

Tout à coup, l'Alsace et la Lorraine descendent de la plate-forme, puis elles s'avancent et jettent leur offrande dans une urne placée sur le devant de la scène, et portant l'inscription suivante :

Donnez! donnez!
C'est pour la France!

Alors se fait une poussée générale en avant. C'est à qui déposera son obole. Instinctivement, la foule, confondue jusqu'à ce moment, se forme en ligne, l'amiral de Lapelin en tête. Elle gravit rapidement les marches qui conduisent sur la plate-forme et, imitant l'exemple donné par la Lorraine et l'Alsace, chacun dépose son offrande pour la rançon.

Pendant ce temps, la musique joue *Mourir pour la Patrie !* que l'assistance répète en chœur. Enfin le rideau retombe, et l'on trouve dans l'urne la somme de $822.

M. Bonnet clot la soirée par le chant devenu si populaire de l'*Alsace-Lorraine*

6me SOIRÉE — Pour le 11 mai, dernier jour de la Foire, on a adopté le programme suivant :

> A 11 heures du matin, lunch servi dans la grande salle.
> Dans l'après-midi, danses de caractère, exécutées par de jeunes enfants.
> Morceau pour violon et piano, joué par le jeune Touaillon et sa sœur.
> Morceau pour piano exécuté par Mme Fabian.
> De 1 à 4 heures, tirage de la loterie.
> Puis, quadrilles dansés par des enfants.
> Le soir, bal, dit *Calico ball*
> A minuit, souper, auquel sont invités l'amiral de Lapelin et les officiers de la *Flore*. — Au dessert, toasts patriotiques.

Cette fête, d'une semaine entière, a eu pour épilogue une représentation théâtrale, donnée par des amateurs, le lundi suivant, 13 mai. La soirée a laissé un si agréable souvenir que nous croyons devoir reproduire intégralement le programme du spectacle :

MAGUIRE'S OPERA HOUSE

Mme E. Reiter - - Directrice
M. E. Charosnat - - Régisseur général
M. C. Duquesnay - Sous-Régisseur.

GRANDE

REPRÉSENTATION DRAMATIQUE
au bénéfice de
LA RANÇON DE LA FRANCE
Par des amateurs de San Francisco

Lundi soir, - - - 13 Mai 1872.

DANS UNE CAVE
Vaudeville en 1 acte.

Budoyer, propriétaire	M. Lelièvre
Tancrède, rentier	M. G. Verdier
Sarrazin, sapeur, mari de Vitelotte	M. Dousdebès
Vitelotte, bonne de Budoyer	Mlle Léa Hahn

FAIS CE QUE DOIS
Actualité en vers, en un acte.
Par F. Coppée.

Daniel, maître d'école	M. L. L. Dennery
Marthe, veuve	Mme Turney
Henri, son fils	M. Planel, fils

M. CHOUFLEURI RESTERA CHEZ LUI LE....
Opérette Bouffe, en 1 acte, d'*Offenbach*.

Mlle Hélène Dingeon remplira le rôle d'Ernestine.

Choufleuri, rentier	M. Jules Weill
Chrydodule Babylas, jeune compositeur	Dr. Belinge
Pétermann, domestique de Choufleuri	M. Dourdebès
Balandard, ami de Choufleuri	M. G. Verdier
Du Tilleul, invité	M. Léon Weill
Ernestine, fille de Choufleuri	Mlle H. Dingeon
Mme Balandard	Mlle A. L....
Mme du Tilleul	Mme Eugénie Melville

Chœurs d'invités, par des dames amateurs et des
membres de la Société Philharmonique.

L'Orchestre sera conduit par MM. Reiter et David.

M. Pinet, au lever du rideau, prononce sur la souscription nationale, un beau discours, souvent interrompu par les applaudissements de l'auditoire.

Nous en détachons quelques passages :

Après avoir retracé à grands traits le tableau de la triste situation où se trouvait la France, dont plusieurs départements étaient encore occupés, il parle de la nécessité d'en hâter le plus promptement possible la délivrance.

"C'est dans ce but, – dit-il – que de nobles femmes viennent de nous donner un exemple qu'il serait honteux à nous de ne pas suivre avec empressement et persévérance.

"Mais pour l'atteindre, ce but sacré, il faut de l'argent, beaucoup d'argent, et pour cela, on fait un appel à à votre superflu. Votre superflu ! n'est-ce pas là méconnaître votre cœur ? Non, ce n'est pas de notre superflu que nos malheureux compatriotes doivent attendre leur délivrance ; c'est d'une partie de notre nécessaire. N'avilissons pas le sacrifice en le rapetissant !

"Mais est-ce bien à vous qu'il est nécessaire de tenir un tel langage, mes braves compatriotes de San Francisco ? N'avez-vous pas fait vos preuves en des jours malheureux et à jamais maudits ? Est-ce qu'un seul d'entre vous s'est repenti des sacrifices faits à la patrie ? Non, pas un seul, j'ose l'affirmer. Il s'est bien rencontré, peut-être, quelques infortunés, égarés par l'égoïsme ou aveuglés par de funestes utopies, qui ont fermé leur bourse et leur cœur à l'appel de leur pays en danger ; mais ces mauvais Français sont, heureusement, rares. D'ailleurs il faut les plaindre, ils n'ont pas de patrie ! Quelques-uns prétendent qu'ils sont du monde !.... c'est-à dire de nulle part....

"......... Avant tout, mes amis, nous sommes de ce petit coin de terre qui se nomme la France ! C'est là que nous avons été bercés dans les bras d'une mère. C'est ce coin de terre, ce berceau de notre enfance que nous voulons revoir grand, honoré et libre. C'est là, qu'en le quittant peut-être pour toujours, nous avons laissé la meilleure partie de notre âme."

Pour compléter les détails, relatifs à la souscription faite en Californie pour la libération du territoire, il nous reste à dire quelques mots sur la part prise à cette œuvre, par les deux principaux centres de population française de l'intérieur.

On sait déjà qu'un comité s'était formé à Los Angeles, et nous avons noté son premier envoi de fonds au comité central.

Le 26 mai, les Français de cette ville donnent, sous les auspices de la Société de Bienfaisance, présidée par M. Eugène Meyer, un pique-nique à Arroyo Seco. MM. P. N. Roth, Loeb et Bouelle en sont les principaux organisateurs et M. de Cazaux-Mondran s'y fait, dans un chaleureux discours, l'interprète des sentiments patriotiques de la population. On cite un Lorrain, M. Joseph Coblentz et un Alsacien (nom inconnu) qui ont fait vendre une boîte de cigares $149,50 au profit de la souscription.

Là encore, les dames font des merveilles. Mmes A. Cuyas et P. N. Roth tiennent la buvette. Mmes Pénélon, Aillaud et Bouelle administrent une autre cantine. Mmes Philip et Eugène Meyer servent les glaces et les fraises ; et le restaurant est confié aux soins de Mmes F. Vignes, Larcenal et Placan. Parmi les jeunes filles, on distingue, pour leur zèle, Miles Vaché, Bouelle, Blanche Crowley, Kremer et Meyer.

Le pique-nique produit $1,400.

La somme totale envoyée, par Los Angeles, au comité central de San Francisco, a été de $8,587.75.

San José a fait vraiment grand. Nos compatriotes de cette ville ont envoyé directement à M. Thiers (18 octobre 1872) la somme considérable de 46,741 francs 25 cent.

Voici le relevé des recettes, publié par M. P. Etchebarne, secrétaire du comité :

Dons	$3,841 00
Paiements mensuels	2,504 70
Produit d'un bal	2,104 95
Conférence de M. D. M. Delmas	190 00
Produit d'un lunch	140 00
Loterie et vente d'huîtres	122 50
Tire-lire de M. A. Friant	32 45
" " E. Michel	30 00
Intérêts sur les sommes déposées par M. Auzerais	464 94
Total	$9,430 54
Frais divers à déduire	376 54
Balance en caisse	$9,054 00

A 5 fr. 16¼, traite à trois jours de vue, soit: fr. 46,741 25

Pendant qu'en Californie on s'occupe activement de la souscription, en vue de hâter la libération du Territoire, on apprend tout-à-coup[1] qu'en France elle est abandonnée dans plusieurs grandes villes, au Hâvre, à Bordeaux, etc., et qu'on y rend l'argent aux souscripteurs qui le réclament. Le comité californien, incertain sur ce qu'il doit faire, s'adresse à M. Drouin de Lhuys, président du comité général à Paris.

---

[1] — Au commencement du mois de Juin.

En réponse, M. Touchard reçoit la dépêche suivante :

" Paris, 5 juillet 1872.

" Nous continuons. Les fonds seront versés au compte spécial ouvert, au Trésor public, pour la libération du territoire.
" Le président du comité d'action,

"Dalloz."

Dans les premiers jours de juillet, M. Touchard reçoit de M. Barthélemy Saint-Hilaire, chef de cabinet particulier du Président de la République, une lettre datée du 5 juin, accusant réception du second envoi de 50,000 francs fait par le comité.

La lettre se termine ainsi :

" C'est une grande consolation, au milieu de tous nos malheurs, que de trouver si constant et si dévoué le patriotisme de nos concitoyens, même au delà des mers les plus lointaines ; et cette sympathie, ardente autant que sincère, est la plus douce récompense que puisse recevoir le grand citoyen, à qui la France a confié ses destinées. Si Dieu nous le conserve encore quelques années, notre pays pourra réparer tous ses désastres et guérir toutes ses blessures matérielles et morales."

Enfin, dans le *Journal Officiel* du 21 août 1872, on lit la note ci-après :

Souscription Nationale du Comité de San Francisco.

" Le Comité central pour la libération du territoire, formé à San Francisco, a déjà fait à M. le Président de la République cinq envois qui se montent à la somme totale de 12,648 livres sterling 6 sh. et 9 d., c'est-à-dire 320,000 francs.

1er envoi, mai 1872	....	2,000 livres st.		
2me " juin "	....	2,000	"	
3me " " "	....	2,000	"	
4me " août "	....	4,648	"	6 sh. 9 d.
5me " " "	....	2,000	"	
Total.......		12,648 livres st.	6 sh. 9 d.(1)	

"Ces diverses sommes ont été successivement versées à la caisse centrale du trésor. M. le Président de la République, a fait remercier M. Touchard, président du comité central, et féliciter tous les souscripteurs qui, sur la terre étrangère, ont conservé pour la France de si vives et si constantes sympathies, qu'attestent ces dons généreux."

Compte-Rendu de la Souscription.

Le comité annonce la clôture de la souscription pour vendredi, 20 septembre 1872, et invite la population à se réunir, le 9 octobre, à Mercantile Library Hall.

Cette réunion a lieu avec un certain apparat. Beaucoup de dames y assistent. Nos deux compagnies militaire, en uniforme, se tiennent échelonnées des deux côtés de la salle, les Zouaves à droite, et les Lafayette à gauche. La musique de la Société Philharmonique est installée sur l'estrade.

A huit heures 20 minutes, un roulement de tambour annonce la présence du comité. L'orchestre joue la *Marseillaise*; puis M. Touchard prend la parole.

---

(1) — A la date du 29 août, M. B. St-Hilaire a de nouveau accusé réception de 133 livres st. 3 sh. 1 d., ce qui fait 12,781 livres st. 9 sh. 10 d., chiffre indiqué dans le rapport du comité.

Après avoir fait brièvement l'historique des deux souscriptions nationales, l'orateur fait remarquer combien le succès de ces manifestations a contribué à relever le crédit en France et à fortifier l'établissement de la République.

S'adressant à ses compatriotes de la côte du Pacifique, M. Touchard ajoute :

"Restons unis ; ne laissons point s'affaiblir ces relations amicales et fraternelles, qui se sont établies entre nous sous les auspices du patriotisme, et qui ont su nous procurer de si douces jouissances, même au milieu des angoisses et des chagrins de ces deux dernières années. Restons unis pour faire honneur à notre pays et le représenter dignement sur la terre étrangère."

Le trésorier donne ensuite lecture du rapport suivant :

SOUSCRIPTION NATIONALE.
POUR LA
RANÇON DE LA FRANCE.

État de Californie.

Sommes encaissées à San Francisco :

Dons	$16,182 17
Souscriptions mensuelles.............	13,408 50
Représentation théâtrale du 7 avril 1872.................................	1,200 10
Pique-nique des Lafayette............	1,458 15
Concert du 25 août	926 70
Produit net de la Foire..............	23,241 70
Total pour San Francisco..........	$56,417 32
Sommes reçues de l'intérieur de la Californie(1)......	12,403 60
Grand total............	$68,820 92

---

(1) — Voir le tableau à la fin du volume.

L'Etat de Névada a contribué $1,419.75, savoir :

Austin, $392 ; Eureka, $115,75 ; Pioche City, $350 ; Mineral Hill, $37 ; Virginia, $278 ; Winnemucca, $246.50.

L'Orégon a envoyé $574.50, dont $564.50 de Portland, et $10 de Clark's Creek.

Tahiti, $1,668.00.

Total des sommes reçues par le comité de San Francisco de Tahiti et de divers états et territoires de la côte du Pacifique (excepté la Californie), c'est-à-dire, du Montana ($142.23), de l'Arizona ($62.65), de l'Utah ($41.15), de la Basse-Californie ($90.00), de la Colombie Britannique ($157.50),

Ci	$ 4,155 78
Californie	68,820 92
Reliquat du compte de la Défense Nationale, attribué au compte de la Rançon de la France	1,298 10
Intérêts reçus	192 25
Vente d'anneaux de fer	111 00
Total des recettes	$74,578 05

Total des envois faits au Président de la République	$73,575 11
Les dépenses s'étant élevées à	$616 94
il restait en caisse une solde de (1)	386 00
Ces deux sommes réunies	1,002 94
Total égal à celui des recettes	$74,578 05

En ajoutant les $73,575.11 aux $208,108.48 — montant de la souscription nationale de l'année précédente — on

---

(1) — Ce reliquat fut versé plus tard dans la Caisse du Bureau d'Aide et de Placement, créé par la Ligue Nationale Française.

obtient la somme totale inscrite sur le petit tableau suspendu dans une des salles de la Bibliothèque de la Ligue Nationale Française, et que nous avons fait figurer sur la deuxième page de ce chapitre, c'est-à-dire :

$$\$281,683.59$$

Si considérable que soit cette somme, elle n'est pas complète.

M. Marc de Kirwan, a eu soin de tenir aussi exactement que possible, note de tous les faits relatifs aux deux souscriptions nationales. Il a bien voulu nous envoyer, de Bordeaux qu'il habite aujourd'hui, des détails que nous n'avions pu nous procurer ici même. D'après un tableau, très soigneusement dressé par lui à notre intention, il convient d'ajouter aux $281,683.59, d'autres remises s'élevant à $19,526.65, et dont voici le détail :

27 juillet 1870 — Pour le premier drapeau, pris par un soldat du 73ème de ligne.................................... $	500 00
7 décembre 1870 — A Léon Gambetta, ministre de l'intérieur par Sacramento........	5,000 00
16 octobre 1871 — Deux envois particuliers pour les blessés	1,000 00
14 novembre 1871 — Bénéfice de change....................	1,022 00
1er février 1872 — A Alex. Weill, pour Phalsbourg, par San Francisco..........	2,656 40
18 octobre 1872 — Au Président de la République, par San José..	9,348 25
Total.....	$19,526 65

En ajoutant cette somme aux $281,683.59, on arrive au total d'ensemble de

$$\$301,210.24$$

ou fr. 1,626,585.30.

Ce n'est pas tout. Bien d'autres fonds ont été expédiés en France, soit par de petits comités, soit par des individus isolés. On se rappelle aussi que diverses sommes avaient été recueillies l'année précédente pour les incendiés de Chicago, de la Pointe-à-Pitre (Guadaloupe) etc. Enfin, pour se faire une idée complète des sacrifices que s'est imposés la colonie, on doit également tenir compte des innombrables dons en nature, offerts pour être vendus aux enchères ou destinés aux loteries.

Dans une lettre, de remercîments, écrite le 16 novembre 1872, par M. Barthélemy St. Hilaire à M. Touchard, nous remarquons le passage suivant :

"Je puis vous assurer que notre pays, si malheureux, se relève de ses ruines avec une rapidité vraiment merveilleuse, et le message de M. le Président de la République pourra vous montrer clairement combien les résultats obtenus sont déjà satisfaisants, et quelles justes espérances ils doivent nous donner pour l'avenir. Si Dieu nous conserve M. Thiers encore quelques années, la France aura repris son rang dans le monde et recouvré tous les biens que le régime impérial lui avait fait perdre."

Nous terminons l'histoire de cette seconde souscription nationale en Californie par les quelques détails qui suivent :

A New-York et dans les environs, d'après le *Courrier des Etats-Unis* cité par le *Courrier de San Francisco* le 18 mai 1872, la souscription s'élevait à $28,771.40.

Le *Trait d'Union* de Mexico, du 14 août, annonçait que les 3,000 Français qui habitent le Mexique avaient recueilli 60,000 dollars.

Au Japon, à la date du 1 juin 1872, le comité de Yokohama avait obtenu les résultats que voici :

A Yokohama, $6,523; à Yokoska, $1,584; à Yeddo, $511,15; à Tomyoka, $345; à Osaka et Hiogo, $410: total, $9,873.15.

A Shanghaï, dit le *Nouvelliste* de cette ville, à la date du 10 juin, la souscription s'élevait à $4,026.50. "Ce chiffre," ajoute la feuille, "représente la cotisation de 84 personnes, c'est-à-dire de toute la communauté française de Shanghaï, car nous ne croyons pas que l'on puisse citer *trois* résidents français dont les noms ne figurent pas sur cette liste."

Enfin le 16 juin, le *Courrier de San Francisco* annonce qu'à Tahiti, le produit total de la souscription — y compris les dons du gouvernement et des administrations, de l'artillerie et de la marine, ainsi qu'un don de 2,500 francs d'un Anglais, M. Stewart — était de 15,960 fr. 50.

L'OPTION.

Revenons de quelques mois en arrière.

Le 10 mai 1872, à dix heures du matin, les Français de San Francisco, originaires des provinces annexées, s'étaient réunis au nombre de trois cents environ, rue Montgomery en face de la salle d'armes des Gardes Lafayette. Après s'être mis en ligne, ils se rendirent au consulat de

France, précédés du drapeau tricolore qu'on avait serré à la hampe et recouvert d'un long crêpe noir.

Le consul général s'avança au devant des arrivants, et, les premières salutations échangées, M. Alex. Weill, au nom de ses compatriotes, prononça les paroles suivantes:

"Monsieur le consul général,

"Les Alsaciens et les Lorrains de San Francisco ont choisi ce jour, anniversaire de la date funeste où la France vaincue s'est vue forcée de signer un traité odieux qui lui arrachait deux de ses plus chères provinces, pour venir protester contre cette violation de la liberté humaine. Le vainqueur, non content de nous avoir ruinés, nous force encore à nous prononcer pour une nationalité, et nous fait l'injure de nous demander si nous voulons rester Français! N'a-t-il donc pas semé assez de haine? Ne croit-il pas avoir assez fait sentir à ces deux nobles provinces la honte de la défaite? Que lui faut-il donc? S'imagine-t-il qu'il soit en son pouvoir de nous arracher du cœur l'amour que nous ressentons pour notre patrie malheureuse?

"Qu'il se souvienne que bien avant la signature de cet horrible traité, une députation de notables d'Alsace et de Lorraine s'est rendue à Bordeaux pour protester contre la séparation, et que chaque homme, sans exception dans le pays, a approuvé cette protestation. Aujourd'hui nous ne pouvons plus que protester solennellement contre l'interpellation donnée par M. de Bismarck au traité, en menaçant de chasser de leurs foyers tous ceux qui auront l'audace de vouloir rester Français. Cette interprétation inhumaine est, en effet, bien digne de l'homme qui n'a pas craint d'émettre la maxime cynique que la *force prime le droit*.

"Pour nous qui sommes ici, c'est comparativement une chose aisée que de venir signer un document par lequel nous déclarons notre intention de rester Français. Mais là-bas, cette déclaration entraîne l'expulsion; la faire, c'est s'exposer à être chassé de la terre natale, à abandonner le pays, la famille, tout ce qui est cher. La France est impuissante encore, elle doit se soumettre; mais l'Europe qui voit froidement le retour de ces barbaries, est complice du crime qui se commet.

"Enfin nous venons remplir un triste devoir; nous venons opter puisqu'il le faut. Souvenons-nous que les circonstances nous conseillent la prudence et le calme. Montrons-nous dignes de notre histoire. Soyons unis, patients, honnêtes, industrieux. Amassons de l'or et jetons-le à ces Prussiens, jusqu'au jour où nous pourrons acquitter une autre dette......

"Nous allons, monsieur le consul, apposer nos signatures. Nous vous prierons, en même temps, de transmettre au gouvernement français l'expression des sentiments qui nous animent, et......"

Ici la voix de l'orateur est coupée par ses sanglots. L'émotion gagne tous les assistants. On voit des pleurs couler de tous les yeux. Au bout de quelques instants, M. Breuil, lui-même, vivement impressionné, répond ainsi :

"Je suis bien touché, monsieur, des nobles sentiment que vous venez d'exprimer, en votre nom comme au nom des Alsaciens et des Lorrains résidant à San Francisco.

"Mon cœur bat à l'unisson du vôtre, et je suis personnellement heureux de recevoir de vous cette déclaration qui conserve à la France ses plus dignes enfants."

L'impression produite par ces discours était profonde. Les larmes aux yeux, les optants signèrent, l'un après l'autre, la déclaration exigée par le traité de Francfort.

M. Belcour, chancelier du consulat, avait fait faire, à ses frais, une magnifique plume en or, et l'avait mise à la disposition des signataires. Autour du manche était enroulée l'inscription suivante : *Alsace — Lorraine — Honneur — Patrie — Fidélité.*

Ce bijou, précieux à tant de titres, fut vendu le soir même à la Foire, et offert à Mme Alexandre Weill, présidente du comité des dames françaises, par M. Scellier, l'acquéreur.

SEPTIÈME PARTIE

Ligue Nationale Française.

Origine de la Ligue — Son but — Conseil d'administration et Comité éxécutif — Adhérents sur la côte du Pacifique — La Ligue et les immigrants d'Alsace-Lorraine — Propagande faite par la Ligue en France — Hommage à M. Thiers — Lettre de cet homme d'Etat — Sa mort — Nouvelles questions mises au concours par la Ligue — Almanach de la Ligue — Pétition à l'assemblée nationale — Part prise par la Ligue aux élections en France — Triomphe du parti républicain — Jules Simon et les Français de San Francisco — Almanach des électeurs — M. Grévy élu président — La Ligue nationale et les sociétés patriotiques en France — La mission qu'elle continue à poursuivre — Bureau d'aide et de placement — La Bibliothèque française — Faits divers — Liste des consuls de France à San Francisco — Conclusion.

L'idée d'une Ligue de délivrance a germé en Californie, comme ailleurs, dans l'âme meurtrie des Alsaciens-Lorrains.

A San Francisco, c'est au sein même du comité central qu'elle prit naissance. M. Alex. Weill, vice-président et originaire de Phalsbourg, la formula en séance, vers la fin du mois de février 1871, dans les termes suivants :

"Tout indique que nous marchons à la paix. A quelles conditions, cette paix sera-t-elle signée ? C'est ce que personne ici, ne saurait dire ; mais il est probable que nous aurons à payer une forte indemnité et que, de plus, nous devrons abandonner une partie de notre territoire. Dans ces conditions, je proposerais que le comité de la souscription nationale, au lieu de se dissoudre complètement, se transformât en un comité patriotique qui prendrait l'initiative de la formation d'une association à laquelle pourraient se rattacher tous les Français d'Amérique. Une pareille association, si elle est bien dirigée, pourrait, il me semble, faire beaucoup pour la régénération de notre malheureux pays."

Cette proposition fut adoptée à l'unanimité. On nomma même une commission pour étudier la question; mais l'insurrection communaliste de Paris en fit renvoyer la solution à un moment plus favorable.

La même idée, sous des formes diverses, se présenta à l'esprit d'autres Alsaciens et Lorrains.

M. Constant Meyer, Strasbourgeois, écrit de Los Angeles au *Courrier de San Francisco*, dans les premiers jours du mois d'avril 1871 :

" En lisant dans votre estimable journal les remarques du *Journal des Débats*, que maintenant il nous fallait trois choses : *silence, persévérance*...... mais que la troisième ne pouvait être nommée dans les circonstances actuelles, je me suis demandé comment, nous autres Français, vivant hors de notre patrie, nous pourrions contribuer à réaliser le troisième objet que le *Journal des Débats* n'ose indiquer......

"...... Formons des comités, faisons des souscriptions pendant trois ans pour aider à payer ou à amortir la dette de la guerre. En agissant ainsi, nous serons sans dette quand viendra le moment d'accomplir le troisième objet que le *Journal des Débats* n'ose nommer et qui est écrit en lettres de feu dans le cœur de chaque Français......"

Le même journal contient, à la date du 9 avril, une lettre signé: L....., Lorrain annexé. Le signataire parle de la folle espérance des Prussiens de germaniser la Lorraine. En attendant la revanche, il propose, aux Alsaciens et aux

Lorrains de San Francisco, de former une Ligue, ayant pour base "notre attachement inébranlable à la France et notre haine pour tout ce qui est prussien."

Le 11 juin suivant, paraît une lettre de vive protestation de M. Jules Kahn, Phalsbourgeois, résidant à Bentas, contre l'annexion faite sans le consentement des annexés. Il demande la formation d'une association secrète. " Que les Lorrains et les Alsaciens, dit-il, sur toute la surface du globe s'unissent de cette façon et que les différents clubs correspondent entre eux."

Enfin le 17 juin, dans la réunion tenue par les Alsaciens et les Lorrains, dans la salle des Gardes Lafayette, et convoquée pour nommer une commission, chargée de rédiger la protestation contre le traité de Francfort, M. Alexandre Weill met le projet de fondation d'une Ligue à l'ordre du jour. Il demande que la commission déjà nommée soit priée "d'établir les bases d'une Société française dont l'objet serait de travailler à la revendication des droits violés par la force brutale."

Le 21 juin, nouvelle réunion. On y donne lecture du projet de protestation, dont nous avons fait connaître les termes[1] ainsi que d'un projet de statuts de la *Ligue Nationale de la Délivrance*. L'assemblée tout entière adhère à ce dernier projet, mais elle renvoie la rédaction définitive des statuts à une commission composée de Français, sans distinction d'origine, parce qu'elle veut que la société soit vraiment *nationale*.

---

[1] — Voir page 264.

Comme gage d'adhésion, on fait, séance tenante, une souscription qui produit $332.75.

Le 14 juillet, on procède à l'élection du bureau provisoire. Sont nommés : Président, Alexandre Weill; vice-présidents, Pigné-Dupuytren et J. Pinet; trésorier, J. Aron; secrétaires, M. de Kirwan et Emile Marque.

Une sous-commission, chargée de réviser le projet de statuts, est formée ensuite de MM. Pigné-Dupuytren, Hoffman, Raas et Marque.

Quelques-uns des membres de la commission s'inspirant des premières idées de M. Weill, auraient voulu constituer une fédération de Ligues en Amérique, et, à cet effet, s'entendre avec les Français des diverses grandes villes des Etats-Unis. Mais on jugea plus pratique de fonder d'abord une Ligue californienne, sauf à propager ensuite cette œuvre patriotique dans les autres parties de l'Union.

Le 28 juillet, la commission arrête définitivement la rédaction des statuts et décide qu'elle sera soumise à une assemblée générale convoquée pour le 4 août, à la salle des Gardes Lafayette.

Dans son exposé du but de la réunion, le président dit : "Nous avons déjà signé une protestation contre le traité de Francfort; mais une simple protestation ne suffit pas, il faut encore affirmer par des actes que nous sommes décidés à travailler à l'œuvre de la revendication."

Le projet des statuts est voté, dans son ensemble, par l'assemblée, qui se lève en masse aux cris, plusieurs fois répétés, de vive la France! vive la République!

51 personnes, se font inscrire, séance tenante, comme membres à vie, à raison de $60 par personne, et 147 comme membres ordinaires, à raison de 50 cents par mois, plus 1 dollar d'admission; en tout 198 membres, dont un grand nombre de dames. Puis chacun offre un don à l'œuvre nouvelle.

Avec les sommes obtenues à la réunion du 28 juin et le montant des 51 souscripttons à vie, on arrive à 4,347 dollars comme première mise de fonds de la Ligue nationale.

Le secrétaire donne alors lecture de deux lettres de Santiago, du Chili, annonçant qu'une Société analogue à la Ligue vient de se fonder dans cette ville. Aux deux lettres sont joints deux exemplaires des statuts de la société chilienne.

L'assemblée décide d'entrer en relations avec cette association patriotique.

La nouvelle Société, ainsi fondée, prend pour titre : *Ligue Nationale de la Délivrance,*[1] pour mot de ralliement : *Alsace-Lorraine* et adopte la devise du comité central de la souscription nationale : *Tout pour la Patrie !*

Quant au but de l'association, il se trouve défini en ces termes:

" Art. 1er. La Société a pour objet :

" 1° De resserrer les liens de la solidarité qui doivent unir entre eux tous les membres de la famille française, et d'entretenir les sentiments patriotiques indispensables au rétablissement de la grandeur nationale.

---

(1) — Aujourd'hui *Ligue Nationale Française.*

"2° De venir en aide aux patriotes de l'Alsace et de la Lorraine, victimes de leur attachement à la France."

Un des articles — aujourd'hui modifié — portait que, le lundi de chaque mois, devait avoir lieu une assemblée générale des ligueurs. Dans cette réunion, le président donnait un exposé de la situation en France, et des orateurs, désignés à l'avance, prononçaient des discours sur des sujets patriotiques. Un autre article, également modifié, prescrivait que l'assemblée générale annuelle aurait lieu le 10 mai, jour anniversaire du traité de Francfort ou le dimanche suivant.

Nous nous bornons à indiquer ici l'esprit général des statuts. Bien que la Ligue ne soit pas une Société secrète, il y a des raisons de convenance qui l'obligent à se dérober à une publicité complète.

Le mot de *République* ne figurait pas dans le texte des statuts, parce que cette forme de gouvernement n'étant pas encore légalement établie, on espérait pouvoir poursuivre le but de la Ligue sous n'importe quel régime, et aussi parce que les fondateurs voulaient rallier à leur œuvre tous les patriotes sans distinction de parti. Mais ce qui est incontestable, c'est que par la nature même du but qu'elle s'était posé, et par les tendances du programme qu'elle s'était tracé pour répandre en France les principes d'un gouvernement libre, la Ligue a été, dès son origine, sincèrement républicaine. Pour ne laisser aucun doute à ce sujet, nous rappellerons que ses statuts ont été adoptés par les sociétaires aux cris plusieurs fois et unanimement répétés de vive la France! vive la République!

Voici la composition du premier conseil définitif de la Ligue, élu le 18 septembre : Président, Alex. Weill; vice-présidents, G. Touchard et le Dr. Pigné-Dupuytren; trésorier, Joseph Aron; secrétaires, Marc de Kirwan et E. Marque — Membres du conseil : A. E. Lelièvre, Em. Raas, H. Hoffman, Joseph Godchaux, J. Pinet, David Cahn, Moïse Cerf, Michel Moritz, Florent Hoffer.

En ce moment, le nombre des adhérents était de 441.

Le conseil essaie de se mettre en relations avec d'autres villes des Etats-Unis. Il écrit à New-York, à la Nouvelle-Orléans, à Mexico, etc. Le 26 septembre, il écrit à Paris pour se mettre en communication avec des hommes politiques influents, et les prier de constituer un comité exécutif de la Ligue.

Ce comité se forme dans les premiers jours du mois de février 1872, et se compose de MM. Charles Fauvety, homme de lettres ; Georges Coulon, avocat ; Alf. Ollive, négociant ; Ch. Cazot, député ; Maurice Engelhardt, avocat ; de Liouville, avocat ; N. Leven, avocat ; Scheurer-Kestner, député ; et Elie Lazard, banquier.

M. Charles Fauvety, nommé président de ce comité, a continué à remplir ces fonctions jusqu'à ce jour avec le plus grand dévouement.

Le comité exécutif s'occupa sérieusement de sa mission. Son premier soin fut d'aviser aux moyens de mettre à exécution les projets de propagande patriotique de la Ligue. Il s'arrêta à l'idée de fonder un journal. La Ligue se rendant aux raisons qui avaient déterminé ce choix, vota la somme de cinq mille francs, à condition que chaque numéro contiendrait deux colonnes de matière concernant spécialement l'Alsace et la Lorraine.

La feuille devait s'appeler *La République*; mais le sentiment qui poussait la Ligue à mettre de côté tout esprit de parti dans une œuvre qui exigeait, avant tout, le concours du plus grand nombre possible de citoyens, animait également le comité exécutif. Quoique composé de vieux républicains, il préféra le titre de PATRIOTE avec le sous-titre "Moniteur Hebdomadaire du Suffrage Universel" à celui de LA RÉPUBLIQUE, proposé de prime abord.

Cependant, dans sa séance du 18 février, il revint sur sa décision, et substitua le mot *républicain* au mot *hebdomadaire* dans le sous-titre du journal.[1]

A la fin du premier exercice, qui expirait le 30 avril 1872, la Ligue avait 765 adhérents, dont 62 membres à vie.

Les adhésions étaient venues de trente-huit localités différentes de la Californie, il en est même arrivé d'autres pays du Pacifique.

CALIFORNIE — San Francisco en a fourni 475; Los Angeles, 52; Eldorado, 24; San Luis Obispo, 20; Oakland 15; Colusa, 7; Cerra Gordo, 5; Truckee, 4; Martinez, 3; Mission San José, 3; Santa Cruz, 3; St-Helena, 3; Walnut Grove, 3; Sacramento, 3; les autres, 2 ou 1.

COLOMBIE BRITANNIQUE — Victoria, 33; Yale, 3.

---

[1] — Le *Patriote* fut poursuivi, condamné sous le régime du 24 mai, et se transforma en *Gazette des Paysans*.

NEVADA — Virginia, 30 ; Ophir Cañon, 1.

ARIZONA — Prescott, 2.

IDAHO — Boise City, 2.

MEXIQUE — Mazatlan et Hermosillo, 23.

ORÉGON — Prairie City, 6 ; Salem, 1.

France — Paris, 9 ; Bordeaux, 2 ; Thann, 1.

TAHITI — Papeete, 2.

Les recettes dans la même période, toutes dépenses déduites, se sont élevées à $7,881.83.

Aux élections du mois de mai 1872, le conseil d'administration a été maintenu presque en entier. En voici la composition :

Président : Alex. Weill ; vice-présidents : G. Touchard et J. Pinet ; trésorier : Moïse Cerf ; secrétaires : E. Marque et Daniel Lévy.

Membres du conseil : Pigné-Dupuytren, Marc de Kirwan, A. Lelièvre, E. Raas, H. Hoffman, J. Godchaux, David Cahn, M. Moritz et F. Hoffer.

Le 5 août, la Ligue apprend qu'un de nos compatriotes, M. de Murphy, a été condamné à Colmar, à trois mois d'emprisonnement, pour avoir souffleté un Alsacien, rénégat, qui avait accepté de la Prusse, des fonctions judiciaires. Elle vote, en son honneur, un diplôme de membre à vie de la Société.

A la réunion mensuelle du 2 septembre, lecture est donnée du discours d'adieux prononcé à Colmar par M. Isaac Lévy, Grand Rabbin de cette ville. M. Lévy voulant rester Français, avait donné sa démission des hautes fonctions qu'il occupait, et avait accepté un poste bien inférieur à Vesoul. Les sentiments de patriotisme, exprimés dans ce discours, le courage de l'orateur qui exprimait pour la France l'amour le plus ardent, dans une ville devenue allemande, touchèrent profondément les ligueurs. Une lettre de félicitations fut adressée à M. Lévy en leur nom.

Dans la même réunion, on s'occupe également du sort des nombreux Alsaciens et Lorrains que l'option allait forcer de quitter leur pays. Plusieurs de ces exilés pouvant venir chercher un asile en Californie, M. Stoupe demande au conseil d'administration d'étudier les moyens de venir en aide à ceux qui arriveraient sans ressources. Nous faisons connaître plus loin la suite qui a été donnée à cette proposition.

L'attitude prise par la Ligue à l'égard du mouvement d'émigration qui se dessina dans les départements annexés après l'option, atteste, selon nous, une grande clairvoyance politique de sa part. Elle avait prévu, qu'en s'exilant, les Alsaciens et les Lorrains feraient place nette aux Allemands et favoriseraient les projets de germanisation de M. de Bismarck. Aussi a-t-elle eu soin de réserver particulièrement ses secours à ceux qui, en Alsace et en Lorraine même, auraient à souffrir du régime prussien.

En envoyant au comité exécutif, le 18 juin 1872, une somme de 2,500 francs, destinée aux Alsaciens et aux Lorrains, le conseil d'administration de San Francisco lui écrit ceci :

" Notre but, en créant ce fonds de secours, n'était pas de pousser à l'émigration de nos malheureux compatriotes ; mais, par des secours judicieusement distribués dans les pays annexés, d'y entretenir le patriotisme, de les encourager à supporter patiemment le joug odieux de l'étranger jusqu'au jour, ardemment désiré, de la délivrance. C'est donc à ceux qui restent attachés au sol et qui y perpétuent le culte de la France, que nous voulons tendre une main fraternelle."

Dans une lettre du 27 septembre suivant, le conseil d'administration revient sur ce sujet. Le 13 janvier 1873, en envoyant une nouvelle somme de 2,500 francs à Paris, le secrétaire s'exprime ainsi, au nom du conseil :

"Nous attachons une très grande importance à ce point. Nous sommes persuadés, que des distributions faites sur les lieux, que des rapports constants, persistants de confraternité nationale avec les populations annexées, auront pour effet de neutraliser les moyens employés par le gouvernement prussien pour les germaniser. Le conseil en est tellement convaincu qu'il m'a chargé de vous prier de vouloir bien examiner à nouveau cette question importante. Si nous tendons ainsi la main aux patriotes alsaciens et lorrains restés fidèles au sol natal, nous ne fermons pas les yeux sur les infortunes des annexés qui viennent chercher un asile sur la côte du Pacifique, car nous avons ouvert pour eux, sous le patronage de la Ligue, un bureau d'aide et de placement."

Voici l'exposé sommaire des opérations de la Ligue pendant l'exercice 1872-1873 :

A la nouvelle de l'exode en masse des Alsaciens et des Lorrains, après l'option du 1er octobre, la Ligue envoya aussitôt 2,500 francs au comité exécutif de Paris, l'informant en même temps qu'elle tenait encore une somme pareille à sa disposition pour être, en cas de besoin, distribuée aux émigrés. Elle vote également 300 francs en faveur d'un instituteur de Mulhouse, expulsé de l'Alsace pour avoir publié une feuille patriotique.

Dans le courant de cette année, désirant accomplir la seconde partie de sa mission, elle mit au concours les trois questions suivantes qui lui paraissaient d'un intérêt plein d'actualité.

1° De la nécessité de l'instruction gratuite, obligatoire et laïque. (1)
2° Du service militaire obligatoire pour tous et des avantages matériels et moraux qui doivent en résulter.
3° Des dangers de l'indifférence en matière politique et des moyens d'y remédier.

Un prix de 500 francs était décerné à l'auteur du meilleur travail sur chacune de ces questions.

Le nombre des manuscrits reçus s'éleva à 71. Paris en fournit la moitié, et les départements le reste.

Les trois mémoires auxquels on décerna les prix, furent publiés au nombre de 25,000 exemplaires, sous forme de brochures, et distribués gratuitement en France dans les campagnes où le besoin de l'instruction se fait le plus vivement sentir.

1873-1874 — Aux élections de la Ligue du mois de mai 1874, le conseil d'administrion fut composé de la manière suivante :

Président, M. Pinet; vice-présidents, Marc de Kirwan et Dr. Pigné-Dupuytren; trésorier, E. Raas; secrétaires, Daniel Lévy et Jules Weill. Membres du conseil : MM.

---

(1) — M. Alex. Weill, qui avait proposé cette question, offrit 100 dollars destinés à l'instituteur français qui écrirait le meilleur mémoire sur ce sujet, plus 50 dollars pour couvrir les frais de publication.

Alex. Weill, Moïse Cerf, P. Fleury, L. M. Gautier, A. Dolet, J. Godchaux, Carrère, E. Marque et G. Vénard.

Hommages a M. Thiers — Le 24 juin, le conseil décide d'envoyer une adresse à l'illustre homme d'Etat qui avait mérité le titre de Libérateur du territoire, et que l'Assemblée nationale, aveuglée par ses passions réactionnaires, venait de renverser du pouvoir.

Une assemblée générale des Français a lieu, le 9 juillet, à Mercantile Library Hall, sous la présidence de M. Pinet.

Après avoir exposé en quelques mots l'objet de la réunion, le président cède la parole à M. Daniel Lévy.

L'orateur s'attache à faire ressortir les immenses services rendus à notre pays, par M. Thiers, pendant sa longue et glorieuse carrière politique; la sagacité qu'il avait montrée en combattant la déclaration de la guerre; le dévouement extraordinaire qu'il avait manifesté, lui vieillard de 75 ans, allant en plein hiver solliciter les puissances neutres en faveur de la France; l'énergie avec laquelle il s'était mis, après la paix, à réparer les désastres de la guerre, et à travailler au relèvement de la patrie, etc.

C'est pour rendre un hommage public de notre respect, de notre reconnaissance et de notre admiration à cet illustre patriote, ajoute l'orateur, que nous nous sommes réunis ici ce soir.

Voici la fin du discours:

" Est-il nécessaire de m'étendre davantage sur ce sujet pour obtenir votre cordiale adhésion à la manifestation dont la Ligue nationale a pris l'initiative ? Non! je croirais faire injure à vos sentiments de Français en insistant.

"Je me bornerai à vous dire pour terminer: soyons dignes du grand citoyen dont nous sommes fiers; soyons dignes de la France qui, par sa noble conduite a reconquis les sympathies du monde civilisé; soyons enfin dignes de nous-mêmes qui, par notre patriotisme, avons fait respecter le nom de notre pays à l'étranger; et proclamons bien haut que nous, Français de Californie, nous ne connaissons pas l'ingratitude, et que nous savons honorer les bienfaiteurs de notre patrie."

Puis lecture est donnée de l'adresse suivante, rédigée par M. E. Marque:

"*A monsieur Adolphe Thiers,*

"*Membre de l'Assemblée Nationale.*

"Monsieur,

"Les soussignés, citoyens français résidant en Californie, osent vous prier de vouloir bien accepter le modeste présent qui accompagne cette lettre, comme un faible témoignage du respect et de l'admiration qu'ils ressentent pour votre personne.

"Puisqu'une majorité de l'assemblée nationale n'a pas craint de donner au pays l'exemple de l'ingratitude en vous obligeant de quitter le pouvoir que vous exerciez si dignement, ils regardent comme un devoir de joindre leurs voix à toutes celles qui se sont élevées pour protester contre le vote anti-patriotique du 24 mai.

"La France n'a pas ratifié l'action de cette majorité éphémère. Elle ne saurait oublier les immenses services que vous lui avez rendus. Elle ne saurait oublier que c'est surtout à vos efforts courageux qu'elle doit le rétablissement de l'ordre, la réorganisation de ses finances et de son armée, et qu'elle devra, le 5 septembre prochain, la libération anticipée de son territoire.

"Quant à nous, Français, qui habitons un pays libre, nous nous souviendrons toujours que si la République devient, comme nous l'espérons, la forme définitive du gouvernement de notre patrie bien-aimée, l'honneur doit en revenir, en grande partie à votre loyauté.

"Les Français de Californie."

On nomma ensuite une commission chargée de désigner l'objet le plus convenable à offrir à M. Thiers. La souscription, ouverte à San Francisco et dans l'intérieur pour faire face aux dépenses, produisit $1,741.65.

La commission décida de consacrer cette somme à la confection d'un album contenant l'adresse et les signatures des adhérents. Les couvertures de l'album, fabriquées avec des bois de Californie et magnifiquement ornées de matières précieuses — or et argent — tirées des mines du pays, offraient un aspect à la fois riche et élégant.[1]

L'adresse à M. Thiers, publiée par la presse en France, fut naturellement bien accueillie par les républicains et fort critiquée par les monarchistes. M. Hervé y consacra un long article dans lequel le coryphée de la presse orléaniste accusait les signataires d'ignorer les mœurs politiques d'un pays libre.

L'album fut présenté à M. Thiers, le 9 novembre, en présence d'un grand nombre de ses amis, entre autres MM. Jules Simon et Barthélémy St. Hilaire, par une

---

[1] — L'Album a été exécuté par MM. Frontier et Bellemère, sur un dessin de M. Mezzara.

commission de Français-californiens de passage à Paris. Elle se composait de MM. Alex. Weill, Scellier, Jules Mayer et Gaston Verdier.

M. Alex. Weill, désigné par ses collègues pour présenter l'Album, prononça une allocution au nom des Français de Californie.

M. Thiers, visiblement ému, répondit :

"Je suis touché plus que je ne saurais le dire, de recevoir des témoignages de sympathies venus de si loin. Veuillez transmettre à nos concitoyens établis en Californie l'expression de ma profonde reconnaissance.

"J'ai fait ce que j'ai pu pour relever la France des désastres causés par cette guerre si follement entreprise. Tout n'a pas été réparé, mais du moins j'ai la satisfaction de savoir qu'une partie de l'œuvre a été accomplie.

"Les royalistes se sont beaucoup agités cet été; ils ont échoué et je suis persuadé que toute idée de restauration monarchique est abandonnée et ne saurait être reprise. Elle aurait contre elle le pays tout entier.

"L'avenir de la République est désormais assuré, et j'entends par là, comme vous, la République conservatrice, celle que tout le monde désire aujourd'hui, car elle rassure tous les intérêts en permettant à tous les progrès de se réaliser. C'est le gouvernement de tous par tous et pour tous, le seul possible en France. J'emploierai toutes mes forces à la défendre. Vous pouvez en donner l'assurance à mes compatriotes en Californie."

Les membres de la commission furent l'objet des plus gracieuses attentions de la part de M. et de Mme Thiers, qui les retinrent à dîner.

M. Thiers, non content de la réponse faite à la commission californienne adressa à notre colonie la lettre suivante :

"Paris, le 18 décembre 1873.

"Mes chers compatriotes,

"J'ai reçu des mains de messieurs Weill, Mayer et Verdier l'adresse que vous avez bien voulu m'envoyer. Je suis bien touché des sentiments que vous m'exprimez, et je viens vous en témoigner ma sincère gratitude.

"J'ai fait admirer le bel album dans lequel était contenue l'expression de vos sentiments à mon égard, c'est un magnifique spécimen des richesses naturelles de la province que vous habitez, et c'est en même temps un brillant témoignage du goût et du talent des artistes français qui représentent parmi vous le génie français.

"Depuis longtemps j'ai suivi avec un vif intérêt les travaux de la florissante colonie que vous avez fondée sur la féconde terre d'Amérique; depuis longtemps j'applaudis aux efforts heureux par lesquels, en vous honorant vous-mêmes, vous honorez le nom et le drapeau de notre chère patrie.

" Je sais combien vous êtes Français, malgré la distance qui vous sépare de la France, et quelle part votre patriotisme a prise dans les douloureuses épreuves que nous avons traversées. Je sais combien vous avez contribué de toutes manières à la défense du pays envahi, aussi ai-je été particulièrement sensible à l'appréciation que vous avez faite de mes efforts patriotiques.

"J'étais dans la véritable ligne de mes devoirs quand je cherchais à établir en France la République conservatrice, seule forme du gouvernement qui me semblât répondre aux vœux manifestes du pays, et qui fût capable aussi de faire cesser les divisions qui le troublent et l'affaiblissent. La majorité de l'assemblée nationale en a jugé autrement; je me suis incliné devant son vote; mais en me retirant, j'ai emporté mes convictions, et j'y persiste. Si quelque chose pouvait les confirmer, ce serait le spectacle des stériles agitations des six derniers mois, ce seraient les affirmations unanimes, éclatantes de la grande voix du pays, toutes les fois qu'il a été consulté! Croyez, mes chers compatriotes, que cette voix sera tôt ou tard entendue, et qu'il faudra bien donner à la France la République qu'elle réclame, et dont vous mêmes, sur la terre américaine, pouvez chaque jour éprouver les bienfaits.

"*Recevez, mes chers compatriotes, l'assurance de ma plus affectueuse considération.*[1]

"A. THIERS."

En outre, M. Thiers envoya à la Ligue son portrait avec cet autographe mis au bas :

Offert aux Français de la Californie

Mai 1874.   *A. Thiers*

La mort de ce grand homme d'Etat (3 septembre 1877) produisit dans notre colonie une vive émotion. Le deuil y fut général. La compagnie Lafayette prit l'initiative d'un service funèbre célébré à l'église française, et la Ligue envoya à son comité exécutif, à Paris, une dépêche ainsi conçue :

"Déposez très belle couronne sur cercueil Thiers — Hommage de respect et regrets des Français de Californie."

"MARC DE KIRWAN."

En réponse, Madame Thiers adressa à M. Gaston

---

[1] — Les mots en italiques sont de la main de M. Thiers.

Verdier, la lettre suivante, avec prière de la transmettre au président de la Ligue, à San Francisco:

"Paris, 2 novembre 1877.

"Monsieur,

"La colonie française de San Francisco, en apprenant la mort de Monsieur Thiers, si cruelle pour moi, si malheureuse pour la France, a voulu s'associer à mon deuil et faire déposer sur la tombe de ce grand citoyen, une couronne, en témoignage de ses regrets et de son admiration.

"Je vous prie d'être mon interprète auprès de M. de Kirwan et de MM. les membres de la colonie française, et de leur faire agréer l'expression de mes remercîments et de ma sincère gratitude.

"EL. THIERS."

Ajoutons que nos compatriotes, de tout âge, prirent largement part à la souscription à 1 fr., ouverte par le journal *Le Bien Public*, pour élever à Paris une statue à l'ancien président de la République.[1]

Le 5 septembre 1873, allait cesser l'occupation prussienne en France. Sur différents points du territoire français, il avait été question de célébrer cet événement par des réjouissances publiques. Le gouvernement crut devoir les interdire. Cependant plusieurs villes organisèrent pour ce jour des manifestations populaires. Le conseil de la Ligue fut de l'avis du gouvernement et publia une déclaration dont nous détachons ces lignes qui en résument l'idée dominante:

"Quelque profonde que soit sa satisfaction causée

---

[1] — Le nombre des souscripteurs a été, en Californie, de 2,978, et le montant des souscriptions, $596.70

par la fin de l'occupation allemande, la Ligue nationale ne saurait oublier que le drapeau ennemi continue de flotter à Metz et à Strasbourg.

"Tant que l'Alsace et la Lorraine ne seront pas rendues à la patrie, l'évacuation pour nous sera incomplète...."

Cette déclaration trouva le meilleur accueil dans la presse républicaine et libérale, en France.

Le 9 avril 1874, la Ligue vota une adresse de félicitation à M. Teutsch, député alsacien au reichstag de Berlin, qui, au nom de ses collègues d'Alsace et de Lorraine, avait protesté avec la plus grande énergie contre l'annexion (18 février). Elle lui envoya, en même temps, un diplôme de membre à vie, ainsi qu'à M. Charles Fauvety, président du comité exécutif.

Ce comité, dans le courant du mois de juillet, se reconstitua. Il se trouvait alors composé de MM. Fauvety, Em. Vauchez, Aug. Blech, Gaston Verdier, Jules Weill et Boesch.

Fidèle à son programme, la Ligue mit au concours les deux questions suivantes :

1° De la séparation de l'Eglise et de l'Etat, au point de vue des intérêts religieux, politiques et moraux.
2° De la conservation de la République, au point de vue du relèvement de la France.

Mais comme, à cette époque, le bonapartisme, ouvertement protégé par la coalition clérico-monarchique du 24 mai, relevait audacieusement la tête, il parut à la Ligue que le premier devoir des républicains était de combattre à outrance ce danger. Aussi, tout en récompensant les auteurs des meilleurs mémoires sur les questions proposées, résolut-elle de faire réimprimer dans une brochure de 32 pages, intitulée *Almanach de la Ligue Nationale*, tout ce qui avait été publié de plus frappant, de plus décisif sur les fautes et les crimes du régime impérial, et de faire distribuer cette brochure à profusion sur tous les points du territoire français. Elle alloua, pour cet objet, la somme de 6,000 francs. Elle envoya également 1,500 francs à la Société Générale d'Alsace-Lorraine, à Paris, pour les émigrants sans ressources des deux provinces annexées. De plus, elle mit 500 francs à la disposition du comité exécutif pour un patriote qui avait rendu des services signalés à l'armée de Metz, et qui alors se trouvait dans un extrême besoin.

De nombreuses lettres, émanées de différents personnages en France, félicitèrent la Ligue de ses efforts patriotiques.

Cette Société, par le but qu'elle poursuivait et les sentiments dont elle était animée, ne pouvait rester inactive en présence de la situation vraiment intolérable faite à la mère-patrie par les dissensions intestines qui la déchiraient. Le régime provisoire, dans lequel les monarchistes s'efforçaient de la maintenir en attendant qu'il leur fût possible de rétablir la royauté, produisait les effets les plus désastreux. Il paralysait en France tout essor, entravait tout progrès, perpétuait la crise commerciale et sociale dont souffrait le pays, et menaçait de le précipiter dans les horreurs d'une guerre civile.

Vivement ému de ce grave état de choses, le conseil

d'administration décida d'adresser aux membres de l'Assemblée nationale la pétition suivante, dont la rédaction avait été confiée à l'auteur de ce livre :

Monsieur le Député,

"Nous, soussignés, membres du conseil d'administration de la Ligue Nationale des Français habitant les Etats américains du Pacifique, avons l'honneur de vous exposer ce qui suit :

"Passionnément attachés à la mère-patrie, nous souffrons cruellement dans notre patriotisme et dans notre fierté nationale :

" Dans notre patriotisme, en voyant se prolonger indéfiniment l'état d'incertitude et d'instabilité qui pèse sur notre pays natal et compromet ses plus chers intérêts ;

" Dans notre fierté nationale, en voyant l'effet produit sur l'esprit des populations étrangères qui nous entourent, par le triste et désolant spectacle de nos discordes en France.

" Puisant dans notre patriotique douleur le courage de vous adresser l'expression de nos vœux les plus chers et les plus ardents, nous vous supplions, Monsieur le Député, d'exercer toute votre influence pour mettre un terme à cette désastreuse situation, et de travailler résolument à l'œuvre pressante et sainte de notre reconstitution nationale.

" Depuis plus de quatre ans, la France possède un gouvernement de fait, la République. Chercher à la renverser sans savoir positivement par quoi on pourra la remplacer, c'est ouvrir la porte à l'inconnu, c'est risquer de précipiter notre pauvre pays, déjà si terriblement éprouvé, dans un abîme de maux dont la pensée seule nous fait frémir.

"Conservez ce qui est, améliorez-le. La République avec le suffrage universel libre, c'est le pays en possession de lui-même, et conviant à la direction de ses destinées les citoyens les plus sages, les plus capables et les plus patriotes.

"Donnez, Monsieur le Député, donnez aux générations présentes le noble exemple d'un représentant de la nation, qui n'a à cœur que les intérêts de la nation et qui, à ces intérêts suprêmes, sacrifie tout esprit d'exclusion, de parti et de dynastie.

"L'histoire honore les hommes politiques qui, dans les grandes crises nationales, ont su tout subordonner au salut de leur pays, et la France bénira à jamais ceux qui, dans ses épreuves actuelles, consacreront leurs généreux efforts à opérer l'union de toutes ses forces et de tous ses dévouements sur ce terrain ouvert à tous : la République.

"Aidez, Monsieur le Député, à l'établir promptement et définitivement. Que la France, qui a tant de fautes et de désastres à réparer, connaisse enfin la voie où elle doit s'engager, et alors elle pourra, d'un pas sûr et ferme, marcher vers le but glorieux que nous lui assignons dans nos vœux et nos espérances.

"Nous avons l'honneur d'être, avec un profond respect,

"Monsieur le Député,

"Vos très dévoués serviteurs et compatriotes.

"Au nom de la *Ligue Nationale Française* des États Américains du Pacifique :

Dr. Pigné-Dupuytren, Président

Daniel Lévy,
Emile Marque, } Vice-Présidents

A. Blochman, Trésorier

Em. Meyer,
G. Bonnefond, } Secrétaires

David Cahn,
A. Gros,
Raphaël Weill,
M. Cerf,
S. Salomon, } Membres du Conseil.
J. Godart,
S. Reiss,
E. Baas,
F. Chevalier,

Toute la presse républicaine et libérale, en France, publia cette pétition en lui donnant sa plus chaleureuse approbation.

Voici les réflexions dont la *République Française*, organe de Gambetta, la fit précéder, en l'insérant dans son numéro du 21 décembre 1874 :

"Les membres de l'assemblée viennent de recevoir l'adresse suivante, datée de San Francisco. Elle mérite toute leur attention, car elle émane d'une Société française qui n'a jamais perdu une occasion de témoigner, de la manière la plus effective, son dévouement à la France, qui, pendant la guerre et depuis, n'a cessé de venir en aide avec le plus touchant empressement et la plus louable libéralité aux maux de notre mère-patrie. Ce sont des hommes qui sentent d'autant plus vivement le tort porté à notre puissance par la prolongation du provisoire, qu'ils sont plus éloignés de la mère-patrie, et qu'ils sont plus occupés des intérêts généraux de la France que des luttes journalières des partis. Nous voudrions espérer que l'autorité particulière de cette manifestation ne sera pas méconnue."

Voici maintenant la note publiée dans l'*Agence Havas*, sous la rubrique : "Physionomie de l'Assemblée :"

Versailles, 19 décembre 1874.

".......On voit aussi dans les mains des députés de la gauche, une brochure de quelques pages qui vient d'être distribuée à tous les députés et qui est, dit-on, une pétition de la Ligue Nationale des Français de San Francisco (Etats-Unis) en faveur de l'établissement prompt et définitif de la République."

Cinq semaines après — le 30 janvier 1875 — l'amendement qui affirmait la République fut voté par 263 voix contre 262, c'est-à-dire, à la majorité d'*une voix*.

Osons-le dire : si la pétition a pu toucher le cœur d'un seul de ces députés, honnêtes et patriotes, mais qui sans cesse flottaient indécis sur les confins du centre gauche et centre droit, elle n'a pas été inutile.

On sait que la constitution même fut votée le 25 février suivant.

Mais si la République a été reconnue par l'Assemblée comme le gouvernement légal du pays, elle était loin d'être solidement assise. Les députés républicains se trouvaient encore en minorité, et M. Buffet était au pouvoir où il représentait la coalition réactionnaire. Le sort du nouvel ordre politique dépendait en grande partie des élections qui allaient avoir lieu le 30 janvier 1876, pour le Sénat, et le 20 février pour la chambre des députés.

Pénétrée de la gravité des circonstances, la Ligue résolut de prendre une large part à la campagne électorale. A cet effet, elle fit préparer à Paris et distribuer, notamment dans les circonscriptions où la réaction avait quelques chances de succès, 150,000 exemplaires d'une brochure intitulée : *Politique du Bon Sens*. On eut particulièrement soin de la propager dans les quatre collèges dont M. Buffet sollicitait les suffrages, et on y réussit si bien que ce candidat, malgré toute la pression administrative exercée par lui comme chef du cabinet, se vit infliger un quadruple échec.

La brochure, placée sous l'invocation de Thiers et de Gambetta, et rédigée avec beaucoup de talent et d'habileté par M. et Mme Le Gagneur, contenait aussi un appel signé : LIGUE NATIONALE, et intitulé : *Les Français d'Amérique aux Français en France.*[1]

On se rappelle que le parti républicain sortit triomphant de cette lutte acharnée. C'est, en effet, dans la nouvelle chambre des députés que devait se former, au lendemain du 16 mai, le groupe resté historique des 363.

La Ligue, qui avait hésité à célébrer le vote de la constitution par une manifestation populaire, parce que l'horizon politique paraissait encore surchargé de nuages, se sentit rassurée par cette victoire éclatante du parti républicain. En conséquence, le conseil d'administration convoqua les résidents français pour le 8 mars 1876.

Voici son appel :

"A la nouvelle du vote du 25 février 1875, nous avons tous éprouvé un soulagement inexprimable. La France, après cinq années d'un régime énervant, sortait enfin du provisoire pour se constituer en République.

"Mais les partis n'abdiquaient point encore, et le gouvernement lui-même se montrait hostile aux institutions nouvelles. Rien ne paraissait solidement fondé. Ce qu'un vote de l'assemblée avait fait, un autre vote pouvait le défaire. Il fallait un acte de volonté du peuple souverain pour donner à l'œuvre fragile de ses mandataires une base inébranlable et une autorité suprême. Cet acte vient de s'accomplir. La nation s'est prononcée solennellement en faveur de la constitution républicaine.

"La Ligue nationale qui appelait de tous ses vœux le triomphe des idées qu'elle défend dans la mesure de ses forces, est heureuse de pouvoir enfin donner suite à la

---

[1] — Ce n'est pas sans difficulté et sans danger que cette œuvre de propagande s'accomplit. Le gouvernement s'y montra très hostile. Plusieurs agents chargés de la distribution de la brochure furent molestés et arrêtés. L'un d'eux eut à subir une condamnation. La Ligue lui envoya 800 francs pour l'indemniser.

décision prise par elle, dès le mois de mars 1875, de convier notre population à une manifestation publique en l'honneur de la République définitivement constituée et consacrée par le suffrage universel.

"Mais désireuse, avant tout, de donner à cette manifestation un caractère d'unanimité, reflet des sentiments fraternels qui animent nos compatriotes à San Francisco, le conseil d'administration de la Ligue prie instamment messieurs les sociétaires, et les résidents français en général, de se rendre à la réunion devant avoir lieu jeudi, 24 février, à la salle des Lafayette."

Dans cette réunion fort nombreuse, présidée par M. de Kirwan, président de la Ligue, il est décidé de nommer une commission chargée de rédiger un projet d'adresse aux présidents des deux Chambres, et de le proposer à l'adoption d'une assemblée générale, convoquée pour le 8 mars, jour même de l'ouverture du Parlement en France.

L'assemblée du 8 mars a eu lieu à Dashaway Hall avec un certain apparat. Nos deux compagnies militaires y assistaient en grande tenue de service, ainsi qu'un grand nombre de dames. L'Orphéon Français et la Société Philharmonique ont grandement contribué à relever la solennité de la soirée.

M. de Kirwan ouvrit la séance en faisant un exposé de la situation en France et des événements politiques qui avaient amené un si heureux changement ; puis il céda la parole à M. Pinet, qui prononça un éloquent discours dont voici la péroraison :

"Je m'aperçois, Messieurs, que j'ai beaucoup abusé de vos moments. Permettez-moi cependant, en terminant, de payer avec vous un tribut aux trois illustres citoyens qui, parmi un grand nombre d'autres, dont la démocratie s'honore à juste titre, ont le plus contribué, par leurs lumières et leur ardent amour de la patrie, à fonder ce gouvernement républicain dont nous fêtons en ce moment l'heureux avènement. Vos bouches viennent de nommer GAMBETTA, dont l'indomptable énergie conserva l'honneur de la France, THIERS, le libérateur de son territoire, JULES SIMON qui l'aurait arraché à l'ignorance, si les ennemis acharnés de la raison et de la lumière lui en avaient laissé le temps.

"De pareils hommes, Messieurs, sont un grand sujet de consolation pour un peuple ; et, quoi qu'en puissent dire les détracteurs de la France, tant qu'elle conservera assez de puissance vitale pour produire de tels hommes, il sera glorieux, mes chers compatriotes, de porter le titre de citoyen de la République Française."

Une triple salve d'applaudissements salua ce discours.

L'adresse suivante fut envoyée, par l'assemblée, aux deux chambres, le soir même, par le télégraphe, au nom des Français de San Francisco et de ceux de Los Angeles qui, par dépêche, s'étaient associés à la manifestation :

"Inébranlablement attachés à la mère-patrie, souffrant de ses douleurs et nous réjouissant de ses joies,

"Nous envoyons respectueusement nos félicitations au Sénat et à la chambre des députés pour le résultat des élections.

"Puisse la République, fondée sur les fortes convictions des uns, sur l'esprit de conciliation des autres et sur le patriotisme de tous, dissiper bientôt toutes traces de nos malheurs et de nos discordes passées, et faire une France unie et puissante."

1876–1877—A l'occasion du renvoi brutal du ministère Jules Simon, le 16 mai 1877, la Ligue provoqua un *meeting d'indignation* ou de protestation qui eut lieu le 24 mai suivant à Dashaway Hall, sous la présidence de M. de Kirwan.

Des discours furent prononcés dans cette réunion par le président, et par MM. Pinet, Figuières, A. Goustiaux, E. Marque, Alex. Weill et Daniel Lévy. Chacun des orateurs envisageait la question à un point de vue différent, mais tous était d'accord pour flétrir la conduite de Mac Mahon et de ses funestes conseillers, et pour déplorer les terribles conséquences qui pouvaient en résulter pour la France.

Une adresse *au peuple français*,[1] adoptée à l'unanimité par l'assemblée, fut envoyée au président exécutif à Paris avec prière de lui donner la plus grande publicité.

Voici le texte de l'adresse :

"Convaincus que tout ce qui est de nature à entraver le libre développement des institutions républicaines en France, ne peut être que fatal à la régénération morale, politique et sociale du pays,

"Convaincus, en outre, que tout ce qui, dans les circonstances actuelles tend à compromettre ses bonnes relations avec l'étranger, peut amener les complications les plus dangereuses pour sa sécurité dans le présent et ses destinées dans l'avenir,

"Les Français de San Francisco, réunis en assemblée publique, et animés du plus profond amour pour leur pays natal,

---

[1] — Pour bien comprendre certains passages de cette dépêche, il faut se rappeler que la situation de la France se trouvait compromise au dehors aussi bien qu'au dedans par les agissements de la faction clérico-monarchique. L'Italie, en particulier, était vivement inquiète et irritée des tendances de ce parti qui, en favorisant la papauté, menaçaient l'unité nationale de la péninsule.

"Déplorent les circonstances extraordinaires qui ont amené au pouvoir les représentants des partis condamnés par le suffrage universel.

"Et expriment la ferme espérance que le peuple français, loin de se décourager, persévèrera énergiquement dans sa volonté, tant de fois manifestée, de maintenir la République, et saura la défendre contre tous les dangers dont elle serait menacée."

La Ligue avait raison de compter sur la fermeté et la persévérance des républicains. On se rappelle que le duc de Broglie, appelé à remplacer Jules Simon au pouvoir, obtint le 22 juin du Sénat la dissolution de la Chambre, et que les nouvelles élections furent fixées au 14 octobre. C'était encore une lutte à soutenir, lutte dont l'issue devait avoir une très grande influence sur le sort de la République. La Ligue le comprit si bien qu'elle vota la somme de 8,000 francs pour frais de propagande électorale. Elle fit distribuer en France plus de *trois cent mille exemplaires* d'une brochure intitulée l'*Almanach des Electeurs*. La victoire des candidats républicains fut complète; elle réalisa la prophétie de Gambetta disant en pleine Chambre : "En 1830, on est parti 221, et l'on est revenu 270. J'affirme que, partant 363, nous reviendrons 400."

En France on appréciait hautement les efforts de la Ligue. Voici, à ce sujet, l'extrait d'un rapport du comité des gauches du Sénat :

"Qui ne se sentirait gagné par les sentiments dont les témoignages nous sont venus de la France entière et même des Français résidant hors de la patrie, qui nous ont adressé les plus touchants encouragements et des offrandes d'autant plus précieuses qu'elles accusaient souvent la pauvreté des souscripteurs ? Des souscriptions et des adresses nous ont été envoyées, non-seulement de Suisse, de Belgique, d'Angleterre, d'Italie, des divers pays d'Europe; mais du fond même de l'Orient. *C'est aux Français de San Francisco que nous devons la large diffusion d'une des brochures les plus utiles*, l'ALMANACH DES ELECTEURS, *plus de 300,000 exemplaires*; et nos chers concitoyens d'Alsace et de Lorraine, après d'importantes souscriptions, nous envoyaient, au lendemain du scrutin, d'ardentes félicitations. Vous savez avec quelle émotion elles ont été reçues."

Malgré cette nouvelle et éclatante victoire, la République se trouvait encore, à la merci de ses mortels adversaires qui continuaient à tenir en main le pouvoir exécutif et à dominer dans le Sénat. Mais les élections sénatoriales, fixées au 5 janvier 1879, pouvaient dénouer la situation et assurer définitivement le triomphe du parti républicain. Pour en arriver là, un effort suprême s'imposait à tous les patriotes. La Ligue s'y associa en votant une somme de 5,000 francs. Mais en France l'élan fut si puissant et si universel, les souscriptions affluèrent avec tant de profusion, que le comité exécutif de la Ligue à Paris, ne crut devoir dépenser que la moitié de la somme mise à sa disposition.

Ces élections donnèrent, en effet, la majorité aux républicains dans le Sénat. Mac-Mahon, réduit désormais à l'impuissance dans son hostilité contre la République, se démit de ses fonctions, et M. Jules Grévy fut élu à sa place (30 janvier 1879).

La République était enfin solidement fondée et ses destinées confiées à des mains amies.

En raison de circonstances purement locales, — on

était au lendemain du désastre de la Caisse d'Epargnes française — la Ligue s'abstint de prendre l'initiative de toute démonstration publique de réjouissance. Mais elle envoya par le cable au nouveau président de la République l'adresse suivante :

1er février 1879.

"La Ligue nationale des Français de Californie s'associe à la joie causée en France par le résultat des élections sénatoriales, et envoie ses chaleureuses félicitations au patriote éminent, appelé par le Congrès, à la présidence de la République.

"Daniel Lévy."

Nous venons de raconter la part active prise par la Ligue à la longue et ardente lutte engagée en France entre les différents partis politiques, et les services que, dans sa modeste sphère d'action, elle a pu rendre à la cause républicaine. Depuis l'écrasement des factions monarchistes, elle a changé d'objectif. Elle dirige maintenant son activité sur d'autres points, mais qui tous se relient au même but : le relèvement de la patrie par l'éducation. Là encore, elle apporte son appoint aux efforts tentés par les amis les plus éclairés des institutions nouvelles.

Une Société devenue puissante, d'origine alsacienne, la Ligue française de l'enseignement — se dévoue, sous la direction de M. Jean Macé, président, et de M. Em. Vauchez, secrétaire-général, à cette grande œuvre de régénération populaire. La Ligue californienne ne pouvait, sans trahir son mandat, se désintéresser de cette glorieuse entreprise. Dès le mois d'août 1876, elle a envoyé mille francs au président de la Société en France. Depuis lors, elle n'a jamais manqué de lui adresser, chaque année, son offrande. Non contente de puiser dans sa propre caisse, elle fait encore appel à la bourse de ses compatriotes californiens, quand il s'agit d'une œuvre vraiment nationale, comme l'*Education civique et militaire*, ou comme l'érection des monuments à Gambetta. Pour l'une, elle a alloué, sur son fonds de propagande, la somme de deux mille francs et obtenu 3,500 francs de souscriptions. Pour l'autre, elle a recueilli près de 5,000 francs dans notre colonie.

La Ligue n'oublie pas non plus les obligations qu'elle s'est imposées envers nos frères d'Alsace et de Lorraine. Depuis des années, elle envoie, pour la fête de l'arbre de Noël, célébrée annuellement à Paris avec de tant de solennité, cinq cents francs destinés à être distribués en prix aux enfants émigrés de nos deux provinces mutilées. Elle fait plus. Toutes les fois qu'on lui signale le cas d'un de nos *frères séparés* qui souffre pour la cause commune, elle s'empresse de lui adresser un témoignage de sa vive sollicitude, heureuse de pouvoir sécher les larmes d'un de ces pauvres martyrs du patriotisme. Enfin, par ses attaches avec un journal spécial et dévoué, elle concourt à perpétuer les sentiments d'affection filiale qui unissent les populations annexées à la patrie française, sentiments qui se sont affirmés de nouveau, avec un incomparable éclat, le 28 octobre dernier, lors des élections des députés au Reichstag de Berlin.

En relations actives avec toutes les grandes sociétés patriotiques fondées dans le but de travailler à la réalisation de nos plus chères espérances, la Ligue s'efforce également d'entretenir, au sein même de notre colonie, un ardent amour pour la France. Elle continuera sa sainte tâche, elle continuera à y consacrer tous ses efforts et toutes ses ressources, jusqu'au jour passionnément désiré, où *là-bas* le Droit triomphera de la Force brutale. En un mot, pénétrée de l'esprit de sacrifice et de dévouement qui animait ses fondateurs, elle ne cessera de saisir toutes les occasions pour montrer son inébranlable fidélité à la devise qu'elle a adoptée comme guide et comme drapeau :

Tout pour la patrie !

Bureau d'Aide et de Placement.

Nous avons dit que dans son assemblée mensuelle du 2 septembre 1872, la Ligue, sur la proposition de M. Stoupe, s'était occupée des mesures à prendre en vue de l'arrivée probable en Californie, d'émigrants alsaciens et lorrains.

En effet, une commission fut nommée aussitôt, à cet effet, composée de MM. Léopold Cahn, J. Aron, Stoupe, Grünwald, Pinet et Marque. Elle présenta son rapport au conseil, le 7 octobre, avec un projet de constitution d'un *Bureau d'Aide et de Placement*. Le conseil décida de convoquer les ligueurs en assemblée extraordinaire, le 14 du

---

Nota — La Ligue fut incorporée le 28 juillet 1876. M. Jarboe, avocat américain distingué, voulut bien se charger, sans accepter d'honoraires, de guider le conseil d'administration dans les démarches à faire pour remplir les formalités d'usage.
Afin de se conformer à la loi, le nombre des membres formant le conseil fut réduit de quinze à onze.

même mois, afin de statuer définitivement sur l'organisation du Bureau.

Le projet proposé par la commission fut adopté le 17 octobre.

L'idée première avait été de créer le Bureau seulement au profit des immigrants des départements annexés; mais pour ne pas établir de catégories entre Français d'origines diverses, on résolut d'élargir les bases de cette création et d'étendre le patronage de la Ligue à tous nos compatriotes en quête d'un emploi. Cependant on ne voulait pas faire une œuvre de charité, puisqu'il en existait une, mais constituer une sorte de société de secours mutuels se suffisant, jusqu'à un certain point, à elle-même. En un mot, on voulait, tout en tendant la main aux travailleurs des deux sexes, sauvegarder leur dignité et leur faciliter par un certain système de remboursements, les moyens d'aider personnellement à alimenter les ressources de l'institution. On confia l'administration du Bureau à cinq directeurs, auxquels M. Rodouan fut adjoint, en qualité de secrétaire chargé du travail courant.

La personne placée par le Bureau, devait acquitter un droit de commission ou bien promettre par écrit de le payer après l'expiration du premier mois.

Le Bureau accordait des avances pour frais de route aux personnes qui avaient trouvé un emploi dans une localité de l'intérieur. Autant que possible, il devait s'abstenir de faire des avances en argent; mais il accordait des bons de repas et de logement.

Les sommes remboursées devaient servir à d'autres immigrants.

Telle était l'économie de cette organisation inspirée par une pensée de prévoyance et de patriotisme, et fondée sur des bases absolument démocratiques.

Installé au siége de la Ligue, rue Montgomery, au coin de la rue Jackson, le Bureau commença à fonctionner le 14 novembre 1872.

Le premier comité de directeurs était composé de M. Raas, président, et de MM. Léopold Cahn, E. Piquet, A. Dolet et P. Fleury.

Voici maintenant avec quelles ressources, le Bureau commença ses opérations :

Souscription au profit de l'œuvre	$ 874 50
Reliquat de la souscription pour la libération du territoire	592 00
Produit d'un bal donné par les Gardes Lafayette	430 00
Total	$1,896 50

Depuis le 14 novembre 1872, jour de l'ouverture du Bureau, jusqu'au 30 avril 1874, c'est-à-dire pendant les 18 premiers mois de son existence, le Bureau a trouvé de l'emploi pour 204 personnes, lesquelles devaient payer comme commission une somme de $507.75.

Sur cette somme, il a été recouvré de 106 personnes placées, $263.75.

Pendant la même période on a dépensé, à titre d'avances, soit en espèces, soit en bons de restaurant et de logement $602.10, sur lesquels $259.10 ont été remboursés.

Les recettes se sont élevées à $2,886.40, provenant des souscriptions déjà mentionnées, d'intérêt des sommes placées et de remboursements. Les dépenses ont été de $1,284.50. Restait en caisse une somme de $1,748.35.

Pour l'exercice 1874-75, le rapport de M. David Cahn, président du comité des directeurs, établit les chiffres suivants :

Placé 85 personnes. Dépenses $706.70. Avoir au 1er mai 1875—$1,647.40.

Au 1er mai de l'année 1876, le rapport du président, M. Moïse Cerf, n'indique plus que douze personnes placées. L'immigration avait complétement cessé, ainsi que les remboursements. Les dépenses en avances de fonds, bons de restaurant et de logement, s'étaient élevées à $741.80, il ne restait plus en caisse que $750.40

L'année suivante—président, M. Vénard—les dépenses ont été de $420.50 et l'encaisse se trouvait réduite à $407.10.

Ce fonds fut épuisé dans le courant de l'exercice 1877-78 et le Bureau cessa d'exister, n'ayant d'ailleurs, plus de raison d'être.

Bibliothèque de la Ligue Nationale.

Dès la seconde année de l'existence de la Ligue, on a pu remarquer un certain attiédissement chez quelques-uns de ses membres. Etait-ce un effet de la réaction qui ne manque jamais de succéder aux grandes effervescences populaires ? Une sorte de fatigue et d'affaissement moral après l'exaltation extraordinaire des esprits ? Toujours est-il qu'on ne pouvait mettre en question le patriotisme de la colonie.

C'est sa foi qui allait s'affaiblissant. Ah! ils sont rares ceux qui, épris d'un grand et généreux idéal, ont le caractère assez fortement trempé pour le poursuivre avec persévérance, en dépit des obstacles, des mécomptes et des déboires. La plupart des hommes ne s'attachent guère à des idées abstraites, si belles, si nobles qu'elles soient. Il leur faut comme attrait, comme mobile d'action, un intérêt immédiat et tangible qui frappe vivement les yeux, les cœurs ou les imaginations. Il leur faut aussi les excitations sans cesse renaissantes de la lutte pour rester sur la brèche. L'arme leur tombe souvent des mains devant l'apparence même de la paix.

La Ligue était sortie toute frémissante de cette fièvre de revanche ou de revendication qui transportait les âmes au lendemain de la mutilation de la patrie. Elle était, en Californie, la première manifestation, le premier effort collectif organisé pour hâter l'heure de la réparation. Mais bientôt le but vers lequel elle tendait, ce but qui naguère, au milieu des hallucinations des esprits surexcités par la lutte, apparaissait nettement aux yeux de tous, sembla s'éloigner dans les brumes d'un avenir incertain. On s'était flatté que la France, au bout de quelques années, serait suffisamment armée et forte pour rentrer en lice et reconquérir les provinces perdues. On oubliait que la vie des peuples ne se mesure pas comme celle des individus, et que l'existence d'un homme n'est qu'une seconde dans celle d'une nation.

Certains de nos compatriotes niaient l'utilité de la Ligue, parce que ses effets ne se faisaient sentir qu'à trois millé lieues de distance. D'autres, tout en reconnaissant les services qu'elle rendait, se plaignaient qu'elle ne fît rien dans l'intérêt de la colonie elle-même.

Vivement préoccupée de cet état de choses, l'administration rechercha les moyens d'y remédier. Dans sa séance du 31 août 1872, l'auteur de ce livre, proposa l'établissement d'une bibliothèque française. Il lui semblait qu'une pareille institution rallierait à la Ligue les sympathies de tous nos compatriotes éclairés, rendrait un véritable service à la colonie, et constituerait même une œuvre patriotique et nationale dans le sens le plus large et le plus élevé du mot. Quel est, en effet, l'élément le plus puissant d'une nationalité? c'est la langue. Quelle est la source la plus pure où se retrempe l'amour de la patrie? c'est la connaissance de son histoire, c'est l'étude des chefs-d'œuvre littéraires et scientifiques par lesquels ses hommes de génie l'ont illustrée dans le monde. Rien n'est donc plus propre à entretenir, chez les Français à l'étranger, l'attachement à la mère-patrie que la conservation de leur idiome maternel. A ces divers points de vue, la création d'une bibliothèque française paraissait aux yeux de l'auteur de la proposition, se rattacher intimement à la mission patriotique que la Ligue s'était imposée.

Tout en appréciant la grande utilité d'une bibliothèque, le conseil voyait, pour le moment, trop de difficultés à l'exécution d'une pareille entreprise ; mais il y revint dix-huit mois plus tard et, cette fois, il adopta la proposition.

On nomma une commission chargée de solliciter des

dons de livres. M. Pigné-Dupuytren, président, se mit à la tête du mouvement avec une ardeur et un dévouement qu'on ne saurait trop louer.

Au mois d'octobre 1874, le nombre des volumes ainsi réunis était assez considérable pour qu'on songeât à organiser définitivement la bibliothèque projetée. Une commission, chargée d'aviser aux moyens d'exécution, fut composée de MM. Daniel Lévy, David Cahn et Emile Marque.

A l'assemblée mensuelle de la Société du 1er février 1875, on décida, à titre d'essai, d'admettre gratuitement pendant les six premiers mois, tous les membres de la Ligue aux avantages offerts par la Bibliothèque, et de faire payer 50 cents par mois aux personnes qui ne seraient pas sociétaires.

Cet arrangement provisoire subsista jusqu'au mois de mai 1882. A cette date, l'assemblée annuelle, sur la demande de l'administration, résolut que dorénavant la Ligue paierait pour chaque ligueur abonné à la Bibliothèque.

Afin de prévenir toute espèce de malentendu, le conseil avait eu soin de faire une déclaration publique, constatant que la Bibliothèque était la propriété exclusive de la Ligue, et que celle-ci s'en réservait seule la direction.

Le 22 septembre 1875, M. Daniel Lévy fut nommé bibliothécaire, à titre honorifique. On lui adjoignit un secrétaire appointé, remplissant en même temps les fonctions de secrétaire du Bureau d'Aide et de Placement.

Le 28 octobre, le conseil adopta le projet de règlement de la Bibliothèque, rédigé par M. E. Marque, au nom de la commission.

A la date du 16 janvier 1876, on avait en main 5,041 volumes. Une foule de personnes, même étrangères à notre nationalité, dépouillaient leur propre bibliothèque au profit de la nôtre, et envoyaient des livres par centaines. D'autres offraient des éditions de luxe achetées à grands frais. Un bal donné au bénéfice de l'institution, sous le patronage des dames françaises, produisit net $567.75. Une souscription volontaire fournit aux recettes un appoint de $102.42 par mois pendant une année. Une souscription spéciale pour la reliure des volumes brochés rapporta $202. En outre, on reçut $504.50, dont $150 de M. John B. Felton.

La Bibliothèque fut installée dans le local qu'elle occupe encore aujourd'hui, 120, rue Sutter. L'inauguration eut lieu le lundi soir, 24 janvier 1876, en présence d'un nombreux auditoire.[1]

Les ressources provenant des abonnements étaient loin de suffire aux frais d'entretien. Aussi, eut-on recours, pour équilibrer le budget, à de nouvelles souscriptions volontaires, à des bals, à des pique-niques et à des représentations théâtrales. Des artistes, des amateurs et des Sociétés, entre autres, l'Orphéon, la Société artistique des amateurs, ont prêté généreusement leur concours.

---

[1] — L'*Infernet*, navire de guerre français, étant arrivé le jour même à San Francisco, des cartes d'invitation furent envoyées aux officiers. Le navire était commandé par un homme devenu célèbre, comme commandant de l'expédition de Madagascar, et mort récemment : l'amiral Pierre. Un autre officier, mort d'une façon héroïque presque en même temps, se trouvait également, ce jour-là, de passage ici : le capitaine Henri Rivière.

Au 30 avril 1877, fin du premier exercice qui se composait de quinze mois, l'institution était en possession de 8,204 volumes ou brochures, qu'elle avait reçus en dons, et de 2,559 volumes qu'elle avait achetés de ses deniers. Total : 10,763 — volumes ou brochures. Dans ce nombre figuraient 445 publications envoyées par le gouvernement de Washington ou par des administrations de l'Etat de Californie.

La quantité des volumes reliés était de 8,483. Un assez grand nombre d'ouvrages offerts se trouvaient dépareillés ou hors d'usage. Ils ont été depuis éliminés.

Les recettes générales s'étaient élevées à $5,144.20. Les abonnements n'avaient produit que $592.

Les dépenses de toutes natures, y compris les frais d'installation, se montaient à $5,414.74.

Le nombre des volumes prêtés, durant les quinze mois, était de 8,055.

Dans le courant du second exercice, le nombre des livres prêtés fut de plus du double. Il s'éleva à 16,374.

Arrivons à la situation actuelle.

D'après le dernier rapport de la Commission — 20 avril 1884 — la Bibliothèque contenait à cette date 12,239 volumes, presque tous reliés, et dont 1,500 de littérature anglaise ; plus 1,822 brochures. Pendant l'exercice 20,503 volumes ont été prêtés, 511 ont été reçus en dons et 342 achetés à Paris.

La Commission a fait imprimer, à mille exemplaires, le catalogue des livres en langue française, à l'usage des abonnés.

Les recettes de l'année se sont élevées à $1,910, et les dépenses réelles à $2,292.50.

L'administration a fait quelques tentatives pour organiser des conférences. Voici les noms des personnes qui ont bien voulu se faire entendre dans la salle de la Bibliothèque : Le Dr. Dépierris, "contre le tabac;" le Dr. Dupuy, "sur les fonctions du cerveau;" M. Francoz, "sur le Mexique et les Mexicains;" et le Dr. Déclat, de Paris, "sur les êtres invisibles à l'œil nu."

Au point de vue financier, la Bibliothèque se trouve dans la même situation que les autres Bibliothèques de la ville, non subventionnées par l'Etat.

Comme institution, elle est, croyons-nous, la seule de ce genre, que les Français ait fondée hors de la France.

Voici la liste des Présidents de la Ligue Nationale depuis sa fondation :

MM. Alexandre Weill	1871–73
J. Pinet	1873–74
Pigné-Dupuytren	1874–75
Marc de Kirwan	1875–78
Daniel Lévy	1878–85

Le conseil d'administration actuel est composé de la manière suivante :

Daniel Lévy, président; Em. Raas et H. Weill, vice-présidents; Em. Meyer, trésorier; A. Goustiaux et L. Saclier, secrétaires. — Membres du conseil : A. Loiseau, E. Thomas, J. Deler, F. Lacua et A. Schmitt.

Secrétaire de la Bibliothèque française : M. Aimé Masson.

FAITS DIVERS.

1874. H. Rochefort — Après son évasion de Nouméa (Nlle Calédonie), Henri Rochefort arrive à San Francisco dans le courant du mois de mai, avec ses compagnons de captivité, Paschal Grousset et Francis Jourde. Rochefort garde le plus strict *incognito*. Ses amis, au contraire, acceptent un banquet qui leur est offert par un certain nombre de résidents français, partisans de la Commune.

1875 — Le Dr. Pigné-Dupuytren, président de la Ligue Nationale, quitte San Francisco le 28 août 1875, pour s'établir, avec sa famille, à Los Angeles. Ses collègues du conseil d'administration lui donnent, à la veille de son départ, un dîner d'adieux au restaurant Hunt. Au dessert, ils lui présentent une adresse exprimant leurs sympathies pour sa personne et la reconnaissance de la Ligue pour les services qu'il lui a rendus, et tout particulièrement pour le zèle infatigable qu'il a mis à fonder la Bibliothèque. En souvenir de ses grands services, ils lui offrent, au nom de la Société, une bibliothèque en beau chêne poli.

1876. Centenaire Américain. — Nos compatriotes prennent une part très chaleureuse à cette fête de la liberté et de la république. A San Francisco, ils élèvent rue Kearny, près de la rue Post, un élégant arc de triomphe, dédié à la mémoire de ces deux illustres représentants des nationalités américaine et française : Washington et Lafayette.

Mars 1878 — M. Henri Barroilhet, président de la Société Française de Bienfaisance Mutuelle, reçoit la décoration de Chevalier de la légion d'honneur.

1878 — M. Marc de Kirwan, qui a présidé la Ligue pendant trois ans et qui s'est consacré avec le plus entier dévouement à l'organisation de la Bibliothèque, se dispose à quitter San Francisco, avec l'intention de rentrer en France.

Le 23 mai, à la séance d'installation du nouveau conseil, celui-ci présente à son ancien président, au nom de la Ligue, une adresse et une montre en or. L'adresse exprime les vifs regrets causés aux sociétaires par son départ, leur profonde reconnaissance pour ses éminents services, et leurs vœux sincères pour son bonheur. La montre est un chronomètre en or, à cuvette guillochée, portant à l'intérieur, l'inscription suivante :

A M. Marc de Kirwan
La Ligue Nationale Française de Californie
1878.

A la veille de son départ, le 3 août, un grand nombre de ses amis, parmi lesquels les membres du conseil de la Ligue, lui donnent à la Maison Dorée un banquet d'adieux.

1880. M. F. de Lesseps — Arrivée à San Francisco de M. Ferdinand de Lesseps, accompagné de MM. N. Appleton, H. Bionne, A. Couvreux, Marcel Gallay, A.

Dauprat, son secrétaire, et, *last but not least*, sa charmante fille, la petite *Totote*.

M. de Lesseps s'arrête trois jours à San Francisco. La ville est en émoi. Le Palace Hotel, où il est descendu, arbore le drapeau tricolore ; il en est de même d'un grand nombre de maisons françaises et du consulat.

La Chambre de Commerce et le *Board of Trade* font une réception à la fois solennelle et cordiale au " grand Français," et notre colonie lui témoigne, avec enthousiasme, le plaisir que lui cause sa présence. Un grand banquet lui est offert par nos compatriotes et par les Américains de la ville.

1880. M. ALEX. WEILL — Le 11 avril de la même année, grand banquet offert par la colonie française à M. A. Weill, à l'occasion de son départ de la Californie après 25 années de résidence. Plus de deux cents de nos compatriotes prennent part à cette manifestation de sympathie pour un des leurs qui a rendu de si grands et nombreux services à la colonie. Au dessert, MM. Letroadec et Carrère lui offrent, au nom de la Société de Bienfaisance Mutuelle, une très belle médaille en or d'un large module, et M. E. Raas, au nom de la Ligue Nationale, lui présente un magnifique album contenant les vues les plus remarquables de la Californie. On se rappelle que M. Alex. Weill a été président des deux Sociétés.

De leur côté, les Dames de la Société de Bienfaisance offrent, comme hommage, à Madame Alex. Weill, leur ancienne présidente, un charmant coffret en ivoire sculpté, avec une inscription exprimant les sentiments des donatrices.

Le 14 juillet 1881, au cours de la célébration de la Fête nationale au Pavillon du Mechanics' Institute, la population française réunie apprend, par une dépêche lue par le président du jour, que M. Alex. Weill a été nommé Chevalier de la légion d'honneur.

1880. DÉPART DE M. FOREST — Le 21 novembre, grand banquet, offert cette fois par la colonie de San Francisco à M. le consul A. Forest, nommé consul-général et chargé d'affaires à Bogota (Etats-Unis de Colombie). Parmi les assistants on remarque M. A. Vauvert de Méan, le nouveau consul, et ses collègues d'Angleterre et de Belgique.

1881. M. A. VAUVERT DE MÉAN — La Ligue Nationale donne, le 7 février, un grand bal d'invitation en l'honneur du nouveau consul de France et de Madame de Méan. Parmi les étrangers de distinction qui assistent à cette fête, signalons Sa Majesté Kalakaua, roi des îles Sandwich.

1881 — M. Emile Marque, rédacteur et administrateur du *Courrier de San Francisco*, et membre du conseil de la Ligue depuis la fondation, reçoit, à l'occasion de son départ de San Francisco, un témoignage d'affectueuse estime de ses nombreux amis. Dans une adresse d'adieux, ils lui expriment leurs vifs regrets de le voir partir, leur respect pour son caractère plein de loyauté, et leur reconnaissance pour ses nombreux services à la population, comme publiciste et comme patriote. Ils lui offrent, en même temps, une montre en or, portant l'inscription suivante :

A M. Marque,
Par ses Amis de San Francisco.

1883. Mort de Gambetta — La nouvelle de la mort de Gambetta a eu dans notre colonie le plus douloureux retentissement. Nulle part ce grand citoyen n'avait été aussi universellement populaire et admiré. La population française, réunie en assemblée générale, décide de célébrer une cérémonie funèbre, le dimanche, 7 janvier, à 1 heure et demie de l'après-midi. Cette cérémonie a lieu au Grand Opéra House, avec beaucoup de solennité. M. Raphaël Weill présidait. L'auteur de ce livre avait été chargé de prendre la parole au nom de la colonie française. M. Calegaris a prononcé un discours au nom de la colonie italienne, et M. Van der Naillen, au nom des résidents belges.

Notons un incident qui a causé un certain émoi en ville, et qui a même eu de l'écho dans la presse parisienne.

A l'arrivée de la dépêche annonçant la mort de Gambetta, le consul de France était absent de San Francisco. En apprenant cette triste nouvelle, il y revint aussitôt, mais, ne se croyant pas le droit de mettre son pavillon en berne sans ordre, il télégraphia à son chef hiérarchique pour lui demander des instructions. La réponse arriva tardivement; mais elle l'autorisait à s'associer officiellement au deuil de la colonie. Aussi le pavillon, couvert d'un crêpe, fut-il maintenu en berne sur le consulat pendant les journées de samedi et de dimanche, 6 et 7 janvier. Malheureusement, beaucoup de nos compatriotes crurent voir dans ce délai, un manque de sympathie pour Gambetta, et quelques-uns manifestèrent vivement leur désapprobation.(1)

1884, 9 Mars — Arrivée du Père Hyacinthe-Loyson, de Madame Loyson et de leur fils.

Le célèbre prédicateur donne, à Platt's Hall, une conférence sur "la France et l'Amérique." Notre colonie est heureuse de pouvoir applaudir un Français d'une si haute éloquence. Le Père se fait aussi entendre à l'église épiscopale de la Trinité. Une foule énorme remplit le vaste temple, et, bien que le sermon soit prononcé en français, langue incomprise par la grande majorité des auditeurs, il y a tant d'expression, tant de puissance entraînante dans la voix, dans le geste, dans l'accent de l'orateur, que tout le monde semble suspendu à ses lèvres.

15 Juin, Départ de M. de Méan — Le consul de France, M. A. Vauvert de Méan, ayant demandé et obtenu un congé de six mois, fixe son départ pour la France au 15 juin. Un banquet lui est offert le 12, à la Maison Dorée, par un grand nombre de nos compatriotes.

M. Touchard, porte la santé de M. de Méan, et s'exprime ainsi : "En invitant notre digne consul à s'asseoir à

---

(1) — Voir à ce sujet le *Courrier* du 4 et 5 janvier, ainsi que la lettre de M. de Méan à l'auteur, publiée dans le numéro du 9.

notre banquet, nous avons pour but de lui donner un témoignage de l'estime et du respect que nous lui portons, et, en même temps, de le remercier cordialement, comme membres de la colonie française des importants services qu'il a rendus avec un dévouement qui ne s'est jamais ralenti. Toujours à son poste, toujours occupé à remplir les devoirs de sa laborieuse mission, toujours disposé à prêter à ses compatriotes l'appui de ses lumières et de ses conseils, M. de Méan s'est acquis des droits incontestables à la réputation d'un fonctionnaire habile, consciencieux et zélé."

SOUSCRIPTION, ouverte par la presse franco-californienne pour les victimes du choléra en France. Close le 9 novembre 1884, elle produit $3,279.00.

Souscription, ouverte par la Ligue pour la publication de ce livre. A la date du 1er décembre elle s'élève à près de 1,600 dollars.

FÊTES NATIONALES — Le 14 *Juillet* se célèbre en Californie avec beaucoup d'entrain et d'enthousiasme. C'est pour les membres de la colonie une excellente occasion de se rapprocher, de s'apprécier et de confondre leurs rangs dans un sentiment profond de fraternité nationale. A San Francisco, à Los Angeles et à San José, notamment, cette fête est observée par toute la population française. On y a pris jusqu'à présent pour modèle le programme adopté par les Américains pour le 4 juillet, tout en lui conservant le cachet particulier à la race gauloise. A San Francisco, a lieu, l'après-midi, dans une grande salle, d'ordinaire au

Grand Opera House, la cérémonie appelée *Exercices Littéraires* et qui comprend des discours, des chants, des récitations poétiques, le tout ayant un caractère approprié à la circonstance. Des Compagnies militaires et des Sociétés étrangères, américaines, suisses, italiennes, mexicaines etc., s'associent fraternellement à la manifestation. Ces Compagnies, avec les Gardes Lafayette et les French Zouaves, suivies de la population française, se rendent souvent en une longue file, musique en tête, et drapeaux déployés, à la salle où les exercices doivent avoir lieu.

Le soir, il y a grande fête, illuminations, feux d'artifices, concert, bal, dans un jardin public. *Woodward's Garden* a jusqu'ici servi de théâtre à ce festival de nuit qui attire toujours des milliers de curieux appartenant à toutes les nationalités.

A Los Angeles et à San José, le programme est à peu près le même.

Dans les petites localités, nos compatriotes célèbrent généralement, par des banquets, l'anniversaire de la chute de la Bastille. Dispersés au loin, à plusieurs lieues à la ronde, ils quittent leurs travaux et se réunissent au centre le plus important pour fraterniser et donner un libre cours à leurs sentiments. Partout, dans ces occasions, on voit flotter le drapeau tricolore, symbole de la patrie absente, partout aussi retentissent les accents inspirés de la *Marseillaise*.

Ce jour-là, par la pensée, par le cœur, par l'imagination, la colonie se sent vivre dans la France bien-aimée.

Voici, année par année, les noms des présidents et des orateurs du jour, nommés à San Francisco, à l'occasion de la Fête nationale :

1880 MM. Raph. Weill, président; A. Goustiaux, orateur
1881   A. Goustiaux,   "   Daniel Lévy,   "
1882   E. Raas,   "   A. Goustiaux,   "
1883   Daniel Lévy,   "   A. Goustiaux,   "
1884   De Jouffroy d'Abbans, L. L. Dennery,   "

M. Vauvert de Méan a été président honoraire de la fête en 1881, 1882 et 1883.

Tableau des Consuls qui ont successivement occupé le poste de San Francisco.

NOMS DES AGENTS.	Date de l'entrée en fonctions ou de la reprise du service.	Date de la cessation d'exercice.
Dillon, Patrice, - - Consul	25 juillet 1850	19 décembre 1856
Gautier, Ferdinand, - Consul	19 décembre 1856	19 avril 1861
Forest, A., - Chancelier Gérant	19 avril 1861	9 juin 1863
Gautier, Ferdinand, - Consul	9 juin 1863	1er janvier 1864
De Cazotte, Ch., Consul Général	1er janvier 1864	18 novembre 1867
Belcour, J., Chancelier Gérant	18 novembre 1867	16 novembre 1868
De Cazotte, Ch., Consul Général	16 novembre 1868	13 février 1869
Belcour J. - - - - Gérant	13 février 1869	25 juin 1869
Breuil, Ed, - Consul Général	25 juin 1869	26 juillet 1875
Belcour, J. - - - - Gérant	26 juillet 1875	11 décembre 1875
Forest, Antoine, Consul Gérant	11 décembre 1875	30 octobre 1877
" " Titulaire	30 octobre 1877	31 octobre 1880
Vauvret de Méan, Aug., Consul	31 octobre 1880	15 juin 1884
" " Consul Général	23 juillet 1884	28 octobre 1884
De Jouffroy d'Abbans, Louis, Chancelier Gérant	15 juin 1884	17 décembre 1884
Carrey, Edmond, - - Consul	17 décembre 1884	

CONCLUSION.

Coup d'œil sur la situation actuelle.

La France, on le sait, n'est pas un pays d'émigration. Ce qui pousse les masses à s'expatrier, c'est la misère rendue, en quelque sorte, endémique, par un système d'oppression politique et sociale.

Un pareil fléau, Dieu merci, n'existe pas en France. Si, après les événements de 1848, il s'y est produit un mouvement d'émigration considérable, la cause en a été purement accidentelle. Elle n'avait pas de racines profondes dans la situation. Aussi les partants ne disaient pas adieu, ils disaient au revoir au pays natal.

L'attachement passionné à la mère-patrie, est, certes, digne d'éloges et de respect; mais il a pour l'émigrant de nombreux inconvénients. Le temps, dit un philosophe moderne, est le grand agent des choses humaines. Or, la plupart de nos compatriotes, en se considérant comme des hôtes de passage en Californie, renonçaient bénévolement au concours de cet agent indispensable, et, d'emblée, se plaçaient en dehors des conditions normales de tout succès sérieux.

L'amour exclusif du sol natal, engendre la nostalgie, et entretient chez l'émigrant, ce qu'on appelle *esprit de retour*.

Cet esprit, qui le hante sans cesse, lui fait négliger une chose essentielle : la langue du pays qu'il est venu habiter. C'est là une faute grave, source de déceptions et de cruels déboires.

Ignorer la langue du pays qu'on habite, c'est vivre isolé ou cantonné au milieu des siens; c'est être dans l'impossibilité de communiquer avec le gros du public, et par conséquent, d'agrandir son champ d'activité et le cercle de ses relations ou de sa clientèle; c'est voir se fermer une foule de carrières qui peuvent conduire à l'honneur et à la fortune.

Ignorer la langue du pays, c'est aussi, dans une grande mesure, ignorer ses lois, ses mœurs, ses institutions et l'étendue de ses ressources; c'est, dans des cas importants, se livrer, pieds et poings liés, à la merci des intrigants et des faiseurs qui, sans vergogne, spéculent sur l'ignorance des étrangers. Combien de nos compatriotes ont ainsi perdu le fruit de leur travail et de leur industrie ! Et combien de nos pauvres mineurs ont souffert ou péri, dans les premières années de l'émigration, pour n'avoir point su s'expliquer en temps utile !

L'esprit de retour, poussé à l'excès, écarte, chez l'émigrant, l'idée de toute entreprise de longue haleine, de toute affaire qui demande, pour réussir, de la persévérance et de la suite dans les idées. L'activité qu'on dépense dans ces conditions, n'est pas dirigée par une pensée maîtresse vers un but, éloigné peut-être, mais nettement posé et défini; elle se manifeste avec une sorte de fièvre, par bonds et par sauts; au moindre mécompte, le ressort perd de sa force et de son élasticité, et l'on tombe dans l'accablement et la désespérance.

L'homme du monde, lui-même, est privé de l'usage de ses meilleures facultés, et l'homme instruit n'est plus qu'un puits de science......muré.

Il y a plus : l'esprit de retour, joint à d'honorables scrupules patriotiques, empêche l'émigrant de se faire naturaliser. Il est traité en étranger, souvent en intrus par les malveillants—nous en avons cité des preuves nombreuses dans cet ouvrage.—Aux Etats-Unis, il se voit refuser un privilége précieux : le bénéfice des lois fédérales qui accordent à tout citoyen, sur sa demande, des concessions de terres sur le domaine public. La conséquence en a été que beaucoup de travailleurs français, au lieu de se livrer à l'agriculture, devenue la principale richesse du pays, se sont épuisés à vouloir arracher aux placers appauvris les moyens de sustenter leur misérable existence.

Si à toutes les considérations qui précèdent, nous ajoutons que parmi nos pionniers s'étaient glissés nombre d'individus qui, par leur naissance, leur éducation et leur genre de vie antérieure, étaient complétement impropres à la nature des travaux exigés par les circonstances, on comprendra pourquoi notre colonie se trouvait, sous certains rapports, dans un état d'infériorité à l'égard d'autres émigrants qui avaient dit un éternel adieu à une patrie marâtre.

La situation a bien changé. Si le désir de revoir la France est toujours vivant dans le cœur de chacun, l'esprit de retour est devenu très rare. Sur cent Français qui habitent la Californie, il n'en est pas cinq, croyons-nous, qui soient sérieusement résolus à rentrer au foyer paternel.

Nos compatriotes n'ont, certes, rien perdu de leur affection filiale pour la France; mais les conditions de leur existence se sont modifiées. Ils apprennent la langue anglaise, ils deviennent citoyens du pays; la plupart sont mariés, et les enfants, élevés dans les écoles publiques, y respirent, à pleins poumons, l'atmosphère américaine. Or, les enfants sont les liens doux et solides qui attachent les parents au lieu de leur résidence.

Les excentriques, les aventuriers, les chiffonniers et les décrotteurs ont disparu de leurs rangs. S'il existe encore quelques déclassés dans notre colonie, ils sont tellement rares et leur rôle si effacé, qu'ils passent inaperçus dans la foule, tandis qu'autrefois, ils étaient souvent en vedette et tenaient le haut du pavé. En revanche, nos compatriotes se trouvent aujourd'hui honorablement mêlés au grand mouvement de l'activité sociale en Californie.

Dans les villes, ils sont négociants,[1] banquiers, médecins, ingénieurs, propriétaires, spéculateurs en terrains, architectes, pharmaciens, artistes, professeurs, avocats, fleuristes, ouvriers et artisans habiles en tous genres. Quel-

---

[1] — Les importations françaises ont considérablement diminué depuis 1851. On se rappelle qu'à cette époque, elles s'élevaient à plus de deux millions de dollars. En 1881, malgré l'immense accroissement de la population, elles étaient réduites à $389,483; en 1882, à $1,806,968 et l'année dernière à à $808,718. Il convient, toutefois, d'augmenter d'un tiers ces chiffres pour les marchandises dont les droits ont été perçus à la douane de New-York, et qui de cette ville ont été transportées à San Francisco par chemin de fer. L'élévation du tarif et le prodigieux développement de l'industrie américaine, ont amené cette forte réduction dans l'importation des articles français. Mais le commerce français en Californie, en d'autres termes : le chiffre des transactions commerciales faites par nos négociants est certainement bien supérieur à ce qu'il était il y a trente ans.

ques-uns ont été à la tête d'importantes manufactures de lainage ; d'autres ont essayé avec plus ou moins de succès d'acclimater des industries françaises, telles que fabriques de soieries, de gants, etc. Les restaurants français figurent partout au premier rang, et certains magasins français rivalisent sans désavantage avec les plus beaux du pays.

Dans les campagnes, nos compatriotes se livrent aux diverses branches de l'agriculture. A Los Angeles, ils ont été des premiers, sinon les premiers à planter la vigne. De même à San José, où, en outre, ils ont, importé des plants divers de France, et principalement le murier, destiné à l'élève des vers à soie. Dans les comtés de Napa, de Sonoma, de Santa Barbara, de San Bernardino, de Los Angeles et de San Diego, etc., ils possèdent des fermes considérables et figurent parmi les principaux viticulteurs.

Dans la région du sud, notamment dans les comtés de Los Angeles et de Kern, des centaines de nos compatriotes, originaires, pour la plupart, des départements limitrophes de l'Espagne et de l'Italie, Béarnais, Basques et Dauphinois, se livrent à l'élevage des moutons et au commerce des laines, industries dans lesquelles beaucoup d'entre eux ont trouvé à s'enrichir.

En un mot, la situation matérielle de notre colonie peut se résumer ainsi : pour quelques-uns, une grande situation; pour la masse, une honnête aisance.

Il n'y a pas en Californie de population plus stable, plus rangée, plus adonnée au travail et à l'économie, plus respectueuse des lois, que la population française. Il n'y en a pas non plus qui, toutes proportions gardées, ait moins d'indigents, et qui montre plus de sollicitude pour les malheureux de sa nationalité.

Notre colonie est moins nombreuse qu'il y a vingt-cinq ou trente ans. Le recensement décennal de 1880 constate que les Français, placés dans le ressort consulaire de San Francisco, comprenant la Californie, l'Orégon, le Névada, et les territoires de Washington, d'Idaho, d'Utah et d'Arizona, sont au nombre de 11,416. Nous avons tout lieu de croire ce chiffre au-dessous de la vérité. Mais en admettant cette évaluation comme exacte, plus de dix mille de nos compatriotes, c'est-à-dire les neuf-dixièmes, résideraient en Californie.[1]

Le gros de cette population se divise en trois groupes principaux. San Francisco compte au moins 6,000 Français, femmes et enfants compris. Le comté de Los Angeles, d'après divers renseignements très sérieux qui nous sont parvenus, en contient de 1,500 à 2,000. Et le comté de Santa Clara, 600, dont 500 environ à San José.

Autrefois, à San Francisco, nos compatriotes habitaient un quartier particulier, celui de North Beach. Là, notre langue dominait: on eût dit un faubourg de ville française. Aujourd'hui ils sont disséminés sur tous les

---

[1] — Le document officiel que nous citons, fixe à 106,971 le nombre des Français établis dans l'Union américaine; mais ce chiffre ne comprend ni les femmes mariées en Amérique à des Français, ni les enfants nés aux Etats-Unis de parents français. Voici comment nos nationaux sont disséminés, d'après le recensement décennal : District de Columbia (Washington et les environs: 299; consulat général de New-York 46,870; consulat de la Nouvelle-Orléans 14,134; consulat de San Francisco 11,416; consulat de Chicago 31,169; consulat de Charleston 3,964. Les Français à San Francisco, toujours suivant les statistiques en question, étaient en 1880 au nombre de 4,160 — les Allemands, 19,928. — Dans le comté de Santa Clara, ils étaient 559, dans celui de Los Angeles 608(!) et dans celui de Kern 80.

Le consulat de France à San Francisco a trois agents consulaires: M. Léon Loeb à Los Angeles, M. Labbé à Portland et M. Rothchild à Port Townsend. Il a, en outre, dans le vaste territoire soumis à sa juridiction, environ 70 correspondants.

points de la cité.(1) Quoi qu'ils soient aussi nombreux qu'ils l'ont jamais été, ils le paraissent moins parce qu'ils se perdent dans la foule, et parce que les traits extérieurs qui les distinguaient dans le temps, tranchent moins sur la physionomie générale des habitants de nos jours.(2)

Depuis quelques années, la population française tend à s'augmenter. On voit arriver, en quantités assez considérables, des artisans et des travailleurs des départements du midi. Les autres parties de la France ne fournissent que de faibles contingents. L'émigration en Alsace et en Lorraine qui, après l'annexion, semblait vouloir se diriger de notre côté, a pris des directions différentes.

Presque tous les travailleurs débarqués dans ces derniers temps, ont trouvé une position toute prête à les recevoir, ayant été appelés dans ce pays, par des parents ou amis déjà avantageusement établis.

Il y a certainement en Californie, de la place pour une immigration française importante; mais pour réussir, il faut certaines conditions : avoir un métier ou une profession utile, la ferme volonté de l'exercer, et apprendre la langue du pays.

Notre colonie, telle qu'elle existe aujourd'hui, a subi

---

(1) — Cependant si l'on veut se procurer l'illusion d'un coin de quartier populaire parisien, il suffit de visiter le marché de la rue Clay occupé par des bouchers, charcutiers et tripiers français qui, tout en faisant leurs affaires, se livrent franchement à la verve et à l'entrain du vieil esprit gaulois.
A Los Angeles, la rue Aliso est le quartier par excellence de nos compatriotes.

(2) — Détail futile mais caractéristique : On se rappelle l'espèce de grief formulé à ce sujet par les *Annals of San Francisco*, contre les Français. Pour comprendre l'allusion, il faut savoir qu'à cette époque nos compatriotes portaient la moustache militaire ou la barbe des républicains montagnards, tandis que les Américains et les Irlandais qui, depuis, ont adopté la même mode, la portaient, pour la plupart, taillée en favoris, en collier ou en barbe de bouc, dite *goatee*.

l'influence des années et du milieu où elle vit. Dispersée, parmi les autres éléments de la population, elle ne forme plus un clan rigoureusement séparé. Elle a changé moralement aussi bien que socialement, tout en conservant son type originel, sa physionomie particulière. Elle a emprunté aux Américains bon nombre de leurs qualités; l'esprit d'association a surtout exercé sur elle un grand empire; les nombreuses Sociétés de prévoyance et d'assurance sur la vie qu'elle a fondées ou dont elle fait partie, sont une démonstration éclatante de cette vérité. Il y a, ce nous semble, bien peu de Français en Californie qui n'aient eu le soin de se garantir ou de garantir leurs familles contre les éventualités fâcheuses de l'avenir, en cas de maladie, de décès ou de revers de fortune.

Devenus, en grand nombre, citoyens américains, ils prennent à la politique courante, aux événements qui concernent leur pays d'adoption, la part la plus active. C'est une famille nouvelle dans laquelle ils sont entrés et dont ils épousent les idées, les passions et les intérêts.

Mais si, dans la vie publique, ils s'identifient avec la masse de la population américaine, dans la vie privée, il n'en est pas ainsi. Pénétrez dans l'intérieur de leurs maisons, vous vous croirez en France même. L'idiome maternel y fait entendre ses doux accents. Bien des objets familiers y rappellent la patrie absente : les détails de l'ameublement, les livres, les journaux et ces tableaux populaires qui représentent des personnages illustres ou des épisodes glorieux de notre histoire nationale. La conversation roule sur des sujets d'intérêt français. On parle de

Paris, des événements qui s'y succèdent ; on parle aussi, avec une émotion toujours renaissante, de la ville ou du village où vivent ceux qui nous sont chers, où trop souvent, hélas ! dorment du dernier sommeil ceux qui ont veillé sur notre enfance.

Mais aux paroles et aux sentiments des parents viennent se mêler ceux de la génération nouvelle, née et élevée dans ce pays. Cette génération est *franco-américaine*, c'est-à-dire qu'elle est dominée par deux influences morales qui cherchent à se confondre et qui produisent chez l'enfant un esprit nouveau. L'influence américaine dominera à la troisième génération. Mais, il y a dans la race française une telle vitalité, les liens qui la rattachent à la patrie ont une telle puissance, que la personnalité de notre colonie, grâce à l'adjonction de nouveaux éléments venus de France, résistera pendant bien des années, pendant des siècles peut-être, à une absorption complète. [1]

Tout en subissant l'influence irrésistible des idées ambiantes, tout en s'attachant cordialement au pays qui lui accorde une généreuse hospitalité, tout en se faisant gloire de contribuer, par son travail, par son intelligence, par ses capitaux, à la prospérité générale ; notre colonie est encore aujourd'hui foncièrement française. Elle l'est restée par les mille liens créés par la communauté d'origine, de langage, de souvenirs et d'espérances. Ses institutions particulières, ses amusements mêmes, ses pique-

---

(1) — On a souvent cité à l'appui d'opinions semblables, l'exemple du Canada, de la Louisiane, de l'île Maurice, etc ; mais un exemple, selon nous, plus remarquable, c'est celui de ces petits villages d'Allemagne, où malgré toutes les influences du milieu où ils se trouvent placés, les habitants, descendants des Huguenots expulsés de France il y a deux siècles par la révocation de l'édit de Nantes, continuent à parler notre langue.

niques, ses bals, ses soirées, ses représentations dramatiques, sa bibliothèque, ses fêtes nationales, ses manifestations patriotiques, sont autant de forces préservatrices de son individualité morale.

Citoyens dévoués et reconnaissants des Etats-Unis, nos compatriotes conservent pour la patrie lointaine, le sentiment indestructible, le culte attendri et profond d'un fils pour sa mère absente.

FIN.

APPENDICE.

Localités de l'intérieur de la Californie, qui ont contribué à la souscription en 1872 :

Localité	Montant	Localité	Montant
Almaden	$49 00	Report	$7,468 15
Angel's Camp	59 50	New Idria	84 00
Bakersfield	90 00	Nevada City	196 00
Bush Creek	48 50	Novato	70 00
Brown's Valley	67 75	North Bloomfield	38 50
Benicia	25 00	Natividad	25 00
Camptonville	52 50	Oakland	263 10
Cerro Gordo	28 00	Oak Valley	63 00
Coulterville	47 50	Old Gulch	4 00
Camanche	89 00	Oroville	58 25
Colusa	26 50	Petaluma	17 00
Crescent City	71 50	Pike City	23 50
Callahan's Ranch	71 50	Portwine	174 50
Clarksville	38 00	Reed Ranch	10 00
Downieville	289 50	Rich Gulch	46 50
Eldorado	81 00	Rich Bar	43 00
French Corral	192 00	Sacramento	937 35
Frenchtown	73 00	Sais Ranch	50 00
Fiddletown	54 00	Snelling	86 25
Grass Valley	645 50	Saucelito	21 00
Green Springs	81 50	Santa Clara	30 50
Goodyear's Bar	35 00	San Juan	83 50
Havilah	82 00	Santa Barbara	256 55
Hornitos	115 50	Sonora	685 70
Hill's Ferry	76 65	San Bernardino	212 50
Jamestown	31 00	Sonoma	68 90
Jackson	96 50	Stockton	83 40
La Grange	139 00	Saltspring Valley	25 50
Long Bar	34 00	Shasta	38 00
Los Angeles	3,715 75	San Luis Obispo	149 20
Mosquito Gulch	69 00	San Bernardo Ranch	207 00
Mayfield	45 00	San Andreas	133 50
Marysville	202 75	San Rafael	39 00
Mokelumne Hill	154 00	Truckee	75 50
Mission San José	78 00	Vallecito	35 00
Michigan Bluff	48 50	Vallejo	73 00
Millbraie	118 00	Visalia	30 25
Monterey	45 00	Volcano	27 50
Merced Falls	18 00	Woodland	10 00
Murphy	52 50	Watsonville	51 00
Mountain View	14 25	West Point	71 00
Napa et St-Helena	117 00	White Bar	329 50
		Yreka	8 50
A reporter	$7,468 15		

Total des sommes encaissées, provenant de l'intérieur....... $12,403 60

ERRATA.

Nous ne rectifierons pas toutes les erreurs typographiques. Nous nous bornons à signaler les suivantes :

PAGES	LIGNES		
8	20	ERREUR DE FAIT : le Nevada et l'Utah faisaient originairement partie du Nouveau Mexique et non de la Californie.	
59	14	supprimez *avec*.	
		Au lieu de :	*Lisez :*
VIII	1	telles	tels
37	10	bas-étages	bas-étage.
69	8	Clay et Sacramento	Sacramento et Kearny
69	13	Pescau	Sescau
98	16	Landry	Landrau
111	22	rentrer	entrer
125	12	Desforges	Desfarges
239	22	auteur	auteur de la proposition
278	18	Cardinett	Cardinet
278	26	Hippolite	Hippolyte
282	27	8 mai	9 mai
319	30	forme du	forme de gouvernement
345	14	ait	aient
360	15	leur rôle si effacé	leur rôle est si effacé
361	10	ils ont, importé	ils ont importé

TABLE DES MATIÈRES

Dédicace ....
Avant-propos v

PREMIÈRE PARTIE

APERÇU HISTORIQUE DE LA CALIFORNIE.

I

Découverte de la Californie — Régime espagnol et mexicain — Missions — Fondation de Yerba Buena ou San Francisco — Frémont — Echauffourée du *Bear Flag* — Annexion aux Etats-Unis — Emigrants par les plaines — Population en 1847 et en 1848......page 1

II

Sutter — Découverte de l'or — Tout le monde court aux placers — Détails officiels sur les mines et les mineurs — Premiers camps miniers — Premiers immigrants — Cherté en toutes choses — Richesses et privations — Le juge Lynch............................page 11

III

Importance naissante de San Francisco — Principaux événements de 1849 — Premier incendie — Lieux de débarquement — *Long Wharf* — Premier bateau à vapeur — Vote de la Constitution — Les *Hounds* — Etat des rues de San Francisco, aspect de la ville........page 17

IV

DE 1850 A 1855.

Incendies du 4 mai et du 14 juin 1850, à San Francisco — Premier *Directory* — Charte d'incorporation — La Californie est admise au nombre des Etats — Travaux de Titans — Choléra — Incendies du 4 mai et du 22 juin 1851 — Richesse des mines — Les théâtres — Les premiers Chinois — Les nègres — La rue Jackson — Les *steamer-days* — Le colonel Walker — Population en 1852 — Hôtel des Monnaies — La Main d'œuvre à San Francisco en 1853 — Progrès de la ville — Le chemin de de fer l'isthme de Panama......page 23

V

Etat social à San Francisco.
DE 1848 A 1852.

Logements — Restaurants — Buvettes et salles de danse — Hôtels — Premier cirque et premier concert — Théâtres — Combats d'ours et de taureaux — Le dimanche à San Francisco — Les rats — Spéculation d'un barbier nègre — Les maisons de jeu..............page 31

VI

Le Comité de Vigilance. 1856.   page 38

VII

DEPUIS 1857.

La rivière Frazer — Progrès de l'agriculture — Washoe — Pony Express — Jardins publics à San Francisco — Service de diligences par le Lac Salé — Le télégraphe interocéanique — Situation politique en 1861 — Inondations — Le chemin de fer de San José — Assassinat de Lincoln — Tremblements de terre — La rue Kearny — Le chemin de fer transcontinental — Le Comstock — Un conte des Mille et une Nuit — Débâcle — Émeutes à San Francisco — Denis Kearney et le parti ouvrier— Comité de sécurité publique — Le *Sand Lot* — Élargissement de la rue Dupont — Le nouvel Hôtel de Ville — Coup d'œil général sur les dernières années.......page 42

VIII

Villes de l'Intérieur.

Sacramento — Stockton — Marysville — Nevada — Grass Valley — Placerville — San José — Los Angeles — San Diego, etc. — Les Missions ....page 54

DEUXIÈME PARTIE

I

LES PREMIERS FRANÇAIS EN CALIFORNIE.

Le consul Dillon — Le Noé de la Californie — Un Français, auteur du premier plan de Yerba Buena ou San Francisco — Un camp de mineurs français en 1848 — Les pionniers français — Les Incendies de 1851 — Les Gardes mobiles et les Lingots d'Or — Les premières Françaises — Statistiques — Souvenirs d'un Lingot d'Or...page 63

II

Les Français aux Placers.

Claims — Camps, villages et villes — Comment on travaillait les mines — *Battés, barrette, rocker, longtom, sluices* — Système de la grande hydraulique — Une magnifique trouvaille — La vie des mineurs — Migrations des mineurs français, depuis Mariposa jusqu'au détroit de Behring — Les différentes localités qu'ils ont contribué à créer...Page 80

III

Episodes et incidents divers.

La taxe des mineurs français — Affaires de San Joaquin — Affaires de Mariposa — Stockton — Marysville — Mokelumne Hill ou les *Fourcades* — Affaire du drapeau — Affaire Moore — Sonora — Columbia — Tragédie à Yreka — Belges et Français — Saucelito — Affaire Ragot et Dupont à San Leandro Creek — Deux bouchers français pendus à San Antonio — Les frères Cadet — L'Orégon...Page 88

IV

Les Français à San Francisco.

Caractère particulier de l'immigration française — Quelques types — Le comte de Raousset-Boulbon, le marquis de Pindray, Jules de France — Le commerce français — Influence exercée par nos compatriotes — M. Pioche — Vie sociale — Théâtres et artistes dramatiques français — Institutions françaises — La presse franco-américaine — Journalistes et poètes — La colonie française peinte par les américains..Page 107

TROISIÈME PARTIE

Expéditions diverses en Sonore, de Raousset-Boulbon, de Pindray — de Sigondis — Procès des consuls — Prise de Sébastopol — L'Eglise Notre Dame des Victoires — Affaire Limantour — Faits Divers..page 131

QUATRIÈME PARTIE

Sociétés Françaises de Bienfaisance Mutuelle, à San Francisco, à Mokelumne Hill et à Los Angeles — Compagnie Lafayette des Echelles et Crochets N° 2 — Maison d'Asile — Société de Rapatriement — Société de Secours — Société de Bienfaisance des Dames Françaises — Sociétés Fraternelles et Secrètes — Compagnies Militaires — Sociétés Chorales et Artistiques — Caisses d'Épargnes — Cercles français, à San Francisco, à San José et à Los Angeles..page 167

CINQUIÈME PARTIE

SOUSCRIPTION NATIONALE, 1870-71.

Histoire d'un petit tableau — La guerre — Elan général — La presse américaine et les Irlandais — Réunions publiques — Le comité central — Souscriptions pour les familles des soldats tués et blessés Souscriptions mensuelles — Encan — Le livret de M. de Kirwan — Singuliers paris — Sedan — Empire et République — Adresses d'adhésion au gouvernement de la Défense Nationale — Départ de jeunes volontaires — Mme Mezzara — la Foire — Incidents divers — Déjeuners mémorables — Souscription pour la Défense nationale — Un don splendide — Sympathies américaines — Capitulation de Metz — Première dépêche de Gambetta — Mort de M. Elie Alexandre — Étrennes à la patrie — Offrandes des boulangers —

Rapport du Comité — Dépêche à Gambetta, réponse — Capitulation de Paris — *French Relief Fund* — Envoi de fonds pour les victimes des Départements envahis — Lettre de Jules Favre — Mort de M. Sylvain Cahn — Pétition en faveur de Rossel — Compte-rendu général du Comité — La paix et les Alsaciens.................page 217

SIXIEME PARTIE

SOUSCRIPTION NATIONALE 1872.

Les femmes d'Alsace et de Lorraine — Premiers incidents de la souscription sur la côte du Pacifique — Le comité central — Une note gaie — Comités à Sacramento, San José et Los Angeles — Menus faits — Les anneaux de fer — La Foire à Union Hall — Aspect de la salle — La Flore — Tableaux vivants, scènes et incidents divers — Déjeuner aux truites — Les Alsaciens-Lorrains — La *Rançon de la France* — Un discours de M. Pinet — *M. Choufleuri restera chez lui....* — Pique-nique à Los Angeles — San José fait grand — La souscription doit-elle continuer ? — Compte-rendu — La souscription dans d'autres parties de l'Amérique et dans les îles du Pacifique — Le montant vrai des deux souscriptions nationales en Californie — L'option ....page 267

SEPTIÈME PARTIE

LIGUE NATIONALE FRANÇAISE.

Origine de la Ligue — Son but — Conseil d'administration et comité exécutif — Adhérents sur la côte du Pacifique — La Ligue et les immigrants d'Alsace-Lorraine — Propagande faite par la Ligue en France — Hommage à M. Thiers — Lettre de cet homme d'État — Sa mort — Nouvelles questions mises au concours par la Ligue — Almanach de la Ligue — Pétition à l'assemblée nationale — Part prise par la Ligue aux élections en France — Triomphe du parti républicain — Jules Simon et les Français à San Francisco — Almanach des électeurs — M. Grévy élu président — La Ligue nationale et les Sociétés patriotiques en France — La mission qu'elle continue à poursuivre — Bureau d'aide et de placement — La Bibliothèque française — Faits divers — Liste des consuls de France à San Francisco — CONCLUSION : Coup d'œil sur la situation actuelle..page 303

FIN DE LA TABLE.

BIBLIOTHÈQUE

DE LA

LIGUE NATIONALE FRANÇAISE

San Francisco, (Californie),

120 Sutter Street.

La Bibliothèque est ouverte tous les jours de midi à 6 heures, et de 7½ à 10 heures du soir.

Elle est fermée le dimanche et les jours fériés.

CONDITIONS D'ABONNEMENT:

Un dollar d'entrée qui reste acquis à la Bibliothèque, et cinquante cents par mois.

www.ingramcontent.com/pod-product-compliance
Lightning Source LLC
Chambersburg PA
CBHW070446170426
43201CB00010B/1235